コーディネーター必携

シニアボランティア ハンドブック

シニアの力を引き出し活かす知識と技術

藤原 佳典
倉岡 正高 編著

大修館書店

はじめに

　2025年問題と言われる団塊の世代が75歳を迎える頃，私たちの地域社会はどうなっているでしょうか？

　あるまちでは高齢者ばかりが目立ち，認知症になった家族を支えるために必要な介護サービスも十分得られない。また，子育て世代は相変わらず保育園探しに苦労し，子育てだけでなく，同時に親の介護もしなければならないダブルケアの家庭が増えている。児童数が減少した小学校は活気を失い，さまざまな問題を抱えた児童が増える一方，教師は支援のないまま毎日の業務に忙殺されている。このような問題は，決して2025年になって初めて起きる問題ではなく，すでに私たちの地域で顕在化している問題です。

　一方，となりのまちでは増える高齢者の問題に対して，元気なシニアが立ち上がり，どうやって地域の高齢者を支えるかを考えました。そして，認知症予防のさまざまな活動を始め，地域住民にも認知症に対する理解が進み，見守りのネットワークができました。また，子育てに苦労している家庭に対して，元気なシニアが近隣の子どもを預かる子育てシェアに参加したり，子育て中の親が集まれるサロンを運営したりしています。学校では，シニアボランティアが学校の授業や環境整備を支援し，教師は授業づくりや子どもたちのことに専念できる時間が増えています。地域との連携が進んだ魅力ある学校のことを聞きつけた人が，他のまちから転入してきます。

　二つのまちの違いはなんだったのか。それは，地域のさまざまな資源を把握し，教育や保健福祉，介護現場での困りごとの解決のために地域の元気なシニアの力を引き出すような活動を広げたコーディネーターの存在でした。

　あなたは，どちらのまちに住み続けたいと思いますか？

　地域にある，学校や，保健，福祉の施設，介護の現場など，私たちの日常生活にとても馴染み深い場所では，社会の変化と共に，その機関にある力だけでは十分な機能を果たせない時代になりました。学校では，学校運営協議会（コミュニティ・スクール）など，地域住民も交えた学校運営により，学校と地域の連携が進められています。また，国・地方財政の縮小と共に，手厚いサービスを提供するのではなく，住民互助による助け合いに依る地域づくりが求められるようになりました。地域包括ケアシステムの導入により，介護や医療の連携，さらには，住民が主体となった支え合いの仕組みづくりが始まっています。こうした新しい取り組みのなかでは，多様な人々を巻き込み調整しながら，地域の課題を解決する能力を持った人が必要なのです。

　一方，健康寿命の延伸に伴い，元気で能力のあるシニアがさまざまな社会参加活動に関わり，日々健康づくりや，生涯学習，ボランティア活動などを通して積極的に地域や社会に関わっています。増加するシニア人口は，さまざまな分野での活動に影響を与え，ボランティアとして活躍する「シニアボランティア」の増加は，従来からある自治会の組織からNPOの活動まで多岐にわたり，欠かせない存在となっています。しかしながら，増加するシニアボランティアの力は必ずしも十分に活かされているとは言えません。また，ボランティアが活躍する教育や保健・福祉の現場ではこうしたシニアボランティアに対する知識や理解が不足しています。

　本書のきっかけは，平成23年度に文部科学省に委託されておこなった「社会教育による地域の教育力強化プロジェクトにおける実証的共同研究」をもとに制作した「シニアボランティア活用の

はじめに

ガイドライン」です．さまざまな現場でこのガイドラインが活用された結果，より多くの実践的なノウハウを培うことができました．

　と，同時に多くの現場で，シニアボランティアに対する知識不足，理解不足などから多くの問題が生じ，シニアボランティア自身がやる気を失うことにもつながっているということを，さらに実感しました．そんな経験とシニアにもっと活き活きと活躍してもらいたい，シニアボランティア自身やシニアボランティアを取り巻く人々を応援したいという思いから，ガイドラインよりもさらに現場で役に立つ実践的な書籍として生まれたのが本書です．

　ボランティア活動の現場で日々奮闘しているコーディネーター，あるいはコーディネーター的な役割を担う方，さらにはそうしたコーディネーターを養成，支援したり，導入したりする立場にある人はもちろん，元気なシニア自身がボランティアとして地域で活躍するために必要な，シニアに関する正しい知識と具体的な活動づくりに必要なポイントをわかりやすく紹介しました．

　第1章では，シニアの社会参加という視点から，ボランティア活動である社会参加が，シニアにとってどのような意義を持つのか，また近年関心の高まる健康づくりという観点からどのような効果をもたらすのか，エビデンスをもとにご紹介します．

　第2章では，実際にシニアボランティアが活躍する場面や，シニアボランティアが活きる活動について，第3章では，高齢者の身体的機能，認知機能，症状などの特徴についてご紹介します．

　第4章では，コーディネーター（役）が学校や保健福祉施設，介護現場等で，シニアボランティアを活かした活動を展開する上でのポイントについて紹介します．

　第5章では，シニアボランティアが継続的に活動するためにグループとして活動するポイントについて，第6章ではコーディネーター（役）が，実際にシニアボランティアを活かした活動の事例をご紹介します．

　10年後，あなたのまちがシニアボランティアの活躍するまちとなるよう，コーディネーター（役）として活動している人も，これから活動したいと考えている人にも参考にしていただきたいと思います．

　まちの未来を変えるお仕事してみませんか？

編者を代表して　倉岡　正高

CONTENTS／目次

はじめに ……………………………………………………………………… III

第1章　シニアの社会参加と健康 …………………………… 1

第1節　シニアと社会参加 …………………………………………… 2
第1項　超高齢・人口減少社会とシニアへの期待 ……………………… 2
（1）社会参加の必要性／（2）少子高齢化の波
第2項　家族形態の変化と高齢者への影響 ……………………………… 5
（1）「サザエさん」タイプの減少／（2）社会的ネットワーク・社会的サポートの果たす役割／（3）不可欠な世代間での理解と連帯

第2節　生活機能に応じた社会参加活動の枠組み ………………… 7
第1項　社会を支える側としての期待 …………………………………… 7
（1）社会参加活動の5つのステージ／（2）健康寿命の延伸は，社会貢献活動の一つ
第2項　複雑な高齢者の生活 ……………………………………………… 9
（1）ある高齢者の日常／（2）多重役割を維持する意味

第1章　用語解説 …………………………………………………………… 11

第2章　シニアボランティアの活躍 ………………………… 13

第1節　ボランティア活動とは ……………………………………… 14
第1項　ボランティアとは ………………………………………………… 14
（1）ボランティアとは何か／（2）ボランティア活動の特徴／（3）ボランティア活動の実際
第2項　ボランティア活動による効果 …………………………………… 17
（1）個人の側面から見た効果／（2）社会の側面から見た効果

第2節　シニアとボランティア活動 ………………………………… 19
第1項　シニアと社会との関わり方 ……………………………………… 19
（1）地域におけるつながり／（2）「社会のために役立ちたい」気持ち
第2項　シニアのボランティア活動の実態 ……………………………… 22
（1）総務省「社会生活基本調査」の結果から／（2）シニアのボランティア活動の種類／（3）シニアのボランティア活動の事例

第3節　シニアボランティアが活きるために ……………………… 26
第1項　シニアのボランティア活動への期待 …………………………… 26
（1）活き活きシニアライフを目指す／（2）社会の担い手となるシニア
第2項　シニアの「ボランティア希望者」を活動に導くためには …… 27
（1）ボランティア活動に踏み出せない理由とは／（2）シニアの学習意欲への配慮を
第3項　シニアのボランティア活動のさらなる発展のために ………… 29
（1）シニアにとってのボランティア活動の意味／（2）一人ひとりが無理なく活動できる配慮を／（3）個が活かせる社会づくりを目指す

第2章　用語解説 …………………………………………………………… 31

CONTENTS／目次

第3章 高齢者を知ろう - 身体・認知機能と特徴 - ……………… 33

第1節 高齢者の身体機能に関する特徴 …………………………………… 34
第1項 加齢に伴う生理的な変化 …………………………………………… 34
（1）筋肉の変化／（2）骨の変化／（3）関節の変化
第2項 加齢に伴う生活能力の変化 ………………………………………… 40
（1）歩行能力／（2）反応時間・自己の能力判断（状況判断）／（3）バランス能力／（4）生活機能
第3項 想定される生活上の不具合や事故 －シニアがボランティア活動をおこなう際に気をつけること－ …… 44
（1）転倒／（2）環境への適応／（3）時間に余裕を持つ／（4）細く長く活動を継続する

第2節 高齢期の認知機能とコミュニケーション ………………………… 48
第1項 高齢期の認知機能について ………………………………………… 48
（1）認知機能の概要／（2）認知機能の加齢変化／（3）病的な認知機能の低下／（4）シニアボランティアの認知機能
第2項 高齢期の心理 ………………………………………………………… 55
（1）高齢期における性格の変化／（2）高齢期特有の喪失感と精神的健康／（3）シニアボランティアの心理
第3項 シニアボランティアとのコミュニケーション方法 ……………… 62
（1）より良いコミュニケーションのために／（2）説明の際に気をつけること

第3節 シニアボランティアの健康管理 …………………………………… 65
第1項 シニアボランティアと健康課題 …………………………………… 65
（1）いかに長く継続するか／（2）健康目標は，健康寿命を延ばすこと／（3）サクセスフル・エイジング
第2項 ボランティア活動の現場で特に気をつけたい健康課題 ………… 69
（1）感覚器の老化と病気／（2）感染症
第3項 いざという時の救急対応 …………………………………………… 73
（1）高齢者に起こりやすい救急疾患／（2）救急対応の実際／（3）救急車を要請する際の注意点／（4）日々の活動前にセルフチェック

第3章 用語解説 ……………………………………………………………… 77

第4章 シニアボランティアを活かすコーディネート … 79

第1節 コーディネーター（役）の必要性 ………………………………… 80
第1項 コーディネーター（役）とは …………………………………… 80
第2項 コーディネーター（役）に必要なこと ………………………… 81
（1）コーディネーター（役）に大切な姿勢／（2）必要とされるさまざまな資質
第3項 シニアボランティアをサポートする役割 ……………………… 83

第2節 学校支援活動編 …………………………………………………… 84
第1項 学校支援ボランティアとは …………………………………… 84

(1) 学習を支援するタイプ／(2) 環境を支援するタイプ
　第2項　学校支援活動のコーディネーター（役）に求められること ………………………… 86
　　　(1) 相互理解を深める／(2) 中立であり客観的／(3) 広い視野と行動力
　第3項　活動の企画 ……………………………………………………………………………… 87
　　　(1) 情報の把握／(2) 体制づくり／(3) 活動の目的と内容／(4) 対象／(5) 時期／(6) 場所／
　　　(7) シニアボランティアが果たす役割／(8) 広報・啓発活動
　第4項　活動の運営 ……………………………………………………………………………… 101
　　　(1) ボランティアメンバーの募集（リクルート）と選考（スクリーニング）／(2) 候補者の面談／(3)
　　　事前研修／(4) ルール遵守と危機管理／(5) シニアボランティアへのサポート／(6) 活動の展
　　　開と管理／(7) シニアボランティアへの感謝 (8) 活動の評価／(9) 活動の応用性・普及性

第3節 保健福祉関連施設編 ……………………………………………………………… 117
　第1項　保健福祉関連施設のコーディネーター（役）に求められること ………………… 117
　　　(1) 地域住民主体のサポート体制の構築を目指して／(2) 地域や地域住民にあった活動／(3) 相
　　　互理解を深める／(4) 中立的であり客観的／(5) 広い視野と行動力と発信力
　第2項　活動の企画 …………………………………………………………………………… 120
　　　(1) 体制づくり／(2) 活動の目的と内容／(3) 対象／(4) 時期／(5) 場所／(6) シニアボラ
　　　ンティアが果たす役割／(7) 広報・啓発活動
　第3項　活動の運営 …………………………………………………………………………… 130
　　　(1) ボランティアメンバーの募集（リクルート）と選考（スクリーニング）／(2) 候補者の面談／(3)
　　　事前研修／(4) ルール遵守と危機管理／(5) シニアボランティアへのサポート／(6) ボランティ
　　　ア活動の管理と運用／(7) シニアボランティアへの感謝／(8) 活動の評価

第4節 介護予防編 ………………………………………………………………………… 142
　第1項　介護予防のコーディネーター（役）に求められること ……………………………… 142
　　　(1) 住民主体を意識した関わりや支援／(2) 一般参加者とシニアボランティア双方の意向をくみ取
　　　る／(3) 生きがいや自己実現につながる支援／(4) 中立であり，客観的な姿勢
　第2項　介護予防とボランティア活動 ………………………………………………………… 144
　　　(1) 介護予防ボランティアの養成／(2) 介護予防ボランティアとは
　第3項　活動実施に向けて …………………………………………………………………… 149
　　　(1) オススメは体操ボランティア活動／(2) 活動継続のための支援のポイント－内容や実施面／
　　　(3) 活動継続のための支援のポイント－コーディネートスキル／(4) 活動継続のための支援のポ
　　　イント－健康支援

第4章　用語解説 ……………………………………………………………………………… 158

第5章 シニアボランティアグループの育て方 ……… 159

第1節 グループの立ち上げと運営 ……………………………………………………… 160
　第1項　ボランティアグループの定義とグループづくりの意義 …………………………… 160
　　　(1) ボランティアグループとは／(2) グループをつくる意義
　第2項　グループづくりの進め方 …………………………………………………………… 162
　　　(1) コーディネーター（役）の立場／(2) 活動目的への共感と活動への興味の喚起／(3) グルー
　　　プとして主体的に活動することの理解を促す

CONTENTS／目次

第3項　組織体制を整える ………………………………………………………………… 167
(1) グループの組織体制づくり／(2) 名簿や会則の作成／(3) 定例会の設置／(4) 活動資金の確保

第2節　安定したシニアボランティアグループづくり ……………………………… 174
第1項　シニアボランティアグループにおける現状と課題 …………………………… 174
(1) ボランティアグループ全般で見られる課題／(2) シニアボランティアグループに特有な課題／(3) 健康課題を有するシニアへのサポート

第2項　グループと活動の見直し ………………………………………………………… 177
(1) グループの現状と改善点を知る／(2) コミュニケーション量とメンバー間の関係性の改善／(3) 活動内容の見直し／(4) 活動量と負担の見直し

第3項　新メンバーの募集 ………………………………………………………………… 182
(1) 新メンバー補強の必要性／(2) 新人ボランティアの募集と養成

第4項　地域にある社会資源との連携 …………………………………………………… 183
(1) 社会資源の活用／(2) 地域包括支援センターとの連携

第5章　用語解説 …………………………………………………………………………… 184

第6章　シニアボランティアの活動事例 ……………… 185

第1節　A小学校での算数の学習支援活動 ………………………………………………… 186
第1項　活動までの準備 …………………………………………………………………… 186
(1) 学校との交渉／(2) ボランティアの募集と説明

第2項　活動の運営 ………………………………………………………………………… 188
(1) シニアボランティアと教師の対面／(2) 学習支援活動の運営／(3) 活動の検証／(4) 活動の効果と考察

第2節　読み聞かせボランティア活動『りぷりんと』……………………………………… 192
第1項　『りぷりんと』の誕生 ……………………………………………………………… 192
(1) 活動スタートから現在／(2) 自主グループへの道

第2項　『りぷりんと』の特徴 ……………………………………………………………… 195
(1) 専属のインストラクターの存在／(2) 活動の評価

第3節　地域活動交流コーディネーターの取り組み ……………………………………… 197
第1項　横浜市地域ケアプラザと地域活動交流コーディネーター ……………………… 197
(1) 地域ケアプラザ／(2) 地域活動交流コーディネーターの役割

第2項　実際の活動を通して見えたこと ………………………………………………… 198
(1)「まちのあるべき姿をイメージする」ことと「押し付けない」こと／(2) コーディネーターの役割は変化する／(3) 地域への積極的な働きかけ

第3項　常に傍らにいる存在に～地域の仲間として～ ………………………………… 201

第6章　用語解説 …………………………………………………………………………… 202

おわりに …………………………………………………………………………………… 203
さくいん …………………………………………………………………………………… 204

第 1 章

シニアの社会参加と健康

●この章の目的●

　シニアのボランティア活動を支援する上で必要な知識として，シニアボランティアを取り巻く社会的背景や社会参加としての意義を理解することは，コーディネーター（役）にとって，とても重要です。

　第1節では，日本の社会が直面する超高齢社会におけるシニアの社会参加の必要性について，第2節では，社会参加活動の5つのステージを紹介しながら，生活機能に合わせた多様な社会参加活動に関わることの重要性とメリットについてご紹介します。

　シニアボランティアを取り巻く環境を理解し，各機関や職員，シニアボランティアがより効果的に活動できるようにしましょう。

シニアと社会参加

藤原佳典

　今，シニア世代の人たちは，ボランティア活動を始めとする，さまざまな社会参加活動で活躍しています。この本で扱うシニアとは，60歳以上の人を想定しています。それは，地域の活動やさまざまなボランティア活動などの担い手として，誰に活躍を期待するかと考えた時，子どもの独立や仕事からの引退などに伴って，時間に余裕が生まれることの多い，この世代を外して考えることはできないからです。
　シニアの社会参加が注目される背景と意義を知っておきましょう。

第1項　超高齢・人口減少社会とシニアへの期待

（1）社会参加の必要性

　WHO（世界保健機関）は，1981年，「病気やけがで心身の機能が障害されると社会的不利に陥る」と定義しました。社会的不利とは，端的に言えば「生活のしにくさ」ということです。つまり，この当時は「生活のしにくさ」は，本人に病気やけががあることが原因である，と考えられていたことになります。
　しかし，近年では社会全体で，疾病や障がいに対する考え方が変化し「国際生活機能分類（ICF）*」という概念[1]が示されました。そこでは，「たとえ障害等があっても，その人を支える「環境」が整い，社会参加が可能になれば，人々の活動性は向上し，健康状態も改善し得る」と考えられています。つまり，本人の病気やけがという問題だけでなく，周囲の環境のサポートが整い，「生活のしにくさ」が改善され，社会参加が可能となれば，より健康状態も改善されるという考え方です。
　たとえば，足が不自由で移動に車椅子を使っているAさん（70歳）はB市に住んでいました。B市では，道路の舗装が進んでいなかったり，古い建物が多かったりして，車椅子での移動はとても大変で，Aさんはいつも苦労していました。そのため，Aさんはしだいに家に閉じこもりがちになっていき，毎日寝ていることが多くなりました。すると，食欲もなくなり，夜も眠れず，さらに元気がなくなっていきました。しかし，ある時，隣の市に引っ越すことになりました。その市は道路には段差がなく，駅にもエレベーターが設置され，比較的新しい建物が多いせいか，車椅子での移動がとてもしやすいまちでした。

第1節　シニアと社会参加

　AさんはB市に住んでいる時よりも，ずいぶん移動が楽になりました。そのため，同じコーラスの趣味を持つ仲間と交流するサークル活動や地域のイベントに出かけるのもおっくうでなくなり，しだいに，出かける日が増えるようになりました。Aさんは，車椅子で病院や老人ホームを訪問して，コーラス仲間とボランティア活動をするまでに至り，今では，毎日を活き活きと楽しそうに過ごしています。

　このAさんの例からもわかるように，本人の問題だけではなく，本人を支える周囲の環境が整うことで，さまざまな社会参加が可能となり，健康状態が向上する可能性があると考えられているわけです。この考え方でポイントとなっている社会参加とは，就労やボランティア活動，趣味・稽古ごと，町会・自治会活動，さらには，友人・知人との交流やご近所付き合いなど，家族以外の第三者と関わりを持つような幅広い活動を指しています。

　つまり，本書で扱うボランティア活動は，シニアにとって健康状態を改善するための重要なツールである社会参加の一つであると考えることができます。ボランティア活動というと，そのサービスを受ける側にとっては役に立つものであるというイメージがありますが，実は，ボランティア活動に取り組む人たちの健康を維持・改善する役割も担っているわけです。

(2) 少子高齢化の波
①特別な時代に生きている

　図1を見てください。明治維新の頃の日本の人口は，3,300万人ほどでした。しかし，その後100年ほどで急激に増加し2004年にはピークを迎えています。ところが，その

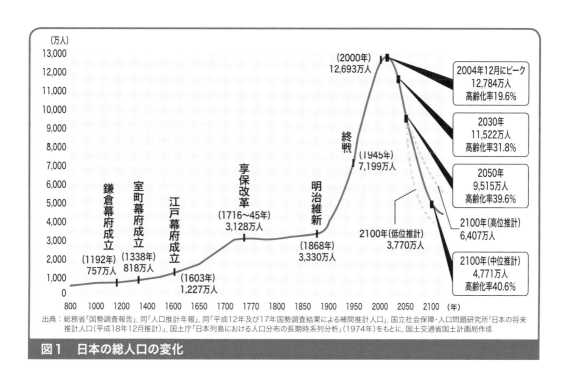

図1　日本の総人口の変化

出典：総務省「国勢調査報告」，同「人口推計年報」，同「平成12年及び17年国勢調査結果による補間推計人口」，国立社会保障・人口問題研究所「日本の将来推計人口（平成18年12月推計）」，国土庁「日本列島における人口分布の長期時系列分析」（1974年）をもとに，国土交通省国土計画局作成

▶用語に付いた「＊」マークは第1章P.11の用語解説を参照してください。

後急激に減少し，2100年には明治維新の頃と同じくらいの水準にまで戻ると推定されています。私たちは，歴史的に見ても，人口の急激な増加と減少を経験した最大の変曲点－特別な時代に生きていると言うことができます。ジェットコースターでたとえるなら，今まさに頂上から降下しようとする，その瞬間にいることになります。

もう少し詳しく説明しましょう。

日本は，2010年には65歳以上の高齢者が2,900万人を超え，国民のほぼ4人に1人（23％）が高齢者（総務省「平成22年国勢調査」）という超高齢社会*を迎えました。1950年代以降，65歳以上の老年人口割合*は一貫して上昇していますが，それとは対照的に，15歳未満の年少人口*割合は減少し，1995年頃には，15～64歳の生産年齢人口の割合も減少に転じました。こうした少子高齢化は，今後も急速に進行すると予測されています。

少子高齢化が進んでいる背景には，出生率が低下していることと，より長く生きられるようになってきたという長寿化があります。日本人の65歳時の平均余命（平均してあと何年生きられるか）は，男性が19.29年，女性が24.18年（厚生労働省「平成26年簡易生命表」）とされ，男女共に65歳から，さらに20年程度は生きられる計算です。すなわち，第二の人生とも言うべき長期化する「老後」を，いかに充実した，生きがいのある生活にできるかは，高齢者自身やこれから高齢期を迎える人々にとって，大きな課題です。

②共に社会を支える

このような少子高齢化が進んだ社会では，年金や医療・介護保険といった社会保障についての負担という視点から，65歳以上の高齢者を一律に「支えられる側」とみなすのでは，若い世代の負担が非常に大きくなってしまいます。そのため，元気で意欲のある高齢者には，職場や地域においても積極的な役割を果たし，一緒に社会を支えてほしいという，高齢者の活躍に対する期待も高まっています。つまり，高齢者の社会参加が期待される背景には，生きがいを求めている高齢者側だけでなく，人口減少や少子高齢化に直面している社会の側からのニーズの高まりもあるのです。

実際，「元気で意欲のある高齢者」が大勢いることは，各種の調査結果から明らかになっています。健康面から見ると，65歳以上で，健康上の問題により日常生活への影響がある人は2割強にとどまり，多くの高齢者が身体的に自立した生活を送っています（厚生労働省「平成25年国民生活基礎調査」）。また，文部科学省が毎年実施している「体力・運動能力調査」の年次推移を見ても，65～79歳の人では，ほとんどの測定項目で向上しており（文部科学省「平成26年度体力・運動能力調査」），社会参加活動で活躍するための体力が十分あると思われる高齢者が増えています。

意欲という面からも同様です。たとえば全国の60歳以上を対象とした調査では，地域活動やボランティア活動等に参加したい，参加してもよいと思っている人（「参加したいができない」を除く）が全体の72.5％，60歳代前半に限ると80.4％を占めています。つまり，地域や社会とつながりたい，役立ちたいと考えている高齢者は，決して少なくありません（内閣府「平成25年度高齢者の地域社会への参加に関する意識調査」）。

第2項 家族形態の変化と高齢者への影響

(1)「サザエさん」タイプの減少

　高齢者をめぐる状況で大きく変化したものとして，家族形態の変化があります。
　1950年代からのロングセラーであるアニメ「サザエさん」は，主人公の専業主婦（サザエさん）の両親，婿養子の夫と息子，弟妹の7人で同居する典型的なサラリーマン家族の日常を描いています。現在は，「サザエさん」のような三世代同居は少なくなりました。2013年になると65歳以上の高齢者のなかで子ども夫婦と同居している割合は13.9%（1980年は52.5%）に過ぎず，配偶者のいない子どもとの同居を合わせたとしても，子どもと同居している割合は4割です。それに代わって，一人で暮らす世帯（2013年：17.7%）や夫婦のみで暮らす世帯（同38.5%）が増加しました（厚生労働省「平成25年国民生活基礎調査」）。
　一人暮らしや夫婦のみで暮らす世帯が増加していることは，高齢者の身体機能＊や認知機能＊が低下した時に，誰がどのように支援するのかといった問題を，本人や家族だけでなく地域にも投げかけています。実際，そうした問題に対して，すでに具体的な取り組みを始めている地域もあります。たとえば，孤立死＊を防ぐために，一人暮らしの高齢者の安否確認や見守りを地域住民がおこなったり，住民同士が交流する場（「サロン」など）を設けることで高齢者の外出を促し，機能低下の予防や孤独感の解消を目指したり，というようなしかけをしています。

(2) 社会的ネットワーク・社会的サポートの果たす役割

　「社会的ネットワーク」「社会的サポート」という言葉を聞いたことがあるでしょうか。
　「社会的ネットワーク」「社会的サポート」は，孤立死の前段階である「社会的孤立＊」状態の予防という観点から，高齢者の心身の健康を高めると言われており，すでに国内外で数多くの研究成果が報告されています。孤立を予防し，さらには，心の健康の大きな課題である「うつ」を予防・軽減する上でも，社会生活の基盤となるものということができます。
　「社会的ネットワーク」とは，社会における人と人との結びつきを指し，対人関係の量（家族，友人，知人や所属する社会活動の数や交流頻度など）を意味しています。社会的ネットワークと健康の関連を調べた多くの研究のなかでも，有名なのが米国カリフォルニア州アラメダ郡の追跡研究です。この研究は，アラメダ郡に住む30～69歳の住民4,725人を1965年から9年間追跡したものです。最初に，4種類の社会的ネットワーク（婚姻状況，親族や友人との交流，教会での活動，他のグループ活動）の有無について尋ね，その結果を得点化しました。この得点が低い人は，その人由来の健康度や生活習慣，社会経済的状況など，その後の健康に影響を与えそうな要因を同じ条件にして調整してみても，

9年後の死亡率が1.8〜4.6倍も高いことがわかりました。その後，同様の研究は，国内外で繰り返されましたが，社会的ネットワークが豊かであるほど抑うつ*傾向が低く，社会的ネットワークが乏しい人は，後々抑うつ傾向が高まりやすいことが報告されています。

一方，「社会的サポート」とは，社会的ネットワークを通して得られる他者との支援関係のことを指し，対人関係の機能的な側面を意味しています。

家族形態が変化したからこそ，社会的ネットワークや社会的ネットワークの担う役割が注目されるようになりました。これらを構築する意味でもシニアの社会参加は重要な意味を持っています。

（3）不可欠な世代間での理解と連帯

家族形態の変化は，高齢者だけでなく，若い世代にも影響を及ぼしています。

夫婦と子どものみで暮らす核家族世帯や夫婦共働きの世帯が増えるなか，子どもを育てる親の身体的・心理的負担は大きく，子育てへの支援を求めるニーズが高まっています。また，三世代同居の時代には，子どもは同居する祖父母や，祖父母が付き合う人々を通して，年をとるとはどういうことかを学んでいた側面もありました。しかし最近は，高齢者の数は増えているのにもかかわらず，接する機会が少なくなっているようです。高齢者が，自分の子や孫に限らず，何らかの形で若い世代を支援したり，交流する場に参加したりすることは，お互いの世代への理解や信頼感を高めるのに役立つことでしょう。

たとえば，「りぷりんと[2)]」というボランティアグループでは，シニアボランティアによる絵本の読み聞かせ活動をおこなっていますが，興味深い成果が見られました。首都圏のA小学校（全児童の25％に祖父母との同居経験あり）において，1年間にわたってシニアボランティアによる絵本の読み聞かせをおこない，1年間の活動終了後，1年生から4年生の児童全員を対象として調査してみると，絵本をしばしば読み聞かせてもらった児童はそうでない児童に比べて，高齢者全般に対して良いイメージを持っていることがわかりました。

少子高齢化社会が進行している日本において，直面せざるを得ない，高齢者・介護施策，子ども・子育て施策や医療費・年金など社会保障費の負担と受益の世代間格差といったさまざまな問題を乗り切るには，異なった世代間での理解と連帯なくして，実現することはできません。

文 献

1) 厚生労働省ホームページ　http://www.mhlw.go.jp/houdou/2002/08/h0805-1.html
2) 世代間交流プロジェクト「りぷりんと・ネットワーク」：地域を変えた「絵本の読み聞かせ」のキセキ—シニアボランティアはソーシャルキャピタルの源泉—，ライフ出版社，2015.

生活機能に応じた社会参加活動の枠組み

藤原佳典

一口に，社会参加活動と言ってもいろいろな種類があります。

高齢者は，健康や社会経済的側面から最大多数の弱者となり得えますが，それだけではありません。今や高齢者だからとか，退職したからあとは支えてもらうだけというのではなく，就労やボランティア活動といった形で社会を支える担い手としても期待されているのです。ここでは，高齢者の健康度（生活機能）に応じた社会参加活動の枠組みについて解説します。

第1項 社会を支える側としての期待

（1）社会参加活動の5つのステージ

老年学*を研究していた，アイオワ大学のSchrock[1]は，生活機能*の側面から見た，高齢者の分布を示しました。それによると，65歳以上の高齢者の内訳は，一般に支援や介護が必要な人がそれぞれ10%程度いる反面，仕事やボランティア活動などで，まだまだ社会に貢献できるという，健康度が極めて高い人も20%程度いるという分布になっています。その分布図をもとにして，生活機能に応じた社会参加活動の枠組みを体系的に示したものが，次頁図1です。

本来，個人と社会との関係とは，長い人生のなかで徐々に対象や形態を変えながら切れ目なく継続されていくべきものです。ですから，社会参加活動についても，ある特定の活動やその中身の良し悪しだけに終始することなく，長期間の活動継続を目指して生活機能に応じた活動を考えていくことが大切なのです。

図1を見てください。高齢者の社会参加活動としては，いくつかの種類があります。求められる社会的責任*の大きい順に，（1）就労，（2）ボランティア活動，（3）自己啓発*・生涯学習*（趣味・稽古ごと）・保健行動，（4）友人・隣人等との近所付き合い，（5）要介護期*の通所サービス（デイサービス）利用，という5つのステージで定義してみます。このステージは，それぞれ独立しているわけではなく，同時にいくつか重なることもあり，生活機能に応じて（1）→（5）へと階層構造をなしています。

たとえば，金銭的報酬による責任が伴う（1）就労，をもっとも高次なステージとしま

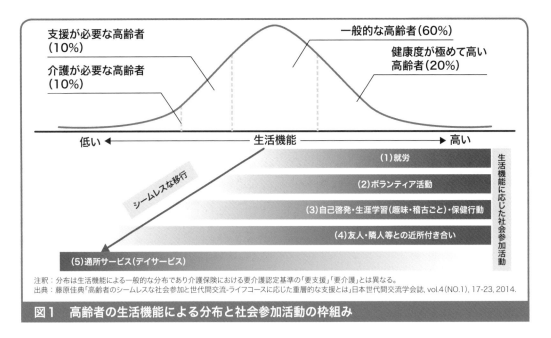

図1 高齢者の生活機能による分布と社会参加活動の枠組み

す。定年退職を迎えるなどして就労が困難になると，次の社会参加のステージとして，（2）ボランティア活動へと移行します。ボランティア活動は，原則として無償の社会貢献ですが，たとえば，自身の健康状態や家族の状況などの変化もあって，こうした他者への直接的な貢献に負担を感じるようになると，自分に対することである（3）自己啓発・生涯学習（趣味・稽古ごと）・保健行動のステージへと移行します。この時の趣味・稽古ごといった自己啓発活動は，原則として団体・グループ活動です。高齢者の場合，趣味・稽古ごとが長じてボランティア活動へと発展する場合もあれば，逆に，ボランティア活動を継続するなかでのスキルアップとしての生涯学習をおこなうという場合がありますので，両者を厳密には線引きできないこともあります。

さらに，生活機能が低下してくると，上記（1）～（3）のように他者との協調活動の必要がなく，約束や取り決めといったさまざまな制約に縛られることのない，（4）友人・隣人等との私的な交流や近所付き合いのステージへと移行していきます。さらに要介護状態にまで進んだ場合には，受動的な社会参加も可能である（5）通所サービス（デイサービス）や地域のサロンなどの利用へというステージに移行します。

（2）健康寿命の延伸は，社会貢献活動の一つ

生活機能の低下に応じて，社会参加活動のステージが移行するのは当然のことですが，そのために，たとえば，就労やボランティア活動のような，はっきりと目に見えるような社会参加をしていないからといって，肩身が狭く感じてしまうことには問題があります。図1の社会参加活動の三つめのステージのなかに保健行動が含まれていることに，特に注目してください。保健行動というのは，そもそも自分自身のための健康づくりや疾病予防

のための活動です。それなのに，社会参加活動として位置付けられていることには違和感があるかもしれません。しかし，高齢者が保健行動を実践するということは，可能な限り元気で自立した生活を少しでも長く続けることでもあります。

　つまり，高齢者が自らの健康寿命*を延ばすことは社会参加活動であるばかりではなく，りっぱな社会貢献活動の一つであり，以下のような大きなメリットがあるのです。

①家族のproductivity（生産性）を後押しできる

　健康寿命が延びれば，家族にとっても看病や介護の負担を強いられる期間が短くなり，家族のproductivity（生産性*）を後押しできます[2]。公的介護保険が制度化されているわが国においても，子ども世代が介護のために早期退職をせざるを得ないというニュースはめずらしくありません。高齢者が少しでも長く，元気で活き活きと過ごしてくれることに，どれほど大きな意義があるか実感できると思います。

②世代間不均衡問題の解決策の一つである

　社会保障費の世代間格差についての論争は，個人の生涯を通じた受益と負担の差異（世代会計*）の観点から議論されます。現役期に保険料を負担し引退後にサービスを受益するという構造は，年金，医療，介護の三制度に共通していますが，世代会計は世代ごとに異なります。年金，医療，介護による受益と負担を合算し，社会保障からの純受益が生涯収入に占める割合として定義される生涯純受給率を生年別に見ると，1955年以降に生まれた人は負担が超過しています。さらに，若い世代になるにつれて，支払い超過が拡大する傾向にあるとの報告があります[3]。社会保障を通じた世代間不均衡の問題は，国民の間で無視できないことが明らかとなっており，ともすれば世代間対立を招きかねない状況にあります。この状況を少しでも打破するために，高齢者が健康寿命を伸ばし，少しでも生産的な役割を維持していくことが期待されているのです。

第2項 複雑な高齢者の生活

(1) ある高齢者の日常

　先に社会参加活動を生活機能に応じて大まかに5つに分けましたが（p.8参照），全ての高齢者がその5つのステージに階層的にうまく当てはまるわけでもありません。たとえば，分類的にはもっとも低次なステージとされた，要介護者向けの通所サービス（デイサービス）を受けていながらボランティア活動に励んでいる人も存在します。

　一人暮らしのAさん（78歳）は，心疾患が原因で要介護1の認定を受けています。

　彼のある日の過ごし方は，早めに自宅を出発してシルバーカー（足腰の衰えた高齢者が買い物などに使う手押し車のこと）を押して保育園に向かい，ボランティア仲間と共に絵本の読み聞かせを通して，子どもたちと交流しています。この話を聞くと「要介護高齢者がボランティア活動？」と，違和感を覚える人も少なくないでしょう。しかし，介護サービスを受けることは彼の日常生活であり，絵本の読み聞かせのボランティア活動もまた，

彼の日常生活の一部なのです。

　Aさんのようなケースでなくても，人前では元気にボランティア活動を継続している人が，実は本人の病気や健康障害だけでなく，家族の看病や介護に心身共に明け暮れていることもあります。

　また，Bさんは定年退職後に，非常勤職員として元の職場に週3日勤務し，後輩の育成に励んでいます。その他にも，週2日は，地元小学校の周辺で通学児童の見守りボランティア活動，毎週日曜日の朝は，地域の剣道教室に参加して，子どもから高齢者までの幅広い年代の剣士と汗を流すというように，非常にアクティブな毎日を過ごしています。

（2）多重役割を維持する意味

　このように，高齢者の生活は，決して一面的なものではなく，同時にいくつもの役割を担っているものです。

　社会参加活動とは本来多種多様であり，どれが重要でどれが重要でないなどと，一元的に価値づけされるべきものではありません。また，ある特定の社会参加活動のみに従事しているわけではなく，さまざまなものに同時に関わっています。

　社会学の領域においては，一人の人間が多くの社会的な役割を担うことは多重役割理論*として知られています。多重役割理論の研究では，これまで現役世代である青壮年層が仕事や家事・育児といった家庭の内外で複数の役割を担うことによる心身への負荷やストレスの大小について議論されてきました。そのなかでも，さらに60歳以上の世代に着目した研究としては，米国における全国調査が有名です。この研究では就労，ボランティア活動，家事，家族というように担っているが役割が多いほど生活満足度，自己効力感*や抑うつに対して好影響が見られることが示されました[4]。

　近年では，健康や福祉研究，さらには老年学の領域でも，退職後世代の社会参加のあり方が問われるようになっています。町会や自治会などの地域の組織が空洞化するなかで，地域活動の担い手として，また，少子高齢化という，人口減少社会における労働力として，高齢者こそが多重役割研究の対象となるにふさわしいと考えられるようになってきました。それは，高齢者の生活において多重役割を維持しつつ，社会とつながること，つまり重層的な社会参加をおこなうことは，健康維持や孤立予防という点で重要だからです。

文　献

1）Schrock M.M：Holistic assessment of the healthy aged, John Wiley & Sons, pp.1-17,1980.
2）Kahn BL. Productive behavior：Assessment, determinants and effect. Journal of American Geriatric Society, 31, 750-757,1983.
3）鈴木亘，増島稔，白石浩介，森重彰浩：社会保障を通じた世代別の受益と負担. ESRI Discussion Paper Series No.281, p3, 内閣府経済社会総合研究所，2012.
4）Adelmann, P. K：Multiple roles and psychological well-being in a national sample of older adults. Journal of Gerontology, 49, S277-S285,1994.

第1章 用語解説

p.2

国際生活機能分類(ICF：International Classification of Functioning, Disability and Health)

人間の生活機能と障害の分類法として，2001年世界保健機関（WHO）総会において採択された。障害によるマイナス面を分類する従来の視点から生活機能というプラス面へと視点を転換し，さらに環境因子の視点を加えた。

p.4

超高齢社会

総人口に対して65歳以上の高齢者人口が占める割合を高齢化率という。日本は1970年に高齢化率は7％を超え，2007年には21.5％となり，超高齢社会に入った。

老年人口割合

総人口に占める65歳以上人口の割合。高齢化率と同義。

年少人口

総人口に占める年少人口（0～14歳）の割合を指す。総務省公表の「人口推計（平成26年10月1日現在）」によると，わが国の総人口は，1億2,708万3,000人で，年少人口は12.8％と，過去最低を記録した。

p.5

身体機能

四肢の運動機能や視聴力のような「外部的な機能」と，内臓の機能のような「内部的な機能」とに分類できる。加齢と共に，臓器の萎縮や細胞機能の低下などを背景として全身持久力や筋力などの体力や視聴力低下，骨関節などの障害，感染症など多様な疾病に罹患しやすい。個人差や環境要因が大きい。

認知機能

認知とは理解，判断，論理などの知的機能の総称。一般的には認知機能は主に認知症における障害の程度をあらわす場合に用いられることが多い。

記憶の障害のほか，判断，計算，理解，学習，思考，言語などを含む脳の高次機能を指す。

孤立死

社会から孤立した状態で亡くなり，長期間気づかれないこと。

法的に明確な定義や統計データはないが，東京都監察医務院によると平成26年の東京都23区における自宅住居で亡くなった単身世帯者は4,466人と報告されている。現実は独居高齢者だけでなく老老介護世帯，若年層の家族がいる世帯や生活困窮世帯でも起こっている。

社会的孤立

「家族や地域社会との交流が，客観的にみて著しく乏しい状態」を指す。なかでも，高齢者においては，社会調査の際には同居者以外との対面及び非対面交流を合わせて週に1回未満の場合に社会的孤立と定義することが多い。

p.6

抑うつ

「憂うつである」「気分が落ち込んでいる」「やる気が起きない」など，心の不調などと表現される症状を抑うつ気分という。抑うつ状態とは抑うつ気分が強い状態を指す。抑うつ状態が2週間以上続く，気晴らしをしても良くならない，日常生活に支障が出るなど重症の場合に，うつ病と呼ぶ。

p.7

老年学

英語でGerontology（ジェロントロジー）と称し，もともと発達心理学から派生した学問である。加齢や老いることについて心理学，社会学，医学など学際的な立場から考える学問として国内外の大学院を中心に研究や実践が進められている。

生活機能

人が日常生活を送る上で必要な能力を指す。

高齢者においては，歩行や移動，食事，更衣，入浴，排泄などの基本的日常生活動作能力（Basic Activity of Daily Living；BADL）や，交通機関の利用や買物，家事，金銭管理などのより複雑な生活関連動作を手段的日常生活動作能力（Instrumental ADL；IADL）と呼ぶ。状況対応能力や社会的役割を担う能力等，さらに高い水準もある。

社会的責任

組織や個人は，法律や規則にのっとり社会において望ましい組織や個人として行動すべきであるという考えに基づく責任。たとえば，就労については金銭的な報酬に見合う行動に従事する責任が伴う。

自己啓発

「より高い能力」，「より優れた人格」，「より充実した人生を送る生き方」を獲得することを目的として，自分自身を修練すること。

生涯学習（lifelong learning）

個人が生涯にわたり，学び・学習活動を続けていくこと。

文部科学省の「人々が自己の充実・啓発や生活の向上のために，自発的意思に基づいて行うことを基本と

第1章　シニアの社会参加と健康

し，必要に応じて自己に適した手段・方法を自ら選んで，生涯を通じて行う学習である」という定義（昭和56年の中央教育審議会答申「生涯教育について」）が知られる。

生涯教育は，そうした個人，家族，地域，社会の向上のために，生涯を通じて発達を促す教育的な営み。

要介護期

生活機能の低下・障害により自立した生活が困難になり，他者の支援や介護が必要になる期間を指す。一般的には介護保険サービスを利用する期間を意味することが多い。

p.9

健康寿命

健康上の問題がなく日常生活を普通に送れる状態を指す。厚生労働省の発表によると，2013年のわが国の健康寿命は，男性が71.19歳（対2010年比＋0.78歳），女性が74.21歳（同＋0.59歳）である。健康寿命と平均寿命の差は，男性で9.02年，女性で12.40年である。

生産性

より少ないコストや負担で生産的な活動（労働など多種多様な付加価値）を実現できることを指す。

世代会計

国民個人が生涯で国に支払う額と国から受け取る額を，世代別に推計すること。

国民負担の世代間格差を示す指標。税金・社会保険料などの負担額と，年金・医療保険・補助金の給付などの受益額の差額を世代別に算出し，現在の価値に換算して比較する。

p.10

多重役割理論

カーチマイヤーの研究によると夫や妻・親・職業人としてなどの多くの役割を引き受ける際に，プラス方向に「ポジティブ・スピルオーバー（positive spillover）」が起こると，自分の存在意義を実感する充実感・生きがいや生活満足度が高まる。

しかし，多重役割が過度になり，マイナス方向に「ネガティブ・スピルオーバー（negative spillover）」という心理現象が引き起こされることもあり，虚無感や疲労感を感じやすくなることがある。

自己効力感

原語はself-efficacy。
自分がある状況において必要な行動をうまく遂行できるかという可能性や自信に対する認知についての心理学用語である。カナダ人心理学者アルバート・バンデューラが提唱した。

第2章

シニアボランティアの活躍

●この章の目的●

　シニア一人ひとりの生き方は十人十色であり，多彩です。しかし，誰もが，最期のその日まで，健康で活き活きとアクティブに人生を全うすることを願っています。そこで，ここでは，シニア世代が「自分を活かす」緩やかな生き方の一つとしての「ボランティア活動」を提案します。

　まず，第1節では，「ボランティア」とは何か，その定義と特徴を理解していきます。次に，第2節は，シニアボランティアのニーズや実態を各種統計から明らかにした上で，シニアボランティアが活躍する具体的な場面を紹介します。第3節は，シニアボランティア（個人）が活きる社会に向けて，シニアにとってのボランティアの意味や活動に導くためのポイントをコーディネーターの立場から提案していきます。

　今，なぜ「シニアボランティア」への期待が高まっているのか，原点に立ち返り，共に考えていきましょう。

ボランティア活動とは

齊藤　ゆか

　シニア世代の生き方の一つに，「ボランティア活動に参加する」という選択肢があります。実際に，多くのシニアボランティアが，多様なボランティア活動に取り組んでいます。
　ここでは，「ボランティア」とは何か，「ボランティア活動」とは何か，その基本的な意味や特徴を理解した上で，ボランティア活動のメリットも考えていきましょう。

第1項　ボランティアとは

（1）ボランティアとは何か

　「ボランティア」とは，「営利目的ではなく，自発的動機から，自分の時間・労力（能力・技術）・エネルギーを家族以外の第三者に提供しようとする人」を指していますが，日本では，その活動そのものを示すことも多いようです。この本では，「ボランティア」とは人のことであり，ボランティアによる活動を「ボランティア活動」として区別しています。また，「寄付」という言葉がありますが，「他者に対する見返りを求めない金銭や物品等の贈与」を意味しています。こうした意味から，「ボランティア活動」を「時間寄付」とする考え方もあります。
　ボランティア（Volunteer）の語源はラテン語の VOLO で，英語の Will（＝意思，するつもりだ）に近い意味があります。つまり，ボランティアとは，単純に言えば「（何かを）しようとする人」「自発的に行動する人」を指しているわけです。
　あまりなじみのない人からすると，ボランティア活動には，「無償の活動」「奉仕」「滅私奉公」などというような，己を抑えて他者のために尽くすという地味で堅いイメージがあります。しかし，語源からもわかるように，ボランティア活動とは，「何かをやりたい」という思いに背中を押されて始まるものです。
　阪神淡路大震災や東日本大震災が起きた時，多くの人がボランティア活動に飛び込んでいったように，「我慢して活動する」ものではなく，「何かをしたくてたまらない」「我慢できないから活動する」ものなのです[1]。

（2）ボランティア活動の特徴

　一口にボランティア活動と言ってもさまざまなものがありますが，その特徴として，次の5点「①自発的」「②組織」「③報酬」「④利益」「⑤参加レベル」を挙げることができます[2)3)4)]。

①自発的
　ボランティア（volunteer）という言葉は，ラテン語の自由意志を意味するvoluntasという言葉に，人名称のerをつけてできています。名詞であれば，「有志者」「志願者」「志願兵」という意味があり，動詞であれば，「自ら進んでする」「自発的に申し出る」等となります。つまり，その語源にもあるように，ボランティア活動は，自発的な活動であることが前提となります。

②組織
　個人単位の活動と組織単位の活動があります。

　個人単位の活動には，近隣の人の見守りや手助け（保育園や病院等の送迎）や掃除など日常生活上の活動があります。また，国や地方公共団体から委嘱されている委員（民生委員*，保護司*，行政相談委員*，福祉委員*等）等の活動や，個人単位で被災地や海外でのNGO*活動をおこなうことがありますが，実際の場面では組織単位の活動が多くなります。

　組織単位の活動としては，自治会や町内会，PTAなどの地縁組織，各テーマやミッションに基づくボランティアグループ・NPO*・NGOに至るまで，幅広くあります。

③報酬
　「無報酬」を基本とします。

④利益
　利益を受ける「受益者」は，扶養している家族・親戚以外の第三者となります。また，社会や地域にとっても，ボランティアによる利益が生み出されています。

⑤参加レベル（期間，頻度，形態）
　参加レベルは，短期から長期までさまざまです。一般には，一時的一回限りの単発の参加より，規則的・継続的に参加することが望まれます。

　上記の①〜⑤が必ずしも当てはまらなくても，本人が無意識にボランティア活動をおこなっていることもあります。たとえば，地域の慣習や伝統行事等の相互扶助活動，他者や近隣へのちょっとした手助けや手伝い（インフォーマルな活動・不規則・短期），自己の楽しみを伴う趣味サークルや学習グループ，スポーツなどへの協力等も，ボランティア活動として解釈することもできます。しかし，いずれにしても，本人の自覚がなければ，ボランティア活動としては認識されません。

（3）ボランティア活動の実際
①全てが自発的か
　実際には，自発的な活動とは言い切れないものも存在します。

▶ 用語に付いた「*」マークは第2章P.31の用語解説を参照してください。

たとえば，小中高の児童・生徒に対する「社会奉仕・体験活動」「ボランティア学習」，大学等における「サービスラーニング*」や「地域貢献プログラム*」等，生涯学習*の場での「ボランティア学習講座」等が，これにあたります。こうした社会貢献型の体験活動は，意図的・制度的に教育環境が設定されたものですから「自発と強制の中間」に位置するものと考えられています。

②個人から組織へ

ボランティア活動を始めるきっかけは，多くは個人の強い思い（人間的情熱）から始まりますが，活動を続けていくうちに姿を変えていくこともあります。

図1を見てください。一人ひとりが活動を始め，積み重ねた結果，やがては仲間ができ，「グループ」活動が成立していきます。そこからさらに，大きな「団体」活動として発展していくことで，ミッション（社会的使命）に基づく「NPO法人」へ移行する可能性もあります。さらには，そこに止まらず，コミュニティビジネス*やソーシャルビジネス*に結びつくような活動にまで発展し，収入を得ることもあるかもしれません。また，「法人」の活動として，行政から補助金・助成金*を得たり，「指定管理者*」として施設運営を担ったり，個人や企業から寄付を受けておこなう活動も増えています。

③報酬がある場合も

活動に伴う個人の持ち出しが多くなれば，負担が大きくなり継続が難しくなります。そのため，活動の実費，交通費，実費＋交通費の両方などが提供されることもあります。

また，低賃金及び固定給が支払われる「有償ボランティア」と呼ばれるボランティアも存在します。たとえば，障がい者支援や青年海外協力隊*などの場合，日々の生活に困ることがないよう，最低限の賃金が保障されているのです。

④短期間が人気

最近は，短期間の活動や体験型の活動を好む人が増えています。いつ始まって，いつ終わるのか，参加する活動に手の届きそうな小さなゴールがあるほうが，取り組みやすく，安心して活動に踏み出せるようです。

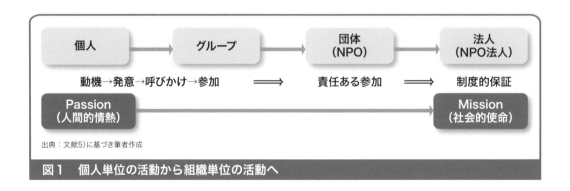

図1　個人単位の活動から組織単位の活動へ

第2項 ボランティア活動による効果

　人は，なぜボランティア活動に関わるのでしょうか。みなさんのなかで，困っている人がいると黙っていられなくなる人はいませんか？あるいは，困っている人を助けると，自分まで嬉しくなる経験のある人はいませんか？

　ボランティア活動に踏み出す動機には，「人のため」「社会のため」という利他的動機と，「自分のため」という利己的動機とがあります。

　日本において，ボランティア活動が一躍注目を集めたのは，1995年に起きた阪神淡路大震災でした。この年を日本で「ボランティア元年」と言う人もいます。

　国際的には，国際連合が2001年を「ボランティア国際年」と定めたことから，21世紀はボランティア世紀と言われるようになりました。「ボランティア国際年」には，ボランティアの理解・環境整備・ネットワーク・促進を目的に，具体的な事業が展開され，同時に，ボランティア活動に関する統計や評価研究が強化されました。

　ここでは，ILO（国際労働機関）[6]のまとめを参考にボランティア活動によって，どのような効果が得られるのかを，個人及び社会の両面から示します。ボランティア活動によって得られる効果は，ボランティアが活動を継続していく上での原動力となるものです。

（1）個人の側面から見た効果
①満足感，達成感，安心と所属意識の獲得

　ボランティア活動をおこなうことによって，個人の願望を叶えてくれ，自己有用感が高まります。たとえば，活動自体が楽しい，心の残る体験ができる，自分を試すことができる，人から認められたい，必要とされていることを実感したいなどが挙げられます。

②生活の質の向上

　ボランティア活動を通じて，生活の質を高めることができます。

　たとえば，生活のリズムを変えたい，自分の仕事とは別のことをしてみたいなどの願望を，ボランティア活動を通じて，叶えることが可能です。

③キャリアアップ

　ボランティア活動は，メンター*やロールモデル*になるだけでなく，雇用の訓練ともなり，労働力としての道筋を拓いてくれます。

　たとえば，自分の経験や専門的なスキルを役立てることにより，自分の新しい仕事の可能性を見いだすことができます。

（2）社会の側面から見た効果
①つながりや社会的連携の構築

　ボランティア活動を通じて，つながりや社会関係資本（ソーシャル・キャピタル*）をつくることができます。

　たとえば，新しい地域や近隣の人とのつながり，違った分野の人と出会い，新しい友人

第2章 シニアボランティアの活躍

ができます。また，産学官民（企業・学校・行政・民間ボランティア・NPO）など異なるセクターがつながる可能性もあります。

②お金の価値以上の付加を提供

公的サービスや民間NPO・起業へ委託するサービスの一部をボランティアに依頼することで，職員には手が届かない特化サービス（たとえば，精神的支え）を提供することができます。つまり，ボランティアは，お金の価値以上のことを得ることが可能なのです。結果的に経費節減へとつながることもあります。

③ミレニアム開発目標の達成

より良い世界の構築のために国際社会が一体となって取り組むべき目標である，ミレニアム開発目標*の達成には，ボランティア活動の存在は欠くことはできません。

文　献

1) 巡静一，早瀬昇：基礎から学ぶボランティアの理論と実際，中央法規，1997．
2) UNV：Guidance Noto，ボランティア活動の手引き，1999．
3) 齊藤ゆか：ボランタリー活動とプロダクティヴ・エイジング，ミネルヴァ書房，2006．
4) 齊藤ゆか・河井孝仁：創年のススメ，ぎょうせい，2008．
5) 山岡義典，雨宮孝子：NPO実践講座，ぎょうせい，2008．
6) ILO：*Manual on the Measurement of Volunteer Work*，2008．

シニアとボランティア活動

齊藤　ゆか

　私たちの生活は，人と人，人と組織，といった見えない信頼関係やつながりによって成り立っています。

　本節では，シニアが暮らす地域における関わり方やボランティア活動に対して，どのようなニーズと実態があるのか，各種統計から明らかにしていきます。その上で，いくつかの事例から，シニアが活躍するボランティアの世界の活動イメージを膨らませていきましょう。

第1項　シニアと社会との関わり方

(1) 地域におけるつながり

　シニアは，子どもが独立したり，仕事を退職したりと生活が変わるにつれて，地域社会のなかで過ごす時間が増えていくものです。シニアは，自分が暮らす地域のなかで，どの程度関わりを持っているのでしょうか。

　内閣府が毎年実施している「社会意識に関する世論調査」[1]では，「地域での付き合いがどの程度あるか」について尋ね，「よく付き合っている」「ある程度付き合っている」「あまり付き合っていない」「まったく付き合っていない」の四つの選択肢から解答しています。次頁図1を見てください。地域で「付き合っている（よく付き合っている＋ある程度付き合っている）」とするシニアは，どの年代でも約7割にも上り，若年世代に比べても高い割合となっています。また，「付き合っている」と答える人は，男性より女性に多く，都市規模が小さくなるほど，その割合は高まる傾向にありました。

　また，同じ調査において「地域での付き合いはどの程度が望ましいか」ということも尋ねています。次頁図2のように，「住民全ての間で困った時に互いに助け合う」（約4割）と「気の合う住民の間で困った時に助け合う」（3割）となり，約7割の人が地域での「助け合い」に期待を寄せています。多くのシニアが，身近な地域におけるつながりを求め，お互いに助け合いたいと考えていることがわかります。

第2章　シニアボランティアの活躍

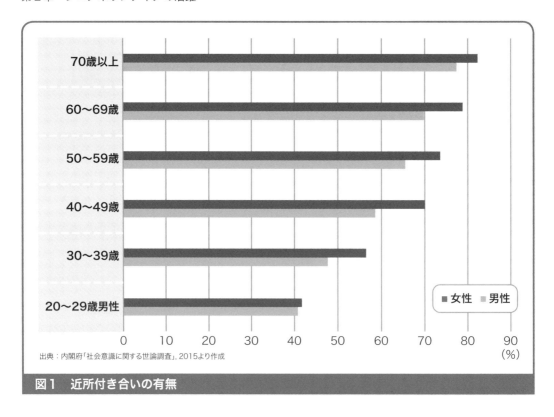

図1　近所付き合いの有無

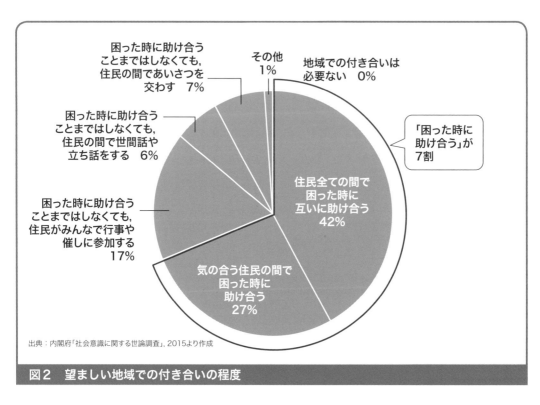

図2　望ましい地域での付き合いの程度

（2）「社会のために役立ちたい」気持ち

先の「社会意識に関する世論調査」[1)]では，社会への貢献意識についても調べています。

年齢層や男女による差はあるものの，全体で見ると約6割の人が，「社会の一員として，何か社会のために役立ちたい」と考えています。すなわち，少なくとも2人に1人は「社会のために役立ちたい」という高い「社会貢献意識」を持っていることになります。

さらに，図3を見てください。

この「社会貢献意識」は，年齢別に見ると50〜59歳の73.8％（男性75.2％，女性72.6％）がピークで，年齢が上がるにつれてなだらかに下降していきます。下降しているとはいえ，シニア世代の少なくとも半数は，こうした意識を持っているのです。

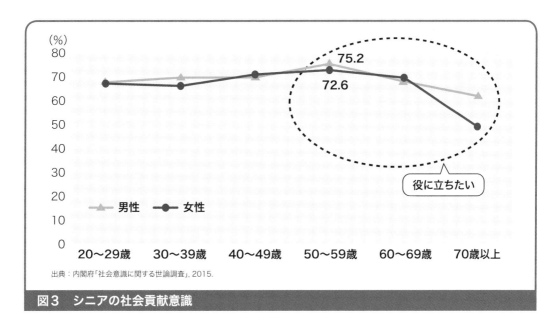

図3　シニアの社会貢献意識

第2項 シニアのボランティア活動の実態

(1) 総務省「社会生活基本調査」の結果から

シニアは，実際にどの程度，どのようなボランティア活動に取り組んでいるのでしょうか。総務省の「社会生活基本調査」[2]の結果（図4）を見てみましょう。

この調査で扱っているボランティア活動とは，町内会，老人クラブ，PTAなど，ボランティア活動を主目的としない団体での活動や，実費程度の支払いを受けた活動，いわゆる有償ボランティア活動も含んでいます。図4は，過去1年間に何らかのボランティア活動に取り組んだ割合（行動者率）を，年齢別，性別，仕事の有無別に示しています。図内の有業者とは，正規雇用・非正規雇用を問わず，何らかの収入を目的とした仕事を続けている人のことです。

さらに詳しく見てみると，次のような傾向がわかります。

①シニア世代のうち，60歳代～70歳前半までは，男女共に約3割前後がボランティア活動に取り組んでいます。しかし，75歳を過ぎると一気に低下していきます。

②男性は，定年退職後の再雇用の期限も終え，完全退職期となる60歳代後半～70歳代前半にかけて，ボランティア活動に取り組む割合が高くなります。注目すべきは，特に有業男性の場合には70歳を超えても活動が高まることでしょう

③女性は，活動を主に支えてきた無業女性（専業主婦層）の行動者率は，60歳を境に下がっていきます。有業女性は，年齢に関係なく活動が継続していきます。

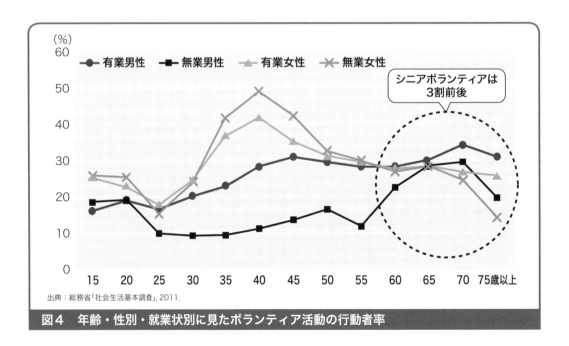

図4　年齢・性別・就業状別に見たボランティア活動の行動者率

（2）シニアのボランティア活動の種類

次に，図5を見てください。

これは，先の「社会生活基本調査」において，65歳以上のシニアが，1年間にどのような種類のボランティア活動に取り組んだのかをあらわしたデータです。

ボランティア活動は11種類ありますが，大きくは次の三つに分けることができます。それは，「人に関わる活動」「自然／環境に関する活動」「社会に関する活動」です。

なかでも，もっとも参加した割合が高い活動は「まちづくりのための活動」で，道路や公園等の清掃やまちおこしの活動などです。しかし，1年間にどのくらいの日数取り組んでいるか，という平均行動日数について調べてみると，「まちづくりのための活動」は日数的には多いわけではありません。平均行動日数で比べれば，スポーツを教えることや美術館ガイドなどの「スポーツ・文化・芸術・学術に関係した活動」や，「高齢者の日常の手助け」や「手話や点訳，障がい者の社会参加への手伝い」や「学校行事の手伝いや子育て支援の活動」というような人に関わる活動の日数が多く，男女共に年30日以上もおこなっています。

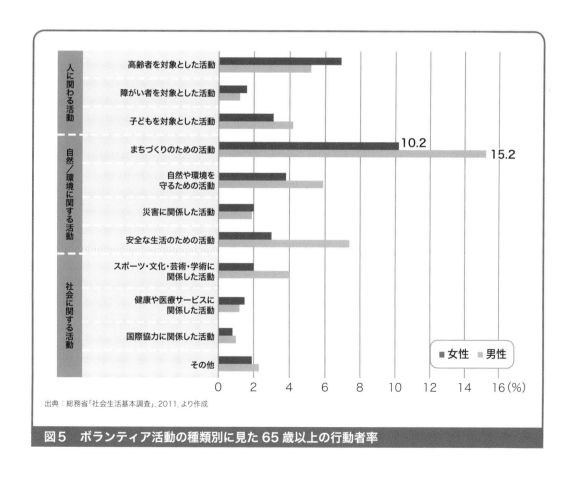

出典：総務省「社会生活基本調査」，2011．より作成

図5　ボランティア活動の種類別に見た65歳以上の行動者率

第2章　シニアボランティアの活躍

（3）シニアのボランティア活動の事例

　実際にシニアボランティアは，どのような場面で活動しているのでしょうか。ここでは，具体的にイメージしやすいように，シニアボランティアの活躍場面を，「人に関わる活動」「自然／環境に関する活動」「社会に関する活動」の三つに分けてご紹介しましょう。

①人に関わる活動

　「高齢者」「障がい者」「子ども」を対象とした活動で，高齢者の日常の手助けやレクリエーションを一緒におこなうこと，障がい者の社会参加へのサポートや，子ども会の世話など，さまざまなものがあります。

傾聴ボランティア*など多方面で活躍するAさん（70代女性）

　週に1回，認知症の高齢者の話し相手になっています。この活動以外にも，人に関わる活動ではありませんが，「森林ボランティア」として活動することもあります。
　こうしたボランティア活動の他にも，ライフワークとしての仕事に加え，太極拳などにも取り組むという，忙しい毎日を過ごしています。

外国人の子どもに日本語を教えるBさん（70代女性）

　親と来日して日本の小中学校に入ったものの，日本語がわからず授業についていけない子どもがいます。「外国人の子どものための勉強会」を立ち上げてから約20年。「学びたい」「高校に入りたい」という小中高生に向き合い続けています。
　「子どもたちが必要としているのは，学習や指導だけではありません。さまざまな体験をさせ，一人ひとりの可能性を伸ばしてやりたい」と語っています。

②自然／環境に関する活動

　「まちづくり」「自然や環境」「安全な生活」「災害」に関係した活動で，まちおこしや森や緑を守る活動，災害時の炊き出し，交通安全運動などが含まれます。

市の自然調査団のCさん（60代男性）

　市の自然調査団（NPO）の一員として環境整備の活動をしています。今は「ヤマツツジの咲く，明るい雑木林にする」という目標を定め，雑木林の下草刈りに精を出しています。
　「里山の早春の花に出会うこと」「魅力的な雑木林に変わりつつあることを実感すること」の喜びを味わい，活動に励んでいます。

観光ボランティアガイドのDさん（70代男性）

　「まちづくり塾」を通して，「市は歴史の宝庫なのに，そのことがあまり知られていない」と感じるようになりました。
　7人のシニアで，「○○○のくに探検会」を結成し，ガイドコース，リーフレットやユニフォームづくりなどに奔走しています。「変わりつつあることを実感すること」の喜びを味わいながら励んでいます。

第2節　シニアとボランティア活動

③社会に関する活動

「スポーツ・文化・芸術・学術」に関係する活動や「健康や医療サービス」に関係する活動「国際協力」に関係した活動などがあります。このうち，「スポーツ・文化・芸術・学術」に関係する活動はスポーツを教えることや美術館ガイド，日本古来の文化を広めることなど，「健康や医療サービス」に関係する活動では，入院患者の話し相手，体操教室や歩こう会などが，「国際協力」に関係した活動としては，難民支援などがあります。

> **コミュニティカフェメンバーのEさん（80代女性）**
>
> 同じ病気を抱えている人が集まる，コミュニティカフェに参加しています。ここでは，おしゃべりはもとより，病気に関する学習会や健康体操もします。
> Eさんは，「ここに来ることが健康維持の励みになっています。自分もまた，少しでお役に立てばと思い，活動しています」と語っています。

> **ボランティアバンクお助け隊のFさん（60代男性）**
>
> 大型スーパーの郊外進出により，商店街の人通りは減り，近隣には一人暮らしの高齢者が増えてきました。そこで，商店街振興組合の前理事長であるFさんは，「商店街活性化」の秘策の一つとして，高齢者のための高齢者による「ボランティアバンクお助け隊」を立ち上げました。話し相手，買い物，送迎等，お助け隊の料金は1時間800円で，隊員は，事務局運営費を差し引いて500円の地域商品券を活動の御礼として受けとります。
> この地域通貨によって，「シニアの社会参加を促し，商品券を使って商店街を元気にしてもらう」という夢も叶いつつあります。

これらの事例と，第1節第1項（p.15）であげた「ボランティア活動の特徴」を照らし合わせてみると，全ての事例に共通しているのは，「自発的」な活動であることと，第三者に対する「利益」をもたらす活動であることでした。

しかし，組織の大きさや参加レベルは，一人ひとりが異なっています。

文　献

1）内閣府：社会意識に関する世論調査（平成26年2月調査），
   http://www8.cao.go.jp/kourei/ishiki/h26/sougou/zentai/index.html（2015.5.5アクセス），2014.
2）総務省統計局：社会生活基本調査，http://www.stat.go.jp/data/shakai/2011/（2014.3.3アクセス），2011.

シニアボランティアが活きるために

齊藤　ゆか

　今，なぜ，「シニアボランティア」への期待が高まっているのでしょうか。潜在的に存在するシニアの「ボランティア希望者」をどのように活動に導いていけばよいでしょうか。
　本節では，「自分を活かしたい」「やりがいがほしい」「健康で活き活きと過ごしたい」というシニア個人の願望に寄り添いながら，アクティブで創造的な「シニアボランティア」の生き方を提案します。

第1項　シニアのボランティア活動への期待

（1）活き活きシニアライフを目指す

　長寿社会の到来により，シニアにとって，仕事や家事・育児という第一線を退いてからの人生は長くなりました。そのため，少しでも長く，健康で活き活きとした人生を送りたいと，多くのシニアが考えています。
　シニアが活き活きとした毎日を送るためには，どんなことが必要なのでしょうか。シニアへの聞き取り調査から，次の5つの要素が明らかとなりました。
　まず第一は「健康」です。これは，シニアの最大の関心事でもあります。健康であり続けるために，規則正しい生活，食事，睡眠，適度な運動などにも気を配っています。
　第二は，「交流」や「つながり」です。交流の対象は，家族，友人，地域の人などを指しています。普段から，集まりの場に行く，友人や仲間をつくって，気軽におしゃべりできる関係性を保つことで，地域や社会とのつながりを維持することにつながります。
　第三は，「心がけ」についてです。心がけているのは，「前向きな気持ち」「明るさ」「笑顔」「目標を持つ」「挑戦する」「何事にも積極的に」「好奇心を持つ」「ときめきがある」などです。つまり，マイナスでなく，プラスの気持ちを「心がける」ことが特徴的です。
　第四は，「やるべきこと」や「趣味」を持つことです。子育てや仕事の役割を終えたシニア世代は，時間を持て余す場合があります。ゆとりのある余暇時間を，テレビや昼寝に振り向けるのではなく，「やりがい」「生きがい」を探し，実行することが重要です。
　最後の第五は，「人に役立つこと」を生活に取り入れることです。それは，「ボランティ

ア活動」であり，「社会貢献活動」でもあります。ボランティア活動を通じて，「自分（経験）を活かしたい」「社会とつながっていたい」などの思いを叶えることができます。

（2）社会の担い手となるシニア

　高齢になれば，徐々に身体的機能は衰え，仕事や家庭の役割が減っていきます。この高齢者問題が国際的に議論され始めた1980年代，米国の老年学者ロバート．N．バトラー博士が「プロダクティヴ・エイジング*（Productive Aging）」という概念を提唱しました[1]。「プロダクティヴ・エイジング」とは，「生産的な加齢」と直訳できますが，この「生産的」には「単に有償の仕事だけでなく，ボランティア活動やNPO活動，家事や自分自身のケア」も含むという，積極的な考え方が示されています。

　しかし，日本では，シニア＝生産性が低いという固定観念がいまだ根強いのも事実です。それは，長寿社会という，言わば人類が長らく夢見た社会を実現したのにもかかわらず，その問題点ばかりがクローズアップされていることからもわかります。健康なシニアも多く，まだまだ社会の担い手として活躍できるのにもかかわらず，「すでに役割を終え，社会から支えられる存在である」と考えられているからです。

　また，ボランティア活動自体，日本では裕福で，余裕のある人がするものである，元気でなくなれば即活動は中止しなければならない，中止すべきだ，というような誤解もあるようです。

　そこで，一般に生産性が低いとされる認知症*の高齢者がボランティア活動をおこなったという事例[2]をご紹介しましょう。

　その一つは，認知症の高齢者の徘徊*を，散歩兼防犯パトロール（ボランティア活動）として位置付けました。この試みによって，近隣地区の犯罪件数の激減につながったそうです。もう一つは，学童保育*と認知症の施設を統合することによって，認知症の高齢者と子どもとに「顔なじみの関係性」をつくったことです。頻繁に顔を合わせるうちに，認知症の高齢者は，子どもたちの存在を気にかけるようになり，しだいに子どもたちを見守るボランティアになっていました。こうした他者との関わりのなかで，認知症の高齢者は，しだいに活き活きとなり，認知症もあまり進まなくなっていったようです。

　この事例は，認知症の高齢者に「地域の見守り」という役割を与え，社会を支える一員としたことに意味があったのです。つまり，どんな状況であれ，人間は死ぬまで人と関わる存在であり，役に立つ存在であり得るということを知らしめたと言えるでしょう。

第2項　シニアの「ボランティア希望者」を活動に導くためには

　シニアボランティアの裾野を広げるには，活動への強い意志と積極性を持つ人だけでなく，潜在的には多数派と思われる「機会があればやってみたい」という人の背中を押して，実際の活動に結びつけるしかけが必要です。

一歩踏み出すことができない層（＝ボランティア希望者）に対して，どのような点に配慮し，どんなしかけをすればよいでしょうか。

（1）ボランティア活動に踏み出せない理由とは

　シニアがボランティア活動に一歩踏み出せない要因は，どこにあるのでしょうか。
　内閣府の調査[3]によれば，自主的な活動に不参加の理由を尋ねたところ，もっとも多いのは「健康・体力に自信がないから」（44.1％）です。次いで，「人と付き合うのがおっくうだから」（25.2％）と「家庭の事情（病院，家事，仕事）があるから」（24.3％）と同程度の理由となります。その他，「同好の友人・仲間がいないから」（15.1％），「気軽に参加できる活動が少ないから」（11.9％），「どのような活動がおこなわれているか知らないから」（10.0％）等が挙げられています。こうした結果から見えてくるのは，不参加である理由として，自分自身の健康に不安を感じていることがもっとも大きいということです。それ以外にも，交友関係や家庭事情への不安や，ボランティア活動そのものに対する不安（気軽さや情報不足）も，活動に踏み出せない要因です。
　そこで，シニアにボランティア活動へ一歩踏み出してもらうためには，こうした不安を軽減させることを考えましょう。具体的には，各々の体力や家庭事情等に考慮した上で，参加可能な活動に関する十分な情報提供と，ニーズをマッチングさせるコーディネートが必要となります。

（2）シニアの学習意欲への配慮を
①さまざまな学習の機会を活かす
　シニアは，退職後や子育てが終わった後など，それまでに比べると自由になる時間が多くなり，さまざまな学習の機会を得るようになります。その一方で，残念ながら学習したことを実践する受け皿が十分に整っていないために，具体的な活動につながっていないという事例も決して少なくありません。
　たとえば自治体によっては，地域活動やボランティア活動の担い手を増やすことを目的として，セミナーや講座を開催しており，実際，こうした講座の修了者が共同でグループを立ち上げたり，地域のボランティア活動のグループに参加したりして，活躍している事例も見られますが，そのようにうまく連動しているケースはまだまだ少ないと言えます。新たな学習の場で得た知識やスキルを，誰かのために活かす実践の場がより明確な形で示されれば，シニアの学習意欲が高まるだけでなく，さらなるボランティア活動への参加促進という効果も期待できます。
②ボランティア活動そのものをサポートする学びを
　また，ボランティアにとっては，自分の活動が誰かの役に立っているという実感を持てることが，活動を継続する意欲につながります。さらに，誰かの役に立っているという実感を持ち，より良い活動成果を得るには，活動の対象（高齢者，子どもなど）や，提供する知識・スキル・サービスなどについて，より深く学ぶ学習機会を持つことが大切です。

たとえば、同世代のシニアにパソコンの使い方を教えるボランティア活動であれば、より良い成果を得る（＝受講生のパソコンへの興味や理解を高める）には、シニアがどこでつまずきやすいかといったシニアの特性を学んだり、自身のパソコンに対する知識やスキルをさらにみがいたりする必要があるでしょう。

また、絵本の読み聞かせの活動でも、読み聞かせデビュー前に絵本選びや読み聞かせの実技を身につけるために参加するセミナーや、デビュー後も定期的におこなわれる研修会、あるいはボランティア同士の情報交換会などを実施しているケースもあります。そうした研修には、「読み聞かせの技術向上」「望ましいボランティア活動をするため」という明確な目的を設定しています。膨大な数にのぼる絵本のなかから、子どもたちに良いと思われる絵本を選んで読みこなせるようになるのは、たやすいことではありません。ボランティア仲間との練習に加えて、図書館・書店通いなどの活動も必要となります。こうした活動の全ては、まさに生涯学習でもあります。

事前・事後の研修などを通じて、ボランティアの学習意欲を満たすような、直接的・間接的支援をおこなうこともまた、ボランティア活動への満足感を高め、活動の継続者を増やす上でも有効でしょう。

第3項 シニアのボランティア活動のさらなる発展のために

（1）シニアにとってのボランティア活動の意味

シニア世代は、勤労期に抑制されていた知的・文化的な関心が高まり、それまでに比べると生きがい活動や社会的活動、ボランティア活動に時間を振り分けやすくなります。人生の集大成として、ボランティア活動を通じて「役に立つ自分」を実感し、「自分の存在感」を感じ、「自己実現」することが可能となります。先に紹介した傾聴ボランティアに取り組むAさんは、ボランティア活動の必要性について次のように述べています。

「私は、ボランティア活動自体の社会的意味と、ボランティア活動が人間としての成長にかけがいがないものであるということを自覚した時、ボランティア活動が自分にとって意味を持つと思います」

このように、「世話になるより、誰かの世話をしていたい」「最期まで人の役に立っていたい」「生きている存在感を毎日感じていたい」というシニアの願望は、ボランティアイズム（＝ボランティア活動を大事に考える精神）の原点とも言えるものでしょう。シニアにとって、ボランティア活動は、「人としての働き」「人としての尊厳」や「自己尊重の感情を高める手段」であるだけでなく、第1章でも述べているように「健康状態を改善」する環境要因でもあり「地域・社会の貢献と発展」を担う活動として、重要な役割があると思われます。

（2）一人ひとりが無理なく活動できる配慮を

　ボランティア活動は，時として姿を変えていきます。

　たとえば，個人の思いでスタートした時と変わらず，個人単位の活動のままであれば自由で気ままですが，その分できることも限定されています。一方，活動する仲間が増え，規模が大きくなっていけば，社会を動かせるほどのパワーを持つかもしれません。しかし，それと共にその活動のための補助金や予算を獲得するまでになっていけば，活動に対するより強固な責任と義務が生まれ，それまで以上に成果や評価が期待されることにもなります。

　ボランティア活動の規模が大きくなることによって，個人にとっての楽しかった活動が，ややもすれば負担となり，重荷となって活動から離れてしまうという人も出てくるでしょう。特に，自分や家族の健康問題に直面することが多くなるシニアにとっては，自身の状況の変化と共に，こうした状況の変化は，活動から離れる引き金となってしまいます。そうなってしまうとせっかくの個人の思いが残念な結果を迎えてしまうことになります。

　たとえ状況が変わっても，関わり方を変えることで継続できる可能性もあります。一人ひとりが無理なく活動を継続していけるように，配慮していくことが大切なことです。

（3）個が活かせる社会づくりを目指す

　シニア一人ひとりの健康状態やこれまでの生き方は，それぞれ異なっています。しかし，どのシニアにも共通していることは，最期の瞬間まで「輝いていたい」「必要とされる私でいたい」と自己存在感を確認し続けていることです。つまり，人間の生活を活気づけるものは，自分の生きている価値と尊厳を，最期までいかに見いだし続けることができるか，ではないでしょうか。

　先にも述べてきたように，ボランティア活動は，人のため，社会のため，自分のためにおこなう活動です。一人でも多くのシニアが，ボランティア活動を通じて，自分が必要とされていること，社会の役に立っていることを感じ，「自分を活かす」緩やかな生き方を実現することができれば，それは「個が活かせる社会づくり」の実現を可能とするのです。

文　献

1 ）Butler, R., Gleason, H.P. eds：*The Productive Aging; Enhancing Vitality in Later Life,* Springe Publishing Company, 1985.
2 ）多湖光宗：幼老統合ケア，黎明書房，2006.
3 ）内閣府：高齢者の日常生活に関する意識調査結果（平成 27 年 3 月調査），http://www8.cao.go.jp/kourei/ishiki/h21/sougou/gaiyo/index.html（2014.7.25 アクセス），2014.

第2章 用語解説

p.15

民生委員

民生委員とは，社会奉仕の精神を持って，常に住民の立場に立って相談に応じ，必要な援助をおこない，福祉事務所等関係行政機関の業務に協力するなどして，社会福祉の増進に努める人（民生委員法第1条）。

保護司

保護司法に基づき，法務大臣から委嘱を受けた非常勤の国家公務員であり，保護観察官と共に，犯罪をおかした人などの更生を助けるために，指導や生活上の援助などをおこなう。

行政相談委員

行政相談委員法に基づき，総務大臣から委嘱された人で，行政サービスに関するさまざまな苦情や問い合わせ，相談などを受け付けて，助言などおこなう。

福祉委員

社会福祉協議会から委嘱され，地域の福祉的な課題や，身近な困りごとの解決を社会福祉協議会や地域住民と共におこなう。

NGO：Non-Governmetal Organization（非政府組織）

政府や国連などの国際機関ではない，民間組織として，主に国際的な課題である，貧困，環境問題，紛争問題等の解決に取り組んでいる組織のこと。

NPO：Non-Profit Ogranization（非営利組織）

政府や企業ではない民間組織として，さまざまな社会的な課題などに取り組む組織を指すが，日本では，特定非営利活動促進法に基づいて法人格を取得した団体のこと。

p.16

サービスラーニング

主に大学等や高校で取り入れられている体験型の学習方法の一つで，地域に貢献する奉仕活動などの経験を通し，市民参画やボランティアの重要性，社会課題などを学ぶもの。単なる現場での体験ではなく，地域住民などと協働した取り組みが特徴である。

地域貢献プログラム

地域に貢献することを趣旨としたさまざまな活動や事業，プログラムなど。

生涯学習（lifelong learning）

個人が，自由意志に基づき，生涯にわたり学び・学習活動を続けていくこと。

文部科学省の「人々が自己の充実・啓発や生活の向上のために，自発的意思に基づいて行うことを基本とし，必要に応じて自己に適した手段・方法を自ら選んで，生涯を通じて行う学習である」という定義（昭和56年の中央教育審議会答申「生涯教育について」）が知られる。

生涯教育は，そうした個人，家庭，地域，社会の向上のために，生涯を通じて発達を促す教育的な営み。

コミュニティビジネス

地域の課題解決をビジネスとしておこなう取り組みで，既存の地域の人材や施設などを活用することからも，コミュニティの活性化につながったり，新しい雇用や活躍の場を生み出したりするものとして注目されている。

ソーシャルビジネス

コミュニティビジネスと同様に，さまざまな社会の課題をビジネスの手法で解決しようとする取り組み。地域を限定した取り組みのことをコミュニティビジネスといい，より広範囲を対象とした取り組みのことをソーシャルビジネスともいう。

助成金

何らかの活動や事業に対して，国，自治体，民間団体などがその活動の趣旨や内容を審査し，援助するお金のこと。通常，正しく活動や事業がおこなわれれば返還が要求されるものではない。

指定管理者

公民館や公園といった公共の施設の管理をするために，ある一定の期間を定めて，地方公共団体が指定する団体のこと。公共性の確保の観点から，地方自治法により公共的団体等に限定（管理委託制度）されていたが，地方自治法の一部を改正する法律が平成15年6月公布，9月に施行され，民間企業やNPO法人等にも管理運営を委ねることを可能とした指定管理者制度が設けられた。

青年海外協力隊

独立行政法人国際協力機構（JICA）が実施する事業の一つ。満20歳から満39歳の日本人を対象に，自身の技術や知識，経験などをアジア，アフリカ，中南米などの開発途上国で活かすための派遣事業である。

p.17

メンター

仕事や，学校生活など，人生のさまざまな場面で，指導や助言をしてくれる人，また，そのような役割を持って，施設等で活動をしている人のこと。

ロールモデル

模範やお手本といった意味で，学校生活や社会生活において，子どもや社会人のお手本となるような人を指す。

第2章 シニアボランティアの活躍

ソーシャル・キャピタル（社会関係資本）

人々の間の協調的な行動を促す「信頼」「互酬性の規範」「ネットワーク」とされ，地域力，ご近所力，絆とも言われ，教育，健康福祉の分野では，ソーシャル・キャピタルが高い地域は，子どもの学力が高く，住民が健康であると言われている。

p.18
ミレニアム開発目標

2000年に採択された国連ミレニアム宣言により2015年までに達成すべき目標として設定された。その内容は，貧困と飢餓の撲滅，普遍的初等教育の達成，ジェンダーの平等，幼児死亡率の削減，妊産婦の健康の改善，HIV等の蔓延防止，持続可能な環境の確保，開発のためのグローバルパートナーシップ，である。

p.24
傾聴ボランティア

ボランティアの一種で，主に施設の高齢者や震災時の被災者などを対象に，悩みごとや，単純にその人の話を聞いてあげたりするボランティアのこと。

p.27
プロダクティヴ・エイジング

生産的な活動が可能な状態で加齢する高齢者のことをいう。生産的な活動の範囲は，収入を伴うか（有償労働），伴わないか（無償労働：家事・育児・介護・ボランティア等）にかかわらず，人間が自然と人間自身に働きかける活動の総称をいう。

認知症

中枢神経の神経細胞の損傷により，認知機能の働きが障害され，結果として日常生活に支障があることを指す。認知症は病名ではなく症候群であり，原因疾患はアルツハイマー病や，脳血管疾患，パーキンソン病など多岐に渡る。

徘徊

主に認知症を起因とする，家のなかや外を歩き回る行動。

学童保育

学校終了後，保護者が仕事などで在宅でない時間帯に，学校施設内等で，児童を対象に遊びや学習の場を提供する保育事業の通称で，厚生労働省が所管する放課後児童健全育成事業として各自治体にて実施されている。

第 3 章

高齢者を知ろう
―身体・認知機能と特徴―

●この章の目的●

　シニアボランティアを活かした活動においては，若い世代とは異なる高齢者特有の身体的，認知的な特徴を理解することが大切です。理解不足のままだと，計画していた活動ができなくなるだけでなく，場合によってはシニアボランティア自身や相手の子どもなどが思わぬ事故に巻き込まれることにもつながってしまうからです。

　この章では，シニアボランティアと接する上で，知っておきたい高齢者の特徴と必要な基礎知識をまとめました。

　第1節の身体機能の特徴では，高齢者が抱えるさまざまな身体的機能の特徴を紹介することにより，シニアボランティア活動の環境づくりや，活動の内容における配慮などのヒントを学びます。

　第2節の認知的特徴では，高齢者が抱える認知的な特徴を理解することにより，シニアボランティアとのコミュニケーションの取り方や，よりわかりやすい説明の仕方などについてのヒントを学びます。

　第3節では，高齢者がかかりやすい病気や症状を理解し，活動上必要な配慮や，緊急時の対応などに活かします。

高齢者の身体機能に関する特徴

桜井良太

　この節では，高齢者の身体的な特徴を知ることによって，シニアボランティアが活動する際に注意すべき点について理解を深めることを目的としています。第1項及び第2項では，加齢に伴う生理的な変化と生活能力の変化についてまとめてあり，高齢者の運動機能及び生活行動時の特徴を知ることができます。最後の第3項では，高齢者に想定される生活上の不具合やボランティア活動時の事故についてまとめています。
　活動時のケガや事故の予防にご活用ください。

第1項　加齢に伴う生理的な変化

（1）筋肉の変化

　60歳を超えるような高齢期になると，体を動かすために必要な筋肉の線維が細くなったり，筋肉の量が減ってきたりするため，必然的に筋力が低下します。このような加齢に伴う筋肉量の減少は，「サルコペニア」と呼ばれています。
　サルコペニアは，60～70歳では5～13％の人に，80歳を超えると11～50％の人に見られ，加齢と共に増加することがわかっています。筋力は，上半身より下半身のほうが低下しやすく，たとえば大腿四頭筋のような太ももの筋肉や大臀筋のようなおしりの筋肉などの大きな筋肉（**図1**）は，40歳以上になると1年に1％の割合で低下していきます。もちろん個人差はありますが，閉じこもりがちで不活発な生活を送っているような場合には，より早いスピードで筋力が低下していきます。
　たとえば，風邪などをひいて長期間安静（寝たきり＊）にするという経験は誰でもあると思いますが，1週間安静にしていただけで10％～35％の筋力が低下するとも言われています。さらに，この1週間の安静で失われた筋力を元のレベルまで取り戻すには，安静にしていた期間の2倍から3倍（2週間～3週間）が必要であるとも言われています。
　このような加齢や不活発な生活に伴う筋力低下は，止まっている時や動いている時の姿勢を維持するバランス能力＊といった日常生活の基礎となる能力を低下させるだけでなく，転倒などの事故の要因となる可能性もあります。筋力の低下を防ぐためにも，運動することを習慣にしたり，外出する機会を増やしたりするなどして日常生活の活動を高めること

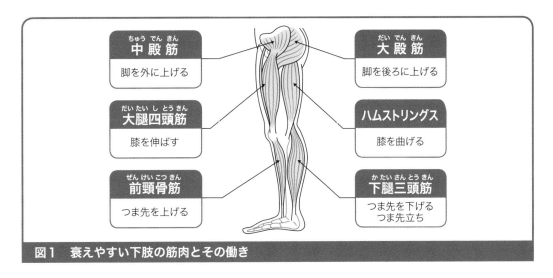

図1 衰えやすい下肢の筋肉とその働き

が必要なのです。

では，より詳しく，個別に見ていきましょう。

①握力

60歳代の握力は20歳代と比べると，約20％低下すると言われています。低下するスピードは60歳代に入るとさらに加速し，85歳を超えると20歳代と比較して約50％低下するとされています。握力は，全身の筋力（たとえば，肘の曲げ伸ばしや，膝の曲げ伸ばしに関係する筋肉）と強く関わっていることがわかっているため，全身の筋力のバロメーターと言っても過言ではありません。したがって，高齢者の握力がはっきりと低下してきたような場合には，全身の筋力が低下している可能性があるので，注意が必要です。

②脚の筋力

脚の筋力は，加齢によって，握力よりさらに早いスピードで低下することがわかっています。たとえば，膝伸展筋力（膝を伸ばす筋力）の場合を見てみましょう。60歳代の膝伸展筋力は，20歳代に比べると約30％低下すると言われています。そして握力同様，その低下するスピードは60歳代に入ると加速し，85歳を超えると20歳代と比べて約50％低下します。

脚の筋力は歩く機能に直結しているため，その低下は歩く機能の低下につながります。もう一度，図1を見てください。脚のすねの隣に細長く位置している前脛骨筋（図1）は，歩く時につま先を上げるという重要な役割を担っています。しかし，高齢者が歩く際にどの筋肉をどれくらい使っているかを調べた研究によると，高齢者は前脛骨筋を含む足首周りの筋肉をあまり使っておらず，股関節周りの大きな筋肉を使って歩いていることがわかりました。この結果は，高齢者が歩く際に十分につま先を上げていないことを示しており，このことが歩行中のつまずきなどの原因の一つとなると考えられています。すなわち，加齢に伴う脚の筋力の低下は，高齢者の歩き方を変え，結果的に転倒を招く可能性がある加齢による変化なのです。

▶用語に付いた「＊」マークは第3章P.77の用語解説を参照してください。

（2）骨の変化

　体を支える骨も加齢によって変化します。しばしば高齢者から，「若い頃に比べて身長が低くなった」という声を聞くことがありますが，これは背骨やその間にある椎間板が，加齢と共に圧縮・変形するために引き起こされるためです。また，背骨や椎間板の変形によって頭が前に傾き，のどを圧迫するように背中が曲がることがありますが，その結果，飲み込むことが困難になり，呼吸がしにくくなるといった障害が起こることもあります。また，高齢になるにつれて骨そのものを形成している基質＊という構造がしだいに失われ，結果的に骨の骨密度＊が低下し，場合によっては骨がスカスカになってしまいます。このような骨がスカスカになってしまう症状のことを，総称して「骨粗鬆症」といいます。特に閉経後の女性は，ホルモンのバランスが大きく変化することによって骨密度の低下が急激に進むため，骨粗鬆症になる人が大勢います。

　骨密度が減少する原因の一つとして，骨を強くするカルシウムの量が減少することがあります。これは食事の全体的な量が減ったり，食事のバランスが崩れたりすることによって，食事から吸収されるカルシウムが少なくなり，カルシウム量が減少するからです。また，体のカルシウム利用を促進するビタミンDの量もわずかに減少します。これは，食事の影響に加え，高齢期になるとビタミンDを体内でつくるために必要な日光を浴びる機会，つまり外出する機会が少なくなるためです。

　このような骨密度の減少は，全身の骨に起こるわけですが，ある特定の骨は他の骨に比べて特に弱くなります（つまり，骨密度の減少の度合いが他の骨より大きくなる）。たとえば，おしりの部分の大腿骨上端，腕の骨の下端（橈骨，尺骨），背中の骨（椎骨）が，

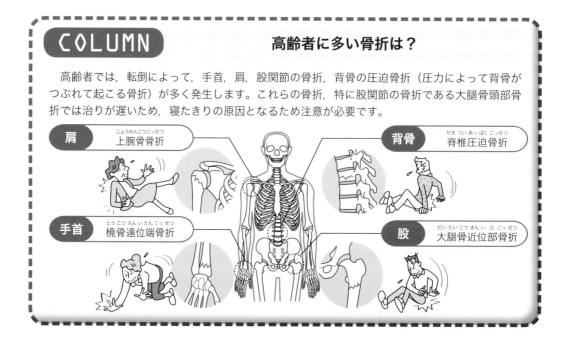

COLUMN　高齢者に多い骨折は？

　高齢者では，転倒によって，手首，肩，股関節の骨折，背骨の圧迫骨折（圧力によって背骨がつぶれて起こる骨折）が多く発生します。これらの骨折，特に股関節の骨折である大腿骨頸部骨折では治りが遅いため，寝たきりの原因となるため注意が必要です。

肩　上腕骨骨折（じょうわんこつこっせつ）
背骨　脊椎圧迫骨折（せきついあっぱくこっせつ）
手首　橈骨遠位端骨折（とうこつえんいたんこっせつ）
股　大腿骨近位部骨折（だいたいこつきんいぶこっせつ）

これにあたります。したがって，高齢者が転倒するとこれらの骨を骨折することが多いのです（p.36 コラム参照）。バランスのよい食事をとることで十分なカルシウムを摂取し，運動によって骨に適度な刺激を加えることにより，骨粗鬆症のような加齢に伴う骨密度の減弱化を改善することができます。

（3）関節の変化

高齢者には，関節の痛みを訴える人も多くなります。加齢に伴って生じる関節の変化としてよく見られるものに「変形性関節症」と「変形性脊椎症」があります。

①変形性関節症

関節の痛みは，関節リウマチ（正常な細胞を免疫機能＊が異常とみなして攻撃してしまい，痛み・変形が生じる疾患）が原因という場合もありますが，多くは加齢に伴う関節の形態的・機能的変化によるものです。加齢と共に関節を構成する筋肉や腱が衰え，場合によっては石灰化（腱などにカルシウムが沈着し，固くなること。肩関節に多く，痛みが発生する）が進行します。また，関節の間に存在するすき間が狭小化すると共に，すき間を埋める潤滑液（関節の動きを良くし，関節に栄養を与える滑液）も減少します。この関節の狭小化と潤骨液の減少により，関節内の軟骨が擦り減り，関節の変形や痛みを引き起こします。このような関節の変形・痛みを総称して「変形性関節症」と言い，膝・股関節に多く見られます（図2）。

特に女性は関節が柔らかく，筋肉が少ないため，男性に比べて変形性関節症になりやすい傾向にあります。また，関節の変化には，生活環境の影響が大きく，都市部の高齢者よりもしゃがみ・立ち上がり動作などの多い農村部の高齢者のほうが，変形性膝関節症になる人が多いことがわかっています。

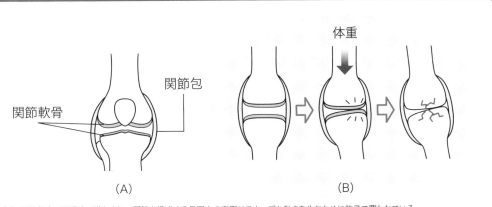

(A) 関節包内は潤滑油で満たされ，関節を構成する骨同士の表面はスムーズな動きを生むために軟骨で覆われている。
(B) 膝の関節を構成する筋肉が弱くなり，関節の一部分に過剰に負担がかかるような異常な関節の動きが生じる。
　　それに伴い，軟骨がすり減り，痛みが生じる。その他にも，長年しゃがむ動作（農作業など）をし続けることによって生じることもある。

図2　膝関節内部のイメージ（A）と変形性膝関節症が発症する仕組みの一例（B）

第3章 高齢者を知ろう―身体・認知機能と特徴―

②変形性脊椎症

背骨が加齢によって形態を変えることによって生じる疾患です。

変形性関節症と同様で、軽症な場合は無症状ということも多いため、病気とは言い切れないこともあります。もう少し詳しく説明しましょう。人間は、椎間板（背骨間のクッションの役割をする軟骨）とその後ろの左右一対の椎間関節によって背骨の動きが可能になっていますが、変形性脊椎症というのは、これらが加齢によって性質が変化した状態を言います。特に椎間板の性質が変化すると、背骨の動きが1か所に過度な負担がかかるような異常な動きになってしまいます。その結果、椎間関節間に骨棘（ほねのとげ）が形成されます。変形性脊椎症では、この骨棘によって痛みが生じたり、神経が通っている背骨の中心部（脊柱管）が狭窄することによって、痛みが生じる脊柱管狭窄症を発症したりすることもあります。

これらの関節の痛みがひどい場合には、コルセットを使用するなどして安静状態でいることや、薬物療法によって治療する必要がありますが、痛みが落ち着いている場合には、積極的に体を動かすことによって、痛みを緩和したり、痛みがある部分の周辺の機能低下を防ぐように心がけたりする必要があります。

もちろん、無理をせず、痛みと相談しながら取り組むことが大切です。

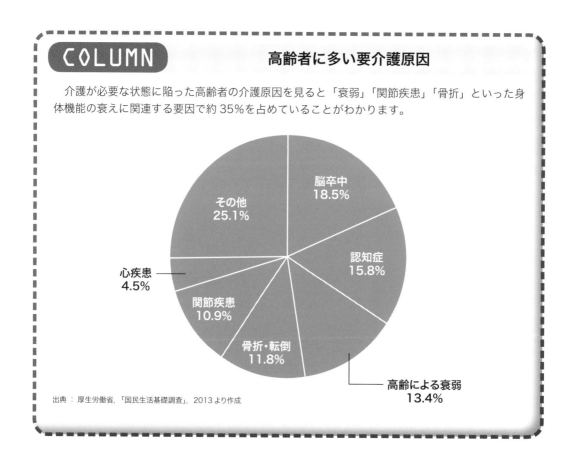

COLUMN　高齢者に多い要介護原因

介護が必要な状態に陥った高齢者の介護原因を見ると「衰弱」「関節疾患」「骨折」といった身体機能の衰えに関連する要因で約35％を占めていることがわかります。

- 脳卒中 18.5%
- 認知症 15.8%
- 高齢による衰弱 13.4%
- 骨折・転倒 11.8%
- 関節疾患 10.9%
- 心疾患 4.5%
- その他 25.1%

出典：厚生労働省，「国民生活基礎調査」，2013より作成

COLUMN　ロコモティブシンドロームとは

　高齢期には，体を動かす機能を司る，骨・関節・筋肉・神経の衰え，すなわち「運動器」の衰えが日常生活に悪影響を及ぼします。このような運動器の衰えを包括的に予防する取り組みとして，「ロコモティブシンドローム」が日本整形外科学会を中心に提唱されています。

　ロコモティブシンドロームとは，運動器のいずれかに，あるいは複数に，障害が起こり，歩行や日常生活に支障を来している状態のことです。

　症状・徴候は，関節や背部の疼痛や機能低下（可動域制限，変形，筋力低下，バランス力の低下）です。具体的には，以下などがあります。

- ○膝や腰背部の痛み　○姿勢が悪くなった　○膝の変形（O脚）　○体が硬くなった
- ○歩きが遅くなった　○転びやすい

これらの項目や下のチェックリストに当てはまるようなら，注意が必要です！

こんな症状，思い当たりませんか？
7つのロコチェック

1. □片脚立ちで靴下がはけない
2. □家の中でつまずいたりすべったりする
3. □階段を上がるのに手すりが必要である
4. □家のやや重い仕事が困難である
5. □2kg程度※の買い物をして持ち帰るのが困難である　※1リットルの牛乳パック2個程度
6. □15分くらい続けて歩くことができない
7. □横断歩道を青信号で渡りきれない

出典：ロコモチャレンジ推進協議会，ロコモチャレンジ公式webサイトより

第2項 加齢に伴う生活能力の変化

（1）歩行能力
①歩き方の変化
　高齢者の多くは，歩行能力が低下します。具体的には，図3を見てください。
　たとえば，歩く速度が遅くなる，すり足（足の上がりが悪くなる）になる，1歩の歩幅が狭くなる，足首の動く範囲が狭くなる（つま先が上がらなくなる）といったことなどが挙げられます。これらは，加齢による筋力や関節機能の低下によるものである一方，高齢者が自然と遅い速度で歩くことを好むようになっていることも意味しています。
　しかしながら，好むと好まざるとにかかわらず，こうした歩き方の変化は，歩く際に存在している数多くの障害物（小石，段差など）につまずく原因となります。特に，1歩の歩幅が短かったり長かったりするというように，歩幅にばらつきが生じたり，右足が着地してから再び着地するまでの時間が毎回違うというように，歩くサイクルに時間的なばらつきが生じることは，転倒が起こる可能性を高める歩き方の変化です。
　また，歩く速度が遅くなることは，高齢者の日常生活に関する機能が低下していることを示すだけでなく，実は，その後，どのくらい生存できるのかをも示唆しています。たとえば，65歳以上の地域住民34,485人を対象とした米国の研究によると，歩く速度が遅い高齢者ほど5年後から10年後の生存率が低かったことがわかっています。このことからも，「しっかりと歩く機能」が，人にとって極めて重要な身体機能であることがわかります。

②第三者が気づかせる
　高齢者は，歩いている時に「疲れやすさ」を感じるようになり，歩き続ける能力（持久力）が低下していることを自覚することはありますが，すり足や歩幅が狭くなっているというような，自分の歩き方が変化しているという自覚はないことも多いです。これは，足の関節や筋肉の感覚も鈍くなるせいでもあります。こうした変化は，自分では，なかなか気づきにくいため，変化に気づいた第三者がきちんと指摘することで高齢者自身が自分の歩き方が変化していることを自覚し，「踵で接地し，つま先で蹴る歩き方」を意識するこ

- 歩く速度が遅くなる
- すり足になる
- 1歩の歩幅が狭くなる
- 足首の動く範囲が狭くなる
- 両足の動きが非対称
- 背中・首が曲がり足下を見がちになる

図3　高齢者の歩き方の特徴

第1節　高齢者の身体機能に関する特徴

とによって，すり足などの事故を招く可能性のある歩き方を改善する努力も必要です。

（2）反応時間・自己の能力判断（状況判断）

　高齢者になると，物事に対する反応が遅くなります。
　たとえば，光を感じたら，音が聞こえたらボタンを押すという反応実験では，20代後半から50〜60代にかけてボタンを押すまでの時間（反応に要した時間）は徐々に長くなり，70歳以降になると個人差はあるものの，反応時間は一気に長くなることがわかっています。
　また，条件に応じた反応をする選択反応時間（たとえば，モニターに"1"が出た場合は左手でボタンを押し，"2"が出た場合は右手でボタンを押すなど）は，加齢と共に明らかに反応時間が長くなることもわかっています。20歳代と比べると，60歳代では約1.2倍，80歳代では約1.5倍，長くなることが報告されています。これらの実験結果は，「自転車に乗っていて，危ないと思った瞬間にブレーキをかけるのが遅れる」というような，高齢者の実生活での問題を示唆しています。
　さらに，状況を正確に判断できなくなる傾向も出てきます。たとえば，自分の手をどれだけ前に伸ばすことができるか，自分がどれくらいの高さの障害物を跨ぎ越すことができるかといった判断は，日常生活を安全に過ごすためには重要な判断となりますが，高齢者は，若年者に比べて自己の能力を過大評価する傾向があり（図4），正確に判断できていないことがわかっています。また，高齢者は車が速いスピードで接近しているにもかかわらず道路を横断してしまうなど，道路を横断するタイミングの判断が不正確になることがしばしばありますが，これも「自分はぶつからずに横断できる」というように，自分の能力を過大評価していることが，原因の一つであると考えられています。

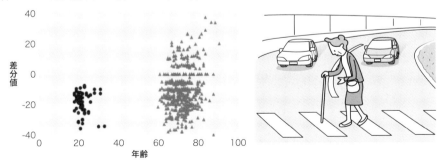

縦軸は跨ぎ越せると思う高さと実際に跨ぎ越せた高さ（跨ぎ越し能力）の差を示している。その差がプラス方向であれば能力を過大評価，マイナス方向であれば能力を過小評価していることを示す。若年者より高齢者のほうが過大評価する傾向があり，加齢と共にその傾向が顕著になっていくことがわかる。

出典：Sakurai R, et al「Age-related self-overestimation of step-over ability in healthy older adults and its relationship to fall risk」BMC Geriatr, 7;13:44, 2013.

図4　若年者と高齢者の跨ぎ越し能力の評価

(3) バランス能力

　バランス能力は，さまざまな感覚や筋肉が複合的に働いて発揮される能力で，やはり加齢に伴って低下します。その原因は，視力などの視覚機能や平衡感覚*を司る三半規管・前庭（耳の奥に存在する感覚器）の機能が低下することと，筋肉を動かす神経の働きが悪くなるためと考えられています。バランス能力を評価する方法としては，片足立ちの時間を測る検査が広く用いられていますが，目を開けた状態での片足立ちを保持する時間は，60歳代から急速に短くなることがわかっています。また，さらに難易度の高い，目を閉じた状態での片足立ちを保持する時間は，40歳代から短くなり，60歳以上になると30秒未満という人が90％以上にもなるという報告もあります。こうしたバランス能力の低下は，普通に立っている時だけではなく，歩行など動いている時にも見られ，高齢者の約10％〜25％はバランス能力や歩行能力の低下が原因で，転倒していることがわかっています。さらに，バランス能力の低下は，つまずき・ふらつきが生じた際に，とっさに足を出すといった行動の遅延につながります。高齢者の場合，ちょっとしたつまずきが，重篤な障害につながるような転倒を引き起こす原因となってしまいます。

(4) 生活機能

　高齢者は，歩行，食事，排泄，入浴，着替えといった基本的な生活機能に関して介助が必要になる生活機能障害*が，1年半から2年の間で約5％増加することが報告されています。こうした生活機能の低下は，不活発な生活，すなわち家に閉じこもりがちな生活をしている高齢者ほど生じやすいようです。基本的な日常生活機能を低下させてしまう閉じこもりには，次の二つのタイプがあります（図5）。

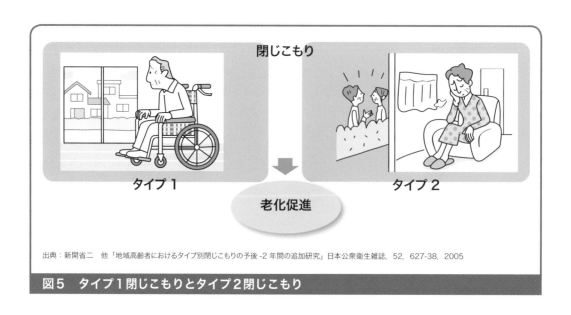

出典：新開省二 他「地域高齢者におけるタイプ別閉じこもりの予後-2年間の追加研究」日本公衆衛生雑誌，52，627-38，2005

図5　タイプ1閉じこもりとタイプ2閉じこもり

移動能力が低いために閉じこもりがちである「タイプ1閉じこもり」と移動能力が高いにもかかわらず閉じこもっている「タイプ2閉じこもり」があります。タイプ1閉じこもりは、長期的に見ると死亡率を高める要因となるものです。タイプ1閉じこもりとなる原因は、高年齢であることや歩行機能の低下とされています。一方、タイプ2閉じこもりは、日常生活機能の低下だけでなく、公共サービスを使っての移動などの応用的な生活機能障害や認知機能障害*を引き起こす危険因子であることが知られています。その原因は抑うつ傾向や親しい友人がいないといった心理・社会的要因であるとされています。

COLUMN どのくらい外出すればいいの？

高齢期の外出頻度の低下が、体に悪影響を及ぼすことを示してきましたが、では日常的にどのくらい外出していれば、健康な体を保つことができるのでしょうか。

70歳の高齢者を対象とした大規模研究では、1日1回以上外出している高齢者と、2、3日に1回外出している高齢者を、7年間追跡調査しました。その結果、2、3日に1回外出している高齢者は、それ以上の外出頻度の高齢者に比べて、生活機能障害の発生率が、約7倍にもなっていたことがわかりました。

したがって、70歳くらいの健康な高齢者であれば、1日に1回以上は外出する必要があると言えそうです。

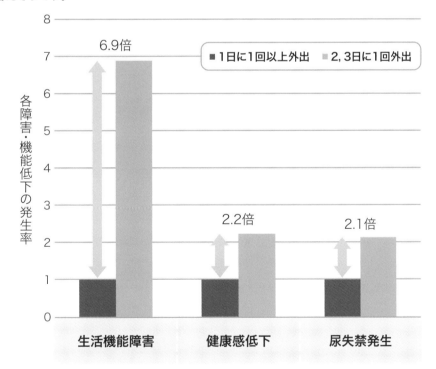

出典：Jacobs, J. M., et al「Going outdoors daily predicts long-term functional and health benefits among ambulatory older people」Journal of Aging and Health, 20(3), 259-72, 2008

第3章 高齢者を知ろう―身体・認知機能と特徴―

第3項 想定される生活上の不具合や事故
―シニアがボランティア活動をおこなう際に気をつけること―

(1) 転倒

　高齢者のうちの10%〜40%の人が，1年の間に1回は転倒を経験していることがわかっています。高齢者が転倒すると骨折などのように重篤化することが知られていますが，高齢者の骨折は治りにくく，活動性の低下や寝たきりにつながるケースも多くなっています。したがって，高齢者の転倒は非常に注意すべきものなのです。

　転倒を引き起こす要因としては，図6に見られるように，本人に関わる内的因子と環境に関わる外的因子とがあります。内的因子としては，加齢による筋力やバランス能力の低下や，転倒を引き起こす可能性のある病気や突然の失神を引き起こす可能性のある薬物の服用，身体機能の低下があります。一方，外的因子としては，足がつまずいてしまうような住居内の構造や履物といった物理的な環境面の問題があります。

　したがって，転倒の要因となる内的因子や外的因子に対して配慮をすることが必要です。たとえば，歩く際にすり足になっている場合には，スリッパなどのつまずきやすい履物ではなく，踵を覆うタイプでサイズの合った靴を履くことを勧めるとよいでしょう。

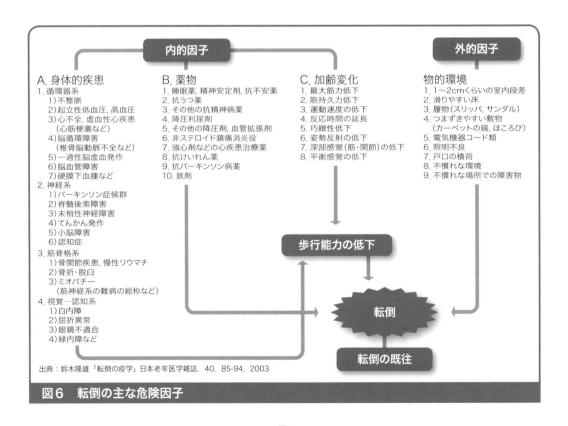

図6　転倒の主な危険因子

また，睡眠薬などの向精神薬や降圧剤を服用していると，意識が遠くなったり，周囲への注意が散漫になったり，めまい，失神などが起こり，転倒してしまう可能性があります。体調をきちんと管理すると共に，服薬によって体調に変化が生じるようであれば，その日の活動を控えるようにしましょう。

（2）環境への適応

　日常生活において環境が変わった場合，若年者は割とすぐに対応できますが，高齢者はうまく対応できないことがあります。高齢者は，特に不慣れな環境下では，路面の状況や障害物の位置などを把握するのに時間がかかりますから，そうした環境での活動が転倒や障害物への衝突などの事故につながる可能性も十分に考えられます。ボランティア活動をする場所は，基本的には不慣れな場所であることが多いはずです。事前に「どこに何があるか」「どんな場所なのか」というように，活動をする環境のことを把握し，できる準備をすることが事故予防の観点からも重要となります。

　環境へ適応するということは，特別なことではなく，日常生活において日々必要とされる能力です。たとえば，歩いている時を想像してください。自分の体が前に進むにつれて見えてくる風景や道の状態が，時々刻々と変化することがわかるでしょう。買い物の途中，地下街に立ち寄ろうとすれば，明るい地上から地下へ続く暗い階段を降りますし，地下に降りれば人ごみの激しい地下街が広がっているというように，目に見える環境が短時間の間に大きく変化します。私たちの体は，そうした環境の変化に適応し，その環境に応じて安全に歩行（運動）することができるようになっています。

▲どこに何があるのか，あらかじめ把握しておくことが重要！
　駅では出口や乗り場を探しながら歩くことがあるので，人にぶつかったり，段差につまずきやすくなったりするため，特に注意が必要。活動場所への経路はあらかじめ調べておいたほうが良い。

しかしながら，高齢者は若年者に比べて，目に見える風景が大きく変わると姿勢を崩しやすくなることがわかっています。ある転倒事故調査で報告された25件の高齢者転倒事故のうち19件がエレベーター付近であり，ドア開閉時の視覚情報の変化が転倒の原因となっている可能性が示されました。このように，目に見える風景の変化というのは，意外と危険な要因なので，注意する必要があります。

（3）時間に余裕を持つ

　高齢者は時間に迫られた状態で移動（歩行や階段昇降）すると，障害物や他の移動物（歩行者や自転車・車）に対する注意が散漫になる傾向があります。
　ボランティア活動では，集合時間に間に合うように移動時間を計算し，それに合わせて自分の行動を調整するといった時間配分を求められます。このこと自体は，認知機能の活性化にもつながる良いことだと思いますが，一方で，時間に迫られた状態で行動すると障害物を見落としてしまい，つまずきやすくなったりする可能性もあり，高齢者にとっては大変危険でもあります。事故を未然に防ぐためにも，時間に余裕を持って行動する，ということを徹底しましょう。

（4）細く長く活動を継続する

　高齢者がボランティア活動をする場合，どのくらいの頻度の活動が身体機能を維持する上で適切なのでしょうか。
　より効果的に身体機能を向上させる指標として，「トレーニングの原則*」というものがあります。トレーニングの原則には，「過負荷の原則」と「継続性の原則」があり，過負荷の原則とは，「体が少し疲れるくらいの負荷でなければ体を強くする効果はない」ということを示し，継続性の原則とは，「体を動かす活動は継続的におこなわなければあまり効果が得られない」ということを示しています。したがって，身体機能の維持・改善という観点から考えれば，活動をしてから家に帰った時に「少し疲れたな」と思うくらいがよいのかもしれません。ただ，身体機能自体にも個人差があり，その個人差は加齢と共に大きくなっていくので注意しましょう。
　たとえば，同じ70歳であっても，日常的にウォーキングなどの運動をおこなっている人もいれば，介護サービスを利用している人もいます。また，身体機能に自信のない高齢者であれば，週に何度もボランティア活動をすることは難しいでしょう。しかし，たとえ元気いっぱいではない，十分な体力がない高齢者であっても，週に1回以上外出することによって，その身体機能の低下を防ぐことができるということもまた，明らかになっています。したがって，身体機能が衰えつつある高齢者がたとえ週に1回であっても，「外出して何かする」といった活動を維持することは極めて重要なことなのです。
　ボランティア活動を実施する際には，身体機能が低下してきている高齢者でも活動しやすい環境や雰囲気を心がける必要があります。たとえば，具体的には（1）あいさつによ

る雰囲気づくり，(2) 無理をさせない・しない，(3) 活動の仕方に制限を設けないといったことを心がける必要があります。

新しいボランティアがどんどん参加するようなグループはどんなグループでしょうか？ここで重要なのは，「参加しやすい雰囲気を持っている」「長く参加したいと思える雰囲気を持っている」ことではないでしょうか。そういった雰囲気づくりを心がけることは，新しい人材を呼び込むのに必須の要素です。あいさつや何気ない声掛けというのは参加しやすい雰囲気づくりの第1歩と言えるでしょう。

日々の生活のなかで，無理なく負担できる活動の量（活動頻度や時間）や質（活動内容）は，人それぞれです。自分にとって心地良い程度であっても，他のボランティア仲間にとっては重い負担となる場合もあります。同じ活動量・活動内容であっても，一人ひとり感じ方が異なる，ということを心にとめておきましょう。一人ひとりのボランティアが，自分だけでなく，仲間のボランティアも活動を長く続けることができるようにという視点を持つことが，実はグループでのボランティア活動を支える重要なポイントなのです。

「太く長く」のボランティア活動は理想ですが，体力が心配な人もいるでしょう。まずは「細く長く」自分のペースでやってみることを目標に始めるのが良いと思います。

COLUMN　歩いている時に話しかけられると止まってしまう

みなさんは，親しい人と移動する際には，話しながら歩いていると思います。高齢者のなかには，歩きながら何かをすることができない人もいます。最近では，歩いている時に話しかけられて立ち止まって話してしまう高齢者（すなわち，何かをしながら歩くことのできない高齢者）では，その後転倒する割合が顕著に高かったと，国内外から報告されています。

このように，注意を周りに向けながら行動する能力が低下すると，日常生活上，さまざまな弊害が生じる可能性があるため，注意が必要です。

A：歩行中に立ち止まって話してしまうか？

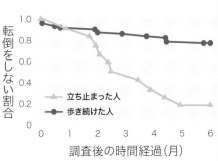

B：立ち止まって回答した高齢者と歩き続けながら回答した高齢者のその後の転倒率

出典：井上和章「ながら力が歩行を決める　自立歩行能力を見極める臨床評価指標『F&S』共同医書出版社，2011．(A)
　　　樋口貴広「運動支援の心理学-知覚・認知を生かす」三輪書店，2013．より作成 (A)
　　　Lundin-Olsson L, et al "Stops walking when talking" as a predictor of falls in elderly people." Lancet, 349: 617,1997. (B)

高齢期の認知機能とコミュニケーション

鈴木宏幸

　シニアボランティアに限らず，誰かと一緒に仕事をしたり，作業をお願いしたりする時には，コミュニケーションが良好でなければなかなかうまくはいきません。良好な関係をつくる第一歩としては，まず相手のことを理解する必要があります。

　ここでは，シニアボランティアの理解を深めるために，高齢期の認知機能と心理を取り上げます。知的活動を支える機能である認知機能の特徴と，高齢期特有の心理状態を理解することで，シニアボランティアにお願いできることが明確になると思います。

　また，高齢期の認知機能と心理を踏まえ，良好なコミュニケーションのための具体的な方法についても紹介します。

第1項 高齢期の認知機能について

(1) 認知機能の概要
①知的活動を支える機能

　認知機能という言葉は，最近では一般的に使用されていますが，私たちの生活を支えているとても重要な機能を指しています。その意味を一言であらわすならば，「知的活動を支える機能」と言うことができます。知的活動というと難しい勉強や偏差値の高い学校に入学するための試験のようなイメージがあるかもしれませんが，いわゆる「学力」のことだけを指すわけではありません。頭を使って考える行為は，すべて知的活動であると言うことができます。

　たとえば，喫茶店で友だちと待ち合わせをするというような簡単な行動であっても，以下のような知的活動が求められます。

- 目的地までの道のりを想像して出発時間を逆算する
- 出かけた先で必要な持ち物を確認して用意する
- 経路を間違えないように電車やバスの行き先に気をつける

　これらの知的活動を実際におこなうためには，さらに多様な機能が必要となります。目的地となる喫茶店の名前や集合時間を覚えておくためには，記憶力が欠かせません。時間

を逆算したり経路を間違えたりしないように気をつける時には、注意力が必要になります。道のりや必要な物品を想像する時には思考力が求められます。

これらの機能が認知機能です。

②認知機能の主な領域と多様な側面

認知機能は複数の領域から成り立っています。

主要なものとしては、図1にあるように記憶機能、注意機能、言語機能、視空間認知機能、思考・想像力などがあります。

記憶機能、注意機能、言語機能は文字通り、記憶力、注意力、言葉に関する能力を指しています。

視空間認知機能とは、正しく物体を見る能力に加えて、物や場所の空間的な配置の把握にも関連する機能です。空間的な配置とは、最寄り駅は自宅の北側にある、トイレは玄関を入って右奥にあるというような位置関係のことを指しています。

これらには、さらに複数の側面があります。たとえば記憶機能であれば覚える、思い出すという面があります。記憶力の低下は、一般的には「もの忘れ」という形で表現され、「あの人の名前が出てこない」「今日家を出る時に鍵をかけたかどうか覚えていない」というような形で実感されます。この時、「思い出せない」という面が強調されていますが、そもそも「覚える」ことができていたかどうかも重要です。ただ思い出せないだけであれば、ヒントや手がかりさえあれば、思い出すことができます。しかし、思い出したかった内容を教えられてもピンと来ないということであれば、覚える能力も衰えている可能性があります。他にも、たとえば注意機能では、一つの物事に力を注ぐ集中力だけでなく、料理をする時にお鍋に火をかけながら野菜を切るというような注意を分割する能力も含まれています。いわゆる「手際が良い」というように表現される人は、集中力や注意を分割する能力に長けているのでしょう。言語機能にも、言葉をすらすらと生み出す能力と、投げ

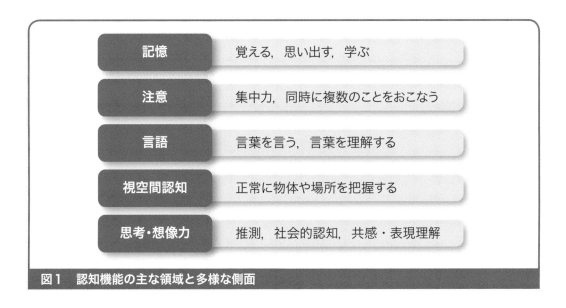

図1　認知機能の主な領域と多様な側面

かけられた言葉を正しく理解する能力の二つの面があります。言いたいことが喉まで出かかっているけれども出てこないという現象は多くの人が経験します。そのため言葉を生み出す能力は衰えを自覚しやすい面があります。一方，言葉を理解できないという現象では，「相手の言い方が悪い」「書かれている説明がわかりづらい」というように自身の能力以外のものに原因を求めてしまうことが多いため，言葉を理解する能力の衰えは見逃されがちです。

　図2を見てください。認知機能の一つの領域が損なわれると，知的活動が阻害され問題解決能力や判断力が低下し，ひいては社会生活に重大な支障をもたらすことは明白です。しかし，複数の機能が関わっているがゆえに，たとえある機能が失われたとしても他の機能によってその働きを補い，社会生活への影響を軽減することは可能です。

　たとえば，記憶機能に障害が生じてしまうと，私たちは日用品の買い物のような日常的な行動をおこなうことも難しくなります。それは，日用品の買い物をする時には，自宅の在庫状況を思い出す必要があるだけでなく，目の前の商品の値段の適正さについても，過去の経験を参考に判断する必要があるためです。記憶機能に障害が生じると，同じ物を何度も買ってしまう，不適切な価格で商品を大量に買ってしまうということが起きてしまいます。しかし，言語機能と注意機能を駆使してメモ帳につぶさに記録をつけ，買い物の際にはそれを参考にするように注意して生活すれば，記憶機能の障害による日常への影響を最小限に抑えることは可能となります。

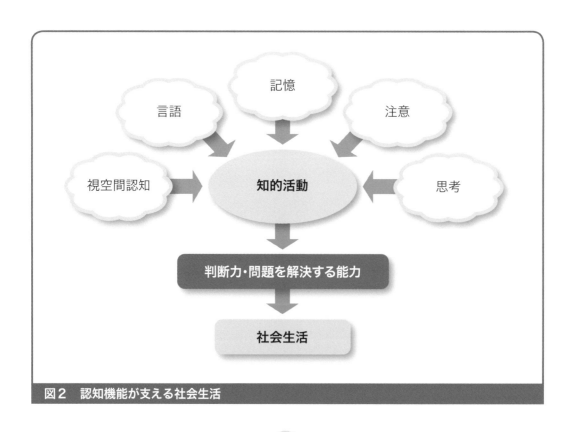

図2　認知機能が支える社会生活

(2) 認知機能の加齢変化

認知機能の働きは，主に脳の活動によってもたらされます。

言うまでもなく脳も体の一部ですので，加齢と共にその働きは変化していきます。しかしながら，加齢と共に胃や腸のような内臓機能の働きが低下するのとは，異なる点があります。それは，認知機能の一部の機能はその働きを長期間維持することが可能であり，場合によってはさらに向上させることが可能であるという点です。

具体的な事例として，認知機能のなかでも中心的な働きを担っている記憶機能の加齢による変化を見てみましょう。表1は，健常に加齢していった時の記憶機能の変化と記憶の種類との関係が示されています。記憶には数秒から数分のような短期的につくられるものと，長期的な経験によってつくられるものとがあります。短期的につくられる記憶とは，たとえば，電話番号の数字を覚えるというような単純に憶えるだけの記憶のことです。高齢者は覚えるということが不得意になるイメージがありますが，実は，高齢者の覚えることができる量は，若者と比べてみてもあまり違いがないことがわかっています。一方で，同じ短期的につくられる記憶でも，覚えることと同時に他の作業をおこなうことが求められるような作動記憶の場合には，年齢を重ねるにつれ段々と不得意になっていくことがわかっています。

わかりやすい例を挙げてみましょう。たとえば，買い物をする時を思い出してください。つり銭の計算をする時，商品の金額（数字）を頭に置き，同時に支払う金額から引き算をする必要があります。さらに細かい部分に注目すると，計算に繰り上げや繰り下げが必要

表1　健常な加齢と記憶機能の変化の関係

	短期的につくられる記憶	長期的につくられる記憶
向上の可能性がある機能		意味記憶 一般的な知識や知恵に関する記憶 例：難しい言葉の使い方や知識
維持されやすい機能	短期間の記憶 単純に覚えるだけの記憶 例：電話番号の数字を覚える	手続き記憶 体を使う技能に関する記憶 例：自転車の乗り方，職人技術
低下しやすい機能	作動記憶 覚えながら他のことをする際の記憶 例：暗算，説明を理解しながら覚える	エピソード記憶 体験したできごとにまつわる記憶 例：昨日の夕飯のメニュー

な時には，1桁目の数字を頭に置きながら2桁目の計算をしなくてはなりません。この場合のように，何かを覚えつつ別のことを同時におこなう時の記憶は，前頁表1の作動記憶です。これは，加齢と共に不得意になっていく部分です。

　一方，長期的につくられる記憶というのは，わかりやすく言えば知恵や技術というようなものです。たとえば，年を重ねていっても，若い時と変わらず自動車を運転することができたり，自転車に乗ることができたりするのは，それまでの人生のなかで一度獲得した技術に関する記憶というのは低下しにくいからです。年を重ねることによる身体機能の衰えと共に，いずれは衰える技術もあるかもしれませんが，知恵や知識に関する記憶は，年を重ねるにつれ，さらに伸び続ける可能性があるのです。

（3）病的な認知機能の低下
①良性健忘と悪性健忘
　加齢による認知機能の変化はさまざまですが，これに個人差があることを考えると，その変化はさらに複雑なものになります。それは単純な加齢による変化に加えて，病的な理由による認知機能の低下が加わる可能性があるからです。

　たとえば，記憶について見てみましょう。記憶に関する高齢期に見られる機能の低下は，一般的には「もの忘れ」という言葉で表現されています。健常な加齢に伴うもの忘れは「良性健忘」，病的な理由によって記憶が障害されることは，「悪性健忘」と分類されています。良性健忘は生理的現象ですから，年をとれば程度の差はあれ，誰にでも起こるものです。重要度の低いできごとや体験の一部を忘れることが多くなりますが，「忘れた」という自覚があり，思い出せなかった事柄をしばらくしてから思い出すこともあります。それに対して悪性健忘は，病気による症状です。体験の一部ではなく全部を思い出せないだけでなく，「忘れた」という自覚がないのが特徴で，アルツハイマー病*を始めとする認知症*による認知機能の低下のあらわれです。

②認知症
　認知症は，高齢期に見られる病的な理由による認知機能の低下の代表と言うことができ，

表2　DSM-V による認知症の主な診断基準（一部を要約）
A.　一つ以上の認知機能（記憶・注意など）の領域において，以前よりも低下が見られる
B.　認知機能の低下によって自立した社会生活が阻害されている
C.　認知機能の低下が以下の二つによるものではない 　・せん妄（意識障害） 　・他の精神疾患（うつ病や統合失調症など）

判断されるポイントとして前頁**表2**のA，B，Cのような三つのポイントがあります。一般的にこの三つのポイントの全てを満たすと，認知症と判断されます。

そのポイントとは，第一に，記憶障害*に限らず認知機能の領域のいずれかに障害があること，第二に，認知機能障害により社会生活に支障があること，第三に，認知機能障害が意識障害*やうつ病によるものではないこと，の三つです。この定義の特徴は，記憶障害や認知障害などの病理的な側面に加えて「社会生活に支障があるか」という社会的な側面が含まれている点です。日頃意識することはあまりありませんが，認知機能のそれぞれの領域が私たちの知的活動を生み出し，それが私たちの社会生活を支えています。

社会生活や職業生活を支障なく送るために求められる認知機能の水準は，それぞれの生活環境により大きく異なります。たとえば，都市部であれば交通網が発達しているため，一見便利ですが，その分，複雑な交通機関の利用方法を理解しなくてはなりません。また，予定や金銭の管理をシビアに求められる職業に就いている場合には，わずかな認知機能の低下であっても職業生活に支障が出てしまうことがあります。一方，農作業等を生業としている場合には，多少，認知機能が低下してもそれまでの経験を頼りにある程度の職業生活を営むことが可能でしょう。また，商店の数が少ない地域であれば，顔見知りの店員とのやり取りのなかで自立して買い物をすることができますから，多少，認知機能が低下したとしても，長期間に渡って日常生活を送ることが可能になることも考えられます。

つまり，脳の病理的な側面から見て，同程度に認知機能が低下していたとしても，生活環境によっては早々に認知症の定義に該当すると判断されることもあれば，まだまだ認知症には該当しないと判断されることもあるということになります。

認知症の原因疾患にはさまざまなものがありますが，もっとも多く見られる原因疾患はアルツハイマー病で，アルツハイマー病による認知症のことを，アルツハイマー型認知症と言います。このアルツハイマー型認知症の早期の段階で見られる症状が，アメリカアル

表3　アルツハイマー型認知症の早期症状（アルツハイマー協会）

以下の症状が日常生活に支障を来す水準である
①日常生活に支障を来すもの忘れ
②計画を立てたり日常的な仕事が困難
③家庭や仕事場，旅先で今までできていたことができない
④時間と場所がわからない
⑤読んだり見たものの理解や位置関係があやふや
⑥会話や書字が途切れる
⑦置き忘れ
⑧判断力低下
⑨仕事や社会活動からの引きこもり
⑩気分や性格の変化

ツハイマー協会によってまとめられています（表3）。

もの忘れや管理能力，判断力の低下が症状として挙げられていますが，いずれも日常生活に支障を来す水準であるかが重要となります。

③加齢現象と病的な症状

加齢現象による機能低下と病的症状との境界は，判断が難しい部分もありますが，たとえば，具体的に分けてみると図3のようにまとめることができます。

人や物の名前が出てこないことや，何かを置き忘れてしまうことは普通の生活を送っていればめずらしいことではありません。道端で偶然出会った知人の名前が思い出せなくても，とりあえずその場で挨拶をしたり，簡単な会話したりして，場を持たせることは可能です。したがって，加齢に伴ってこのような症状が増加したとしても，この程度で日常生活に支障があるとは言えませんから，認知症の症状ではなく加齢現象と考えることができます。しかしながら，同じもの忘れでも，同居している家族のような，とても身近な人の名前が出てこなくなってしまった場合には，日常生活に支障があると考えます。また，財布や携帯電話などの大事な物をあまりに頻繁に失くしているような場合には，日常生活に支障があるということですので，注意が必要です。

図3　認知機能低下により見られる症状の分類

（4）シニアボランティアの認知機能

ボランティア活動を実践する際には，少なからず知的活動が伴い，場合によっては，とても高度な知的活動が必要となることもあります。「知的活動が伴う」ということは，シニアボランティアにとってメリットにもデメリットにもなります。

①メリット

まず重要なメリットは，高齢期における認知機能の低下を予防することにつながる可能性があるということです。高齢期には，基本的に使われない機能から低下していきます。たとえば，どこに行く時も乗用車を使用しており一日の歩行距離が少ない場合には，足腰の機能が年齢よりも早く低下していきます。認知機能もこれと同様で，頭を使わずにぼーっとした生活を続けていては，やはりそれなりに機能が低下していきます。逆に，年齢を重ねても知的活動を続けている場合には，認知機能の低下が起きにくいと言えます。世間でも，政治家や社長，そろばん教室の先生，噺家さんのような高度な知的活動が求められる職業の人は認知症になりにくいという説があるようですが，これは加齢による認知機能低下の仕組みから考えても信憑性のある説だと言えるでしょう。

②デメリット

一方のデメリットは，知的活動が求められるがゆえに，実際に認知機能が低下してしまった時には，ボランティア活動の継続が困難になるということです。ボランティア活動で求められる水準が高度であればあるほど，その影響を受けやすくなるでしょう。多くのボランティア活動には，常に受け手が存在しています。うまく実践できず，かえって相手に負担をかけてしまうような状況では，活動を続けることは難しいと判断せざるを得ません。

認知機能の低下は何十年という長い期間をかけてゆっくりと進行していくことが明らかになっています。そのため，低下を予防するためには，知的活動を長期間継続的におこなうことが重要です。認知機能が低下してしまうと，それまでのようにはボランティア活動を継続することが難しいかもしれませんが，認知機能の仕組みに基づく適切な補助があれば，部分的には活動が継続できる場合もあります。実践が続けられる部分に関しては，少しでも長く継続することが，認知機能の低下の予防に役立ちますので，シニアボランティアの認知機能についての周囲の理解と適切な補助が提供されることが望まれます。

第2項　高齢期の心理

（1）高齢期における性格の変化

年齢を重ねると「頑固になった」「丸くなった」など，性格に変化があるような表現が使われることがあります。一見すると，加齢に伴って性格が前向きになるような印象を受けますが，その一方で，高齢期はさまざまな喪失体験が押し寄せる時期でもあります。厚生労働省の調査（2008年）によると，60歳以上のうつ病患者の総数は40万人以上と報

告されています。また別の調査では高齢期のうつ病の有病率は13.5％との報告もあり，必ずしも精神的に安定した高齢者ばかりではないということがわかります。

高齢期における性格の変化について考える場合，死の受け入れと加齢という二つの観点があるので，順に紹介します。

①死の受け入れから見た高齢期の性格の変化

自身の死の受け入れから見た性格の変化としては，主に感情面の変化から捉えられています。ドイツの精神科医であるキューブラー・ロス氏が発表した重病の受け入れに関するプロセスが有名です（図4）。彼女は終末期患者の治療にあたる際に，多くの患者が病気を受け入れるまでに類似した感情の変化を起こすということに気づき，その過程をまとめました。図4を見てください。この図は，自分が重病であることを受け入れるまでのプロセスを示しています。

否認　まず，最初に訪れるのは否認の段階です。これは，告知された内容や事実を受け入れることができない段階です。重病であると告知される前後で，身体的には何か変化があるわけではないため，容易には納得することができません。「自分が病気であるはずがない」というような全否定や，「仮に病気であったとしても自分は助かるのではないか」というように，部分的な否定をすることになります。重病であることを否認していたとしても，その後さまざまな検査結果が病気であることを示すようになり，しだいに自覚症状もあらわれてきます。自分が重病であることを認めざるを得ない状況となり，次の段階に進むことになります。

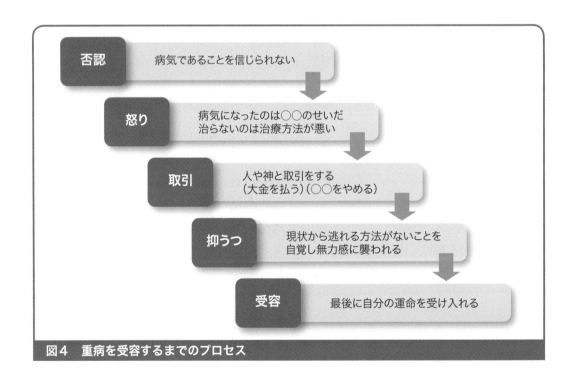

図4　重病を受容するまでのプロセス

怒り　否認の次の段階は，怒りと名づけられています。重病であることを解決するために，現在追い詰められている原因を見いだし，それに怒りをぶつけることで何とか解決を図ろうとする段階であると言えます。この怒りの中身としては，「酒が悪い」「タバコが悪い」「家族が悪い」「仕事が忙しすぎたせいだ」「主治医がやぶ医者だから治らない」など，八つ当たりに近いものまでさまざまな形でぶつけられます。

取引　現状の原因を見つけて怒りをぶつけたところで，自身の症状が改善されるわけではありません。そのため，解決のための感情の変化として怒り以外に取引という形でもあらわれてきます。どうにか死なないで済むように，人や神と取引を試みようとする段階です。これは，何かにすがろうとする心理状態のあらわれであると考えられます。具体的には，医者に「金はいくらでも払うから何とか治療してほしい」と頼んだり，神社や教会で「自分のおこないを改めるので何とか助けてほしい」と神頼みをしたり，というような行動をとります。

抑うつ　そして，あらゆる手段を試みても，どれも解決はもたらさないということがわかると，抑うつの段階に入ります。周囲や自分自身に対する無力感と，まだやり残したことがあるのにそれを達成できないという未来への失望の両面に根差した抑うつ状態であり，気分が落ち込み，とてもつらい状態へと陥ります。しかしながら，この状態を経験することでようやく解決への希望に別れを告げることが可能となり，現状を受け入れる準備ができます。

受容　重病であることを告げられたからといって，すぐに受け入れて前向きに生きることができるというわけではありません。否認，怒り，取引，抑うつといった段階を経てはじめて現状を受け入れることができ，この病気と共に残された時間を前向きに捉えることができるのだと考えられています。

キューブラー・ロス氏は，全ての患者がこのプロセスに当てはまるわけではなく，それぞれの段階を行き来することもあると述べています。しかしながら，このプロセスはとても説得力があるため，その後の研究者たちによって身近な人の死や日常の悲しいできごとなど，喪失体験や悲哀を受け入れる際にも，これに類したプロセスを辿るということが示されています。

②加齢による性格の変化

加齢による性格の変化については，国内外でさまざまな調査がおこなわれています。

わが国には，加齢と性格の変化の関係を調べるために，70歳前後の高齢者を15年間追跡した調査があります[1]。それによると，60歳から80歳にかけては他者と円滑な関係を築こうとする調和性が上昇し，85歳以上になると上昇した調和性が維持されていることが示されました。同時に，家庭に対する肯定的なイメージも強まっており，家族との折り合いのなかで調和性が高まることが伺われます。高齢期には定年退職や身体的状況の変

化,生活環境の変化をきっかけとして,人とのつながりとしての社会的なネットワークが縮小していきます。そのなかで,家族や親類との関係性が以前よりも緊密になり,家庭を肯定的なものとして捉え,縮小したネットワークのなかで円満な関係を構築するために調和性が向上するのでしょう。

また,この調査では自我の強さと生存率についても関連があることが示されています。自我*は,自身の身体機能に対する安定感や現実感覚*,物事への対処能力などから多面的に成り立っていると考えられています。70歳から15年間の追跡の結果,自我の強さが維持されている高齢者は,低下した高齢者に比べて生存率が高いことが示されました（図5）。

ここで気をつけたいことは,自我が強い人のほうが長生きするということを言いたいのではなく,自我が維持されていることが重要なのだ,ということです。人の性格には生まれつき変わらない固定的な側面がありますが,環境の変化や多くの経験によって変わっていく流動的な側面もあります。加齢と共に調和性が上昇するという調査結果からも明らかなように,性格や人格は70歳以降も発達するものと考えられます。これは,前述の認知機能の話でも取り上げましたが（p.51）,生涯発達という視点からも理解できると思います。そうしたなかで,マイナスな体験が積み重なるなどして自我機能が低下すると,生存率にまで影響を与える恐れがあるのです（図5）。これを裏付けるように,主観的健康感（自分の健康に対して自分自身が抱いている印象）が高い人のほうが要介護状態にもなりにくく,その後の生存率も高いことがさまざまな研究から明らかになっています。人の性格は,基本的には加齢と共に成熟していくと考えられますが,それによって精神的な健康状態が低下しなくなるわけではありません。むしろ,若年者よりも精神的な健康状態の影響による身体的健康の低下が生死と関連する可能性が高いため,高齢期の性格や精神面での変化には注意が必要です。

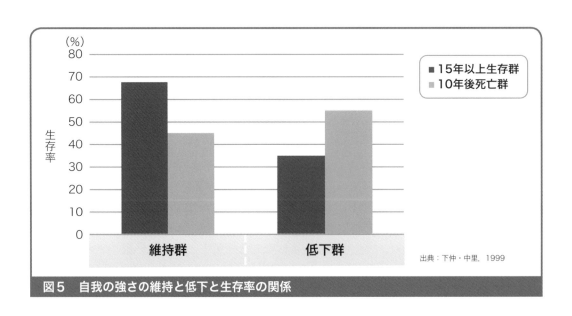

図5　自我の強さの維持と低下と生存率の関係

（2）高齢期特有の喪失体験と精神的健康
①頻発する喪失体験

　高齢期は何かを失う体験が多く訪れる時期でもあります。

　高齢期の喪失体験には，「もの忘れ」や「今までにできていたことができなくなる」などの自身の能力の喪失に関わるものと，配偶者や友人との死別や，見知った町並みの変化などの環境の喪失に関わるものとがあります。

　高齢期における身近な人との死別は，体験そのものが大きな悲しみを伴い，その心的負担は計り知れません。と同時に，いずれやって来る自身の死についても否が応にも考えさせられることになります。配偶者などの身近な人物との死別はもちろんのこと，若い頃からメディアを通して慣れ親しんでいるような俳優や歌手との死別においても，類似した心的負担を感じることになります。また，能力の喪失体験は自身の老いを意識させ，見知った町並みの変化は時代に取り残されているかもしれないという孤独感を募らせます。

　このような状況が次々に押し寄せる可能性があるわけですから，将来に対する不安を抱いてしまっても無理はありません。厚生労働省の「平成25年国民生活基礎調査」においても，高齢者は高齢期なりの悩みやストレスを抱えていることが示されています（図6）。

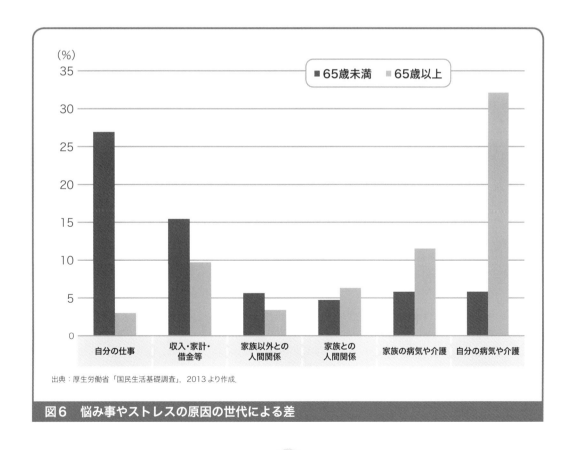

図6　悩み事やストレスの原因の世代による差

②喪失体験等によるストレス

　こうした不安が高い状況が解消されなければ，活動性や活発性が失われてしまったり，コミュニケーションが消極的になってしまったりします。人生において，何かを喪失することや悲しみを抱くことは当然起こりうることで，避けることはできません。悲しいできごとを経て，人として成長することもあります。しかしながら，高齢期特有の喪失体験の頻発によって過度なストレスを抱えると，精神的な健康度が低下し，身体機能や自我機能が低下するだけでなく，認知機能の働きも低下することが想定されます（図7）。

　特に，喪失体験等によるストレスは，それだけで抑うつ症状や主観的健康感の低下を引き起こし，精神的健康を損なうことになります。精神的健康の低下は免疫機能に影響するため，風邪や体調不良を招きます。また，自律神経やリラックス状態をコントロールする副交感神経*にも影響するため，頭痛や不眠の原因にもなり，身体的健康も損なわれることとなります。精神的健康と身体的機能に不具合があれば，認知機能も十分に働くことはできません。体調不良によってぼーっとして考えがまとまらなかったり，ついうっかり大事なことを見落としたり，忘れ物をしてしまうということは想像できると思います。抱えているストレスが解消されないと，さらに事態は悪化することになります。

　普段の生活でストレスを経験することは特別なことではなく，通常は何らかの手段を講じることでストレスは消失していきます。それは，いわゆるストレス発散に何かをするということであり，それが運動という人もいれば，おしゃべりや趣味の活動，買い物という人もいると思います。ところが，高齢期のように喪失体験に関連するストレスが頻発したり，重大でなかなか解消されないようなストレスを抱えてしまったりすると，いつまでも解消されずに，ストレスが未解決のまま残り続けることになってしまいます。自分のなかで解消されていないできごとがあると，違うことをしている最中にも不意にそのことが頭

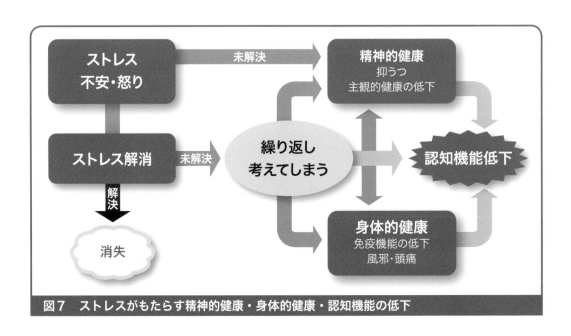

図7　ストレスがもたらす精神的健康・身体的健康・認知機能の低下

をよぎるようになってしまいます。解決していないできごとが多ければ多いほど，重大であれば重大であるほど頻繁に頭に浮かぶようになります。そうすると，さらに精神的健康と身体的健康の悪化を招くこととなります。また，何かが不意に頭に浮かぶ時には，実際に頭で考えてしまっているため，本来発揮できるはずの能力が十分に生かされないことになってしまいます。そのため，認知機能の働きがさらに阻害されてしまうのです。

③喪失体験を乗り越える

高齢期には心理的負担の強いできごとが多々起こります。

しかしながら，多くの高齢者はこれらのライフイベントを受容し，前向きに生きていこうとしています。悲しいできごとがあった時には，一時的には落ち込むかもしれませんが，それでも自分の人生におけるそのできごとの意味を捉え直し，新しい一歩を踏み出していくわけです。高齢期の心理を理解する上で，高齢期特有の喪失体験により精神的健康が害されたとしても，それを乗り越えることで人格が熟成されるという事実にも目を向ける必要があります。

（3）シニアボランティアの心理

わが国では高齢化率が25％を超え，総人口の4人に1人が高齢者という社会を迎えています。1970年当時の高齢化率は7.1％でしたから，高齢化を改善すべき現象であると捉えるならば，実に40年以上が経過しても，さらに事態は悪化しているということになります。とはいえ，人は世に生を受ければ基本的には誰しもが健康で長く生きることを望むわけですから，人口の高齢化は人類共通の課題と言うことができるでしょう。

こうした社会状況のなかでは，年を重ねて高齢者になること自体が罪であるかのように勘違いされることがあります。しかしながら，現在のような高齢化率の高い社会となった根本は人口問題であり，一人ひとりに責任があるわけではありません。むしろ，高齢者の持っている長期間に渡る豊富な経験に基づいて身についた知恵や知識は，社会にとって，肯定的な働きが期待できます。私たちの日々の暮らしや仕事のなかでも，家族や親類，友人，知人を問わず年長者に意見を求めて有益な示唆を得ることは少なくないはずです。

高齢者の人口が多いということは，その人数分だけ多様な人生があり，社会のなかに豊かな知恵が蓄積されていることになるわけですから，高齢者には積極的に社会と関わりを持ち，これまでに培った能力を発揮して社会に貢献してほしいと思います。

①ボランティア活動に踏み出せない

社会に貢献するという意識は，高齢者自身にも芽生えています。

内閣府の「社会意識に関する世論調査」によると，社会の一員として「何か社会のために役立ちたいと思っている」人は，60歳代では，1983年には46.6％でしたが，2006年には64.4％まで増加しています。同様に70歳代でも，31.9％から52.1％に増加しています。現在では，半数以上の高齢者が社会貢献意識を持っており，これは大変頼もしいことです。しかし，その一方で，上述の調査において実際に地域活動のような社会貢献活動をしている人はどのくらいかというと26.4％に過ぎず，貢献したいという気持ちはあっ

ても実行できていないというギャップがあらわれています。その理由としては，「行動するには年をとっている」「健康・体力に自信がない」といった理由が多く挙げられています。

こうした結果から言えることは，今現在，ボランティア活動を実践している高齢者は，健康や体力への不安が比較的少なく，精神的にも元気であるということでしょう。しかし，ひとたび心身面で不安が生じれば，活動を続けるという意思を持ち続けることも難しくなるだろうという，非常に不安定な状態であることも想像できます。

ボランティア活動に関心を持ちながらも実践に踏み出せない原因の一つとしては，それぞれのボランティア活動で求められる能力の水準が不明瞭であることが挙げられます。

たとえば，高齢者施設でのボランティア活動の一つに，食事の配膳の手伝いがあります。この活動で実際に求められる主な能力は，現場まで往復できることと，食事を運べることの二つだけです。それにもかかわらず，高齢者の側からすると「高齢者施設のボランティア」というだけでものすごく難しいものであるように感じてしまい，敷居が高くなってしまうようです。ボランティア活動といっても，さまざまな水準の活動がありますので，その活動で必要とされる能力がどんなものなのかを，簡潔に明示して，活動に対する不安を払拭するということも重要です。

②ボランティア活動は仕事ではない

一方で，自身の健康を顧みず，ボランティア活動を会社の仕事のように実践してしまう人もいます。社会貢献意識が高いというのは素晴らしいことですが，熱意が高すぎるあまりに，無茶な活動をしてしまって体調管理がおろそかになれば，かえってボランティア先に迷惑をかけてしまう事態を招く恐れもあります。また，ボランティア活動を会社の仕事のように感じてしまう人の場合，他のメンバーに対しても過度に厳しくなる傾向があります。たとえ無償の活動であっても，相手があるボランティア活動であれば，それなりに高い水準でプライドを持って実践することは重要なことです。しかし，些細なミスをしたボランティアメンバーに対して，会社の新人が仕事でミスしたときのように怒ったりしては，活動は長続きしません。活動に対して強い思い入れがあったり，熱意がありすぎたりすると，本来の社会貢献の意義を見失ってしまいがちです。一口にシニアボランティアといっても，その内面は不安が高かったり，熱意がありすぎたりと，一人ひとりが異なっており，多種多様です。それでも，誰もが「社会に貢献したい」という共通の目標は持っているからこそ，その場に集まってきているのです。

一人ひとりの思いを大切にしながら，本来の目標を忘れないように活動を実践してもらえるようにしましょう。

第3項　シニアボランティアとのコミュニケーション方法

（1）より良いコミュニケーションのために

人は，日々多くの人と多様な関係を持ちながら社会生活を送っていますが，全ての場面

において円滑なコミュニケーションをとるということは、難しいものです。同世代の友人であれば、共通する話題もあり、同じような悩みごとを抱えていることが多いため、自然と会話もはずむでしょう。しかし、異なる世代の人とは共通する話題も考え方も異なることが多いため、打ち解けた会話をするのはなかなか難しいものです。また、自分にとって話しやすいスピードや声の大きさは、同世代にとっては聞きやすいことが多いですが、異世代でも同じとは限りません。それぞれの抱えている背景が異なっていることによるコミュニケーションの難しさは、若い世代にとっても、また高齢世代にとっても変わりません。

しかし、いつの時代でもシニアたちには、すでに若い時代を乗り越えてきたという経験がありますから、若い人たちの立場を想像してコミュニケーションをとることができるのではないでしょうか。それに対して若い世代は、これから迎えることになる、まったく未経験の立場を理解する必要があるため、さらに想像力を働かせる必要があります。相手のことを良く知っていれば、それだけでコミュニケーション能力が向上するわけではありませんが、相手への理解なくしては、円滑なコミュニケーションをとるためのスタートラインに立つことも難しいのではないでしょうか。シニアとより良いコミュニケーションをとるためには、若い世代とはさまざまな面で異なる部分があることを理解した上で、まずは相手に配慮して関係を築いていくのが重要だと思います。以下に、本章で取り上げた高齢期の認知機能と心理の知見に基づいて、シニアボランティアとのコミュニケーションをより良いものにするための、具体的な方法を取り上げたいと思います。

（2）説明の際に気をつけること
①資料をうまく使う

人は加齢と共に、何かを覚えつつ何かの処理をおこなうといった作業が不得意になっていきます。日常場面で考えると、シニアが何かを説明されている時、その内容を理解しながら、同時に説明を覚えておくということは、若い頃と比べて不得意になっています。したがって、シニアに対して重要な話をする場合には、内容を理解してもらうことと、内容を覚えておいてもらうことは同時には成り立たないという認識を持ち、準備をしましょう。もし、話の内容を理解することを優先してもらうのであれば、覚えてほしい内容は書面などの形で残し、シニア自身が、あとから自分で確認しながら覚えることができるような環境を準備しましょう。逆に、覚えることを優先するのであれば、ひとまず、その事柄を覚えることに集中してもらいます。なぜ、そうする必要があるのかは後で改めて説明するか、説明の書かれた書面を渡すなどの方法をとるとよいでしょう。いずれにしても、「書面に残す」「後で確認できるようにす

▲説明をする時には可能な限り資料を渡す

第3章 高齢者を知ろう―身体・認知機能と特徴―

る」といった状況をつくることで，シニアが苦手な部分をうまく手助けすることができます。

　もちろん，内容を理解することと覚えること，どちらにも時間をとれれば一番良いですが，時間には限りがあります。大切なことは，状況に応じて優先すべきことを選ぶと共に，選ばなかったほうについてのサポートも準備することです。また，資料を渡す場合でも，ただ用意した資料を渡すだけでなく，自筆のメモを積極的にとってもらうことも重要です。自筆のメモを後から見直すことは，その当時の内容を思い出す手がかりとなるからです。一つ注意しなければならないことは，メモをとってもらうとメモをとることに必死になってしまって内容を理解できていない，という可能性が生じることです。可能であれば説明した内容を理解してもらった上で，その内容を自筆でメモしてもらうと良いでしょう。

②作業の優先順位を明示する

　加齢と共に，人は複数の作業の同時進行も苦手となります。そのため，複数の作業が混在する仕事をお願いする場合には，優先順位を明示することも重要です。たとえば，会合の受け付けをお願いする時には，来場者の氏名を確認する，来場者名簿にチェックをつける，来場者に資料を渡す，座席の案内をするなど，複数の作業があります。ただお願いするのではなく，これらの作業のなかでその人に一番お願いしたい作業がどれなのかを明確にして頼むことで，頼む側と頼まれた側の双方の行き違いを減らすことができるでしょう。

　こうした配慮は，シニアボランティアが自身の作業能力に抱く不安を払拭することにもつながります。相手の能力や気持ちを理解しようとすることは，決して失礼なことではありません。一方的に期待して，その結果として失敗が起きてしまえば，頼んだ側は失望し，頼まれた側も自分の失敗にがっかりして落ち込んでしまいます。シニアボランティアの能力と気持ちをしっかりと把握し，適切な作業をお願いすることが信頼関係の構築につながり，信頼関係があればさらに適切な作業を長期的にお願いできるようになるはずです。

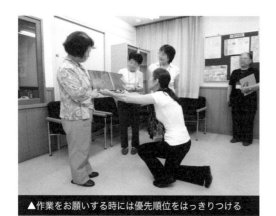
▲作業をお願いする時には優先順位をはっきりつける

▲自筆のメモを積極的にとってもらう

文　献

1）下仲順子・中里克治：老年期における人格の縦断研究――人格の安定性と変化および生存との関係について，教育心理学研究,47,293-304, 1999.

シニアボランティアの健康管理

藤原佳典

　高齢者がボランティア活動を通して健康寿命を延ばすためには，自身の健康管理に注意しつつ，できる限りボランティア活動を継続することが重要です。
　シニアボランティアの活動を支援する上で，特に注意したい健康課題は，加齢による変化と高齢期に見られる疾患です。具体的には，感覚器（聴覚，視覚），感染症，脳血管系疾患（脳卒中），心血管系疾患（心筋梗塞・狭心症）です。いざという時の救急対応についても知っておくと安心です。

第1項 シニアボランティアと健康課題

（1）いかに長く継続するか

　シニアボランティアの活動的で活き活きとしたその立ち振る舞いは，サービスを受ける側だけでなく，一緒に活動している仲間や活動先の職員など，周囲までも明るく元気にしてくれます。しかし，いくら活動的であっても，高齢者であることには変わりありません。これまでも述べてきたように，加齢に伴うさまざまな機能の変化によって，健康課題を抱える可能性が高まります。もちろん，健康課題の中身によって差はありますが，他の社会参加活動と同じくボランティア活動を続けることがしだいに難しくなっていく場合もあります。また，自身だけでなく家族の健康問題とも常に対峙しながら活動していますので，その影響もあるでしょう。
　ボランティア活動は，義務ではありません。本人の自由意思によるものなので，やりたい時に始めて，止めたくなれば止めればよいと考えがちです。しかし，ボランティア活動の多くは，本人だけで成り立っているわけではなく，サービスの受け手やボランティア仲間，活動先の担当職員などさまざまな人たちとの信頼関係の上に成り立っています。そして，その信頼関係は，一朝一夕で築けるものではなく，活動を継続するなかで，徐々に培われていくものです。ですから，ボランティアとして活動する場合には，自身の生きがいや張り合いといった視点だけでなく，活動に関わる全ての人にとっても，できる限り継続していくということが重要なことであるということを忘れないようにしましょう。
　仲間や担当職員，コーディネーター（役）等にとっても，新しいメンバーが増えること

第3章 高齢者を知ろう―身体・認知機能と特徴―

は喜ばしいことです。しかし，次から次へと新しいメンバーが加わるものの，すぐにやめてしまうという状況は，あまり喜ばしいことではありません。活動の効率という面を見れば，内容を一から教えて，新たに慣れてもらうことを繰り返すより，勝手のわかっているメンバーが長く活動を続けてくれることのほうが，より効率的な面もあります。新しいメンバーとある程度継続して活動しているメンバーの両方が存在することで，活動はその中身や継続性の面でも可能性が広がっていくのです。

ところが，これまでのシニアのボランティア活動を普及啓発する取り組みは，より多くの健康なシニアボランティアを集める方法に主眼が置かれていました。そのため，すでに活動している人やこれから活動を開始しようとする人に，いかに，長く活動してもらうかという発想は不足していました。

少しでも長く活動を続けてもらうためには，活動を継続する上で，妨げとなる加齢に伴う身体機能・認知機能の衰えやかかりやすい病気などの健康課題を正しく理解し，適切に予防・対応策を講じることと共に，ボランティア活動を始めた時と健康状態が変わったとしても，その状態に応じた関わり方ができるのだということを，理解してもらうことが必要なのです。

（2）健康目標は，健康寿命を延ばすこと

図1を見てください。
「国民生活基礎調査（2013年）」における「性・年齢階級別に見た通院者率」をグラフ

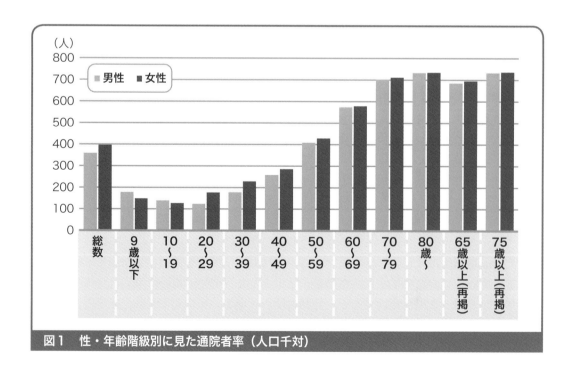

図1　性・年齢階級別に見た通院者率（人口千対）

にしたものです。年齢が65歳以上の高齢者では、人口1,000人のうち、男女共に約700人弱は通院しているという結果が出ています。その通院理由の多くは、完治が難しい慢性疾患でした。したがって、高齢者の疾病の治療においても多くの場合、疾病の完治を目標とするのではなく、疾病を適切に管理しつつ、社会的に自立した質の高い日常生活を維持することに目標がおかれるべきです。つまり、高齢者の健康目標は、疾病の完全な予防や治癒、さらには余命の単なる延長ではなく、活動的な余命を延ばすこと、すなわち「健康寿命」を延ばすことが優先されるべきです。「健康寿命を延ばす」ということは、「生活機能が自立した状態を可能な限り維持する」ということです。

図2を見てください。ロートン[1]によると人間の活動能力は、「生命維持」「機能的健康度」「知覚‐認知」「身体的自立」「手段的自立」「状況対応」「社会的役割」の7つからなり、人はその発育・発達過程において、もっとも低次な次元の活動能力である生命維持から、右側のより高次な次元の活動能力を獲得していきます。しかし、高齢期に入ると、老化の過程において、逆に高次な次元から低次な次元へと活動能力を低下させていくことが多くなります。

ここでいう生活機能とは、「身のまわりの動作」が介助なしにできるという「身体的自立」だけでなく、高齢者が一人の社会人として地域で自立した生活を営む上に必要な活動能力までも含めています。すなわち図2で言えば、「身体的自立」よりもさらに高次の活動能力として位置付けられている、「手段的自立」「状況対応」「社会的役割」まで視野に入れ

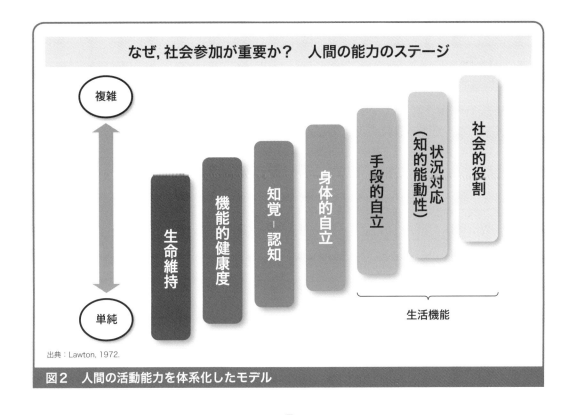

図2　人間の活動能力を体系化したモデル

| 表1 生活機能のものさし（老研式活動能力指標） |

＊「はい」に1点,「いいえ」に0点を与える。満点は, 13点となる。

1. バスや電車を使って一人で外出できますか
2. 日用品の買い物ができますか
3. 自分で食事の用意ができますか
4. 請求書の支払いができますか
5. 銀行預金・郵便貯金の出し入れができますか

⎫ 手段的自立

6. 年金などの書類が書けますか
7. 新聞を読んでいますか
8. 本や雑誌を読んでいますか
9. 健康についての記事や番組に関心がありますか

⎫ 知的能動性

10. 友だちの家を訪ねることがありますか
11. 家族や友だちの相談に乗ることがありますか
12. 病人を見舞うことができますか
13. 若い人に自分から話しかけることがありますか

⎫ 社会的役割

ているわけです。

「手段的自立」とは，地域で自立して生活するにあたって基礎となる活動能力のことで，交通機関を利用しての外出，日用品の買い物，調理，金銭の管理などの能力を指しています。「状況対応」とは，知的能動性とも言われ，余暇や学習活動，創造性などの活動能力のことを指し，「社会的役割」は，社会との関わりにおいて何らかの役割を担う活動能力を指します。

活動能力は，高次な次元から低次な次元に低下していくことから，身体的自立において介助が必要になった場合には，それよりも前に手段的自立や状況的対応，社会的役割においても，能力を発揮できなくなっていることが多くなります。したがって，健康寿命を延ばすためには，まず，手段的自立，ひいてはその上位にある状況対応，社会的役割の能力をできるだけ維持することが大切になります。

表1は，東京都老人総合研究所（現，東京都健康長寿医療センター研究所）で開発した老研式活動能力指標[2)3)]で，地域高齢者におけるこれらの生活機能を評価するために開発された簡便な尺度として広く使われています。13点満点は社会生活において，活き活きと自立した状態を示しています。

（3）サクセスフル・エイジング

第2章でも触れていますが，いち早くベビーブーム世代＊の高齢化問題に直面した米国では，すでに1980年代半ばから精神科医のバトラー[7)]を中心に「プロダクティブ・エ

イジング」という概念が打ち出されていました。

　プロダクティブ・エイジングとは,「高齢者は生産的（プロダクティブ）である」という考え方で，エイジズム（高齢者差別）*に対する反論として提唱されたものです。バトラーは，人種差別や性差別と同様に，年をとっているという理由で高齢者をステレオタイプに差別をする風潮を「エイジズム（ageism）」と呼びました。それまでは，高齢者というと，受動的で虚弱であるというイメージがありましたが，実際には，多くの高齢者が就労だけでなく，ボランティア活動や家事や育児の手伝いなどを担っていることから，高齢者は社会貢献や生産的な活動をおこなっており，おこなう能力も持っていることを主張したのです。弱者である高齢者が増えると社会の負担が増えると考えるのではなく，高齢者は社会に貢献し，社会を支える存在であるのだから，高齢者の力を積極的に活用しようという積極的な考え方へと発想を転換することを図ったのです。

　誰もがいずれ年をとります。しかし，誰もが幸福で生きがいに満ちた高齢期を迎えたいと思うでしょう。健やかで充実した老後を送り，天寿を全うすることを「サクセスフル・エイジング」と呼びます。米国の老年学者ローブとカーン[4]はその概念を1）疾病，障害がなく，2）認知機能や身体機能が高く，しかも3）積極的な生活を送れる状態であると，定義しています。さらに，柴田[5]は，日本固有の価値観を踏まえて，その条件を1）長寿，2）高い生活の質，3）社会貢献，と定義しました。

　一つめの長寿は，自明のことです。二つ目の，生活の質（クオリティ・オブ・ライフ）が高いことは，日常の生活機能が高いこと，健康度の自己評価が高いこと，家族・友人など人的なネットワーク，バリアフリーなど物的な生活環境が恵まれていること，そして，生活満足度が高いという四つの側面から評価されます。そして，三つ目の条件である社会貢献は，就労や家事・手伝い等，高齢者間や高齢者から子どもや若者世代への相互扶助，ボランティア活動，保健活動などが含まれているわけです。

　日本には，安息よりも仕事を持つことが美徳であり，それが健康の源であるとする文化的背景が根強く残っています。そして，仕事など何らかの社会的役割を持って，それを果たす達成感こそが，いわゆる「生きがい」であると考える傾向があります。従って，社会的役割を喪失し，社会的に孤立することは，高齢者の心身の健康までも蝕むのではないかと危惧されるわけです。

第2項　ボランティア活動の現場で特に気をつけたい健康課題

　シニアにとって，施設や地域でボランティア活動をすることは，自身の心身を活性化する点で，健康への効果が期待できます。しかしその一方で，シニアは加齢に伴い，身体機能が変化し，さまざまな病気やけがにも見舞われやすくもなります。

　たとえば，視聴力が低下すると，活動の妨げになるばかりか，思わぬケガの原因にもなりかねません。また，活動先で子どもや高齢者，施設職員や学校関係者，さらにはボランティア仲間など多種多様な人たちと接触する機会が増えることにより，良い面もあれば悪

い面もあります。社会におけるこうした人と人とのつながりを社会的ネットワークと言います。社会的ネットワークは，シニアの安全や健康増進にプラスの影響をおよぼしますが，反面，病気の感染という面から見ると注意する必要があります。

　ここでは，特に教育現場や介護現場等，人が多く集まる場所におけるボランティア活動において，気をつけておきたい高齢者のかかりやすい病気と，そのシニアボランティアがどのように対応すべきかについて紹介します。

（1）感覚器の老化と病気
①老人性難聴

　耳は，外耳，中耳，内耳の三つから構成されています（図3）。聴覚が低下する難聴は，大きく分けると外耳から中耳までの音を伝える経路の障害で生じる伝音難聴*と，内耳から聴覚中枢に至るまでの音を感じる部分の障害で生じる感音難聴*に分かれ，老人性難聴は後者に含まれます。耳の組織も，加齢に伴って萎縮したり，性質が変化したりというように，老化します。その老化に伴い，徐々に難聴も進行していきます。

　老人性難聴は，一般的に両側の耳に同じように起こり，低音に比べて高音のほうが聞き取りにくくなります。具体的に言うと，'さ行''は行''か行'といったいくつかの子音は，高齢者が聞き取りにくくなる高音域になります。これはたとえば，「七時（しちじ）」を「一時（いちじ）」と聞き間違える，というようなことです。このような時には，「しちじ」を「ななじ」と言うように，聞き取りにくい音域を避けるという配慮が必要な場合もあります。

　また，音だけでなく，言葉を聞き分ける能力も，加齢と共に低下していきます。会話の声自体は聞こえていても，話の内容がよく聞き取れないこともあります。話し手は，聞き手の表情を見ながら，できるだけゆっくり，はっきり話すことや，時には繰り返し強調するよう心がけましょう。

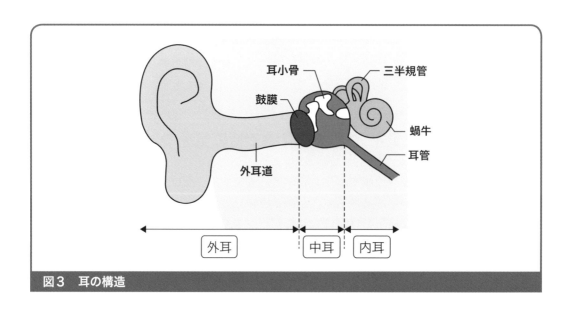

図3　耳の構造

②視力低下

　眼は，カメラにたとえることができます（図4）。対象物を見る時には，目のなかに入ってくる光の量を虹彩で調節して，角膜とレンズ役の水晶体でピントを合わせ，像をフィルム役である網膜に投影します。網膜は，光エネルギーを生物学的電気エネルギー（神経刺激）に変換し，その刺激が視神経を通じて大脳の後頭葉の視中枢へ達することによって物が見えます。言わば，カメラ役である眼で撮影した像を脳で現像しているのです。加齢に伴って水晶体が硬くなったり，それを支える毛様体筋が萎縮したりすることによって，ピントが合わせられなくなり，近くにある対象物がぼやけて見える，いわゆる「老視（老眼）」が生じます。視野は狭くなり，明暗の変化にも慣れにくくなります。色覚については，水晶体が赤みを帯びるために光の量が少ない環境では，色の違いを識別する能力が明白に低下します。そのため白色は黄味を帯びて見え，黒色は紺色や緑色との区別がつきにくくなります。

　さらに，加齢に伴って白内障にもかかりやすくなります（軽い程度も含めると80歳代ではほぼ100%と言われています）。白内障は水晶体が混濁する病気で，「物がかすんで見える」「片目で見ても物が二重に見える」「光がまぶしい」，「以前より近視になった」などの症状があらわれます。

　治療としては，点眼液や内服薬で水晶体の混濁が進行することを遅らせる方法がありますが，完全に治せるわけではありません。完全に治すという意味では，水晶体を人工の透明なレンズに交換する手術が主流です。また，網膜の中央部（黄斑部と呼ばれる）は，視力や色覚を司っています。加齢黄斑変性*や糖尿病網膜症*により黄斑部が障害されると投影された光エネルギーを神経刺激に変換することができなくなり，視力低下が生じます。高齢者の場合，これらの障害が複合して起こることがあります。

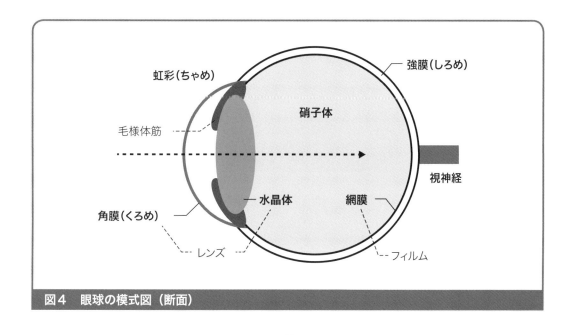

図4　眼球の模式図（断面）

③皮膚感覚

感覚中枢の変化などにより皮膚感覚は低下します。また，体温調節機構*の障害やエクリン汗腺*の密度や機能低下によって発汗が抑制されることにより，低体温や高体温になりやすくなります。

④味覚・嗅覚

加齢に伴い味蕾*細胞は減少しますが，味覚への影響はほとんどないと考えられており，むしろ病気や喫煙による影響のほうが大きいと言われています。嗅覚は，一般に味覚よりも加齢に伴う低下が見られやすいと言われていますが，個人差が大きく，また，主観的な要因も大きいため客観的な評価は容易ではありません。

（2）感染症

①ワクチンによる予防

ボランティア活動では，仲間や活動先の職員をはじめ，子どもや高齢者をはじめとする施設利用者などさまざまな人と接する機会が多いため，感染症にも注意が必要です。手洗いやうがいの習慣化は言うまでもありませんし，高齢者の場合，感染症が重症化すると肺炎を併発する可能性が少なくありません。

その予防策の柱は，ワクチン接種です。摂取すべきワクチンは二つあります。

第一は，インフルエンザワクチンです。接種費用の一部公費負担もありますので，毎年接種すると良いと思います。第二は市中肺炎（在宅生活でかかる肺炎）の原因菌として，もっとも高頻度の肺炎球菌に対するワクチンです。特に慢性呼吸器・心疾患等の基礎疾患のある人にはお勧めです。一度接種すると約5年間効果は持続すると言われていますし，インフルエンザワクチンとの併用で肺炎の予防効果も増加するので，合わせて接種すると良いでしょう。

②再燃する結核への注意

結核は，戦後，生活環境の改善や医学の進歩によって順調に減少しましたが，最近再び増加に転じる動きを見せています。若い時に結核に感染すると，その10％は2年以内に発病しますが，残りの90％は結核菌が肺組織に封じ込まれたまま，症状がなく，言わば冬眠状態のままとなります。この結核菌が，高齢になった時に再燃・発病することがあり，注意が必要です。結核菌を排出することで，自分だけではなく結核菌の免疫力のない子ど

年に一度の健康診断を欠かさずに！

胸部のレントゲンを撮影すると，結核の感染や再燃がわかるだけでなく，肺がんの早期発見にも役立ちます。活動先での感染を予防するだけでなく，自身の健康を守るためにも1年に1回は健康診断を受けましょう。

健康診断を受けたことを確認する記録票をボランティアグループで保管しておくことも，活動先に対してのマナーと言えます。

もや若者への感染を引き起こすことも少なくありません。高齢者が2週間以上，咳や痰，微熱や発汗が続く場合には，必ず，受診すべきです。

第3項 いざという時の救急対応

(1) 高齢者に起こりやすい救急疾患
①脳血管系疾患
　脳梗塞や脳出血といったいわゆる脳卒中（脳血管疾患）があります。これらは，一般に，話がしにくい（話せない，ろれつがまわらない），手足の動きが悪い（力が入らない，動かない），便や尿の失禁といった症状で発症します。クモ膜下出血の場合は，激しい頭痛や頚部痛が生じます。
②心血管系疾患
　心筋梗塞，狭心症，不整脈が多く，この場合は胸部の痛みや締め付け感，動機，呼吸困難等を生じます。肩の痛みや上腹部の痛みなど，典型的でない症状が生じることもあります。

(2) 救急対応の実際
①気道確保
　意識が低下すると筋肉が弛緩し，舌根が後方（背側）に落ち込むために気道を塞いでしまいます（舌根沈下と呼ぶ）。気道確保は，呼吸に必要な酸素の通り道である気道の物理的な閉塞を予防・解除することにより窒息を予防するためにおこなう処置です。心肺蘇生については，救急車を呼ぶのと同時に，まず，第一におこなわれる処置です（図5）。

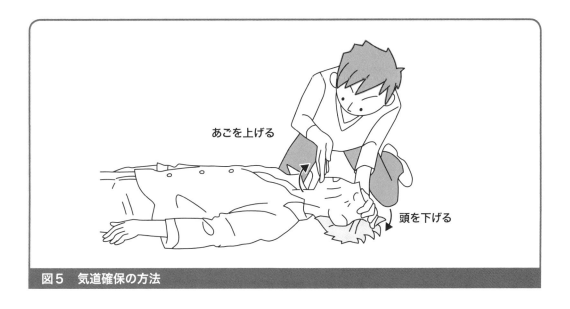

図5　気道確保の方法

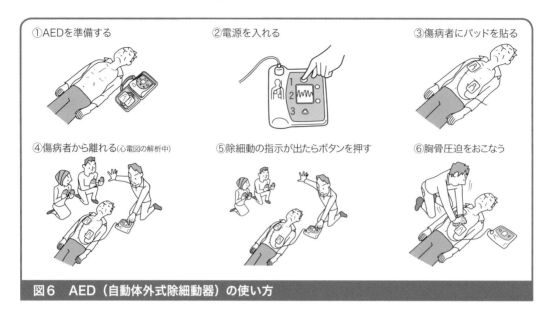

図6 AED（自動体外式除細動器）の使い方

② AED（自動体外式除細動器）

次に，AED（心臓に電気ショックを与えて，心室細動*を取り除く機器）を準備します（図6）。

AEDの電源を入れると音声で操作手順，方法が指示され，救助者はそれに従って操作し，電気ショックを与え（除細動という）ます。心停止後，1分除細動が遅れるごとに7％〜10％救命率が減少することがわかっており，脳障害を起こさずに救命するためには，心停止後5分以内に除細動をおこなうことが必要です。

（3）救急車を要請する際の注意点

緊急のけがや病気のために，高齢者を本人のかかりつけ以外の医療機関に連れて行く時や，救急車を要請する際には，今回発生した病気やけがの経過連絡に加えて，以下の点も伝えましょう。
①過去に経験した病気や手術について
②市販薬も含め現在飲んでいる薬を持参し，内容や治療中の病気について

事前準備を怠らずに

救急車を要請する時に，落ち着いて対応するための準備をしておきましょう。シニアボランティアは各自，名札を用意しその裏に，①かかりつけ医，②過去・現在の病気や薬の情報，③家族等キーパーソンの連絡先を記名する，といった準備をしておくと良いでしょう。

（4）日々の活動前にセルフチェック

　上記の救急対応が必要になるのは，実際は極めて珍しいことですから，いざという時の準備さえ整えておけば，日頃から過度に心配する必要はないでしょう。むしろ，活動開始前の体調管理に注意を払いましょう。特に，スポーツの指導など運動を伴う活動がある日は，「体調チェック票」（p.76）で自覚症状をチェックしてもらい，該当する自覚症状がある場合はその日の運動は見合わせてもらいます。

　可能であれば，活動開始前に以下の要領で，血圧を測定してもらうと良いでしょう。

　運動前には排便や排尿をすませ，数分間座ったまま休んでリラックスした状態で血圧と脈拍を各自測ります。運動前の最大血圧が180mmHg以上，または最小血圧が110mmHg以上の場合は，安全の確保のため当日の運動は自粛してもらいましょう。

長く楽しく活動を続けるために必要！

　活動前の健康管理を負担に感じる人がいるかもしれません。しかし，長く楽しく活動を続けてもらうためには，健康管理が自分，仲間，施設みんなのためであることを共通認識してもらう啓発が重要です。

文献

1) Lawton, M. P. : Assessing the competence of older people. In: Research Planning and Action for the Elderly: the Power and Potential of Social Science. Human Sciences Press, New York. pp.122-143, 1972.
2) 古谷野亘 他：地域老人における活動能力の測定―老研式指標の開発―，日本公衆衛生雑誌, 34, 109-114, 1987.
3) 藤原佳典 他：自立高齢者における老研式活動能力指標得点の変動　生活機能の個別評価に向けた検討，日本公衆衛生雑誌, 50, 360-367, 2003.
4) Rowe, J. W., Kahn, R. L : "Successful Aging", The Gerontologist, 37: 433-440, 1997.
5) 柴田博：8割以上の老人は自立している！，ビジネス社, 2002.

"○○ボランティア"体調チェック票

氏名		グループ		平成○○年 月　日記入

1. 今日の体調はいかがですか？
下記のいずれかの症状がある場合は今日の運動は控えてください。

1. 熱っぽい，または，37℃以上の熱がある	はい	いいえ
2. いつもより睡眠不足である	はい	いいえ
4. いつもより頭が痛い	はい	いいえ
5. 胸が痛い，または，胸が苦しい	はい	いいえ
6. 強い関節痛がある	はい	いいえ
7. 関節が腫れている	はい	いいえ
9. 下痢している	はい	いいえ
10. 気分が悪い，または，吐き気がする	はい	いいえ
11. 飲酒した	はい	いいえ
12. 運動するにあたり不安な症状がある	はい	いいえ
症状の内容（　　　　　　　　　　　　）		

2. 運動前の血圧と脈拍
最大血圧が180mmHg以上または最小血圧が110mmHg以上の場合，今日の運動は控えてください。

本日の降圧剤（血圧の薬）の服用（ なし ・ あり ）

最大血圧	最小血圧	脈拍
mmHg	mmHg	/ 分

第3章　用語解説

p.34

寝たきり

常時ベッドで寝ている状態・仰臥している状態の人を表現する用語。

バランス能力

ヒトが転倒せずに立位姿勢や座位姿勢を保持するために必要な、体の平衡を保つ機能（平衡感覚）や筋力の総合能力を示す。

p.36

基質

骨を形成している構造を示す用語で、その形態の違いから、骨は緻密骨（骨の周辺部分を構成する硬くて緻密な骨）と海綿骨（複雑なスポンジ構造をしており、緻密骨に比べて硬くなく、手足の骨の両端や腰の骨の内部を構成する）に分けられる。

骨密度

骨の強さを判定するための尺度の一つで、骨を構成するカルシウムなどのミネラル成分のつまり具合を示す。骨の単位面積当たりの骨塩量（骨に含まれるミネラル）で算出される。

p.37

免疫機能

ヒトに備わっている生体防御機能で、健康に害を及ぼす病原菌やウイルスの侵入を防いだり、体内の害をもたらす細胞を除去したりする機能の総称。

p.42

平衡感覚

体が重力に対して傾いた状態を察知する感覚で、ヒトが体の平衡を保つ上で必須な感覚機能。主に耳のなかに存在する内耳という器官がその役割を果たしている。

生活機能障害

ヒトが日常生活を送る上で必要な、歩行、階段昇降、食事、排泄、入浴、更衣動作がおこなえなくなることを示す。本書では、応用的な生活機能障害のことを示しており、拡大的に、公共交通機関を使っての移動や金銭管理、家事の遂行に対する障害を示している。

p.43

認知機能障害

ヒトの知的な活動を支える機能で、思考、言語、記憶、視空間認知、注意機能などに分けられる。コミュニケーション、判断、問題解決などにかかわるため、社会生活に極めて重要な機能と言える。

p.46

トレーニングの原則

トレーニングの際に、より効果的に効果を得るための指針。過負荷の原則（日常生活以上の負荷をかける）、漸進性の原則（同じ負荷ではなく、徐々に負荷を強くする）、全面性の原則（特定の機能や筋肉だけではなく、全体的に鍛える）、継続性の原則（数回で終わるのではなく、継続的におこなう）、個別性の原則（自分に合ったトレーニングをおこなう）、意識性の原則（鍛えている部分を意識しながらトレーニングをおこなう）、特異性の原則（どのトレーニングがどのような効果があるか把握する）がある。

p.52

アルツハイマー病

脳や脊髄にある中枢神経のなかの特定の神経細胞が徐々に細胞死を起こす神経変性疾患の一種。アルツハイマー病は神経変性疾患のなかでもっとも多く、また認知症の原因疾患としてももっとも多いとされている。機序を説明する有力な仮説はあるものの、特効薬・治療法は未だ開発されていない。

認知症

中枢神経の神経細胞の損傷により、認知機能の働きが障害され、結果として日常生活に支障があることを指す。認知症は病名ではなく症候群であり、原因疾患はアルツハイマー病や、脳血管疾患、パーキンソン病など多岐に渡る。

p.53

記憶障害

記憶機能の障害を指す。記憶機能はある情報を覚える段階（記銘）、情報を保っている段階（保持）、思い出す段階（想起）の三つの段階から成り立っており、いずれかの段階が正常に機能しないことを総称して記憶障害と呼ぶ。

意識障害

意識がはっきりせず、物事を正しく理解することができない状態を指す。特にせん妄という状態は認知症と類似した症状を呈するため、一見すると見分けがつかないことがある。しかし、意識障害が回復すれば症状は治まるため、認知症とは区別される。

p.58

自我

自身の身体機能に対する安定感や現実感覚、物事への対処能力、感情・衝動の制御などから多面的に成り立っていると考えられている。外部からの刺激による

自己の変化をコントロールすると共に、無意識に沸き起こる自身からの要求もコントロールしており、この働きを自我、もしくは自我機能と呼ぶ。

現実感覚

現実と自己との関わりに関する機能を指す。自己と外界を明確に区別する感覚であるため、客観的に現実を認識する感覚ではなく、あくまで個人の主観的な感覚となる。

p.60

副交感神経

自身では制御できない自律神経系の働きの一つで、気持ちを落ち着かせる時や、体を休めている時に強く働く。副交感神経の働きが低下すると、心身共に活動的な状態が続き、頭痛や不眠の原因となる。

p.68

ベビーブーム世代

第二次世界大戦終結後、兵士の復員等で急激に出生数が増加した現象。おおむね1946年から1952年の間に、北米、欧州、オセアニア、日本など世界各国で見られた。日本では団塊の世代とも称され1947〜1949年の3年間の合計出生数は約806万人。米国では1946年から1964年の18年間と長かった。

p.69

エイジズム（高齢者差別）

年齢差別、特に高齢者に対する偏見と差別をいう。1969年に、アメリカの老年医学者ロバート・バトラーによって提唱された用語で、「年をとっているという理由で高齢者たちを組織的に一つの型にはめ差別すること」と規定している。具体的には、退職の強制、居住家屋からの追い出しなど。

P70

伝音難聴

外耳から中耳までの音を伝える経路の障害で生じる難聴。音の感覚機構自体には障害がないため、鼓室形成術などの手術、補聴器の装用などによって、伝音機構を修復する、耳に入る音を大きくすると聞こえが良くなる。病因は耳垢栓塞（耳垢がつまっている）、中耳炎、鼓膜裂傷など。

感音難聴

内耳から聴覚中枢に至るまでの音を感じる部分の障害で生じる難聴。音の感覚機構自体が障害を受けているため、多様な聞こえのゆがみが生じる。聞きちがい、大きい音は大きく響いて不快になる、耳鳴りが多い。病因は老人性難聴、薬剤性難聴、内耳炎、突発性難聴、メニエール病他、原因不明のものも多く難治性。

p.71

加齢黄斑変性

加齢に伴い眼の網膜にある黄斑部が変性を起こす疾患である。初期症状としては物がゆがんで見える変視症を訴える人が多い。その後、病状の悪化と共にゆがみが強くなり、眼底出血などにより視力低下、視野の中心部が見えにくくなる中心暗点が見られ、失明に至る場合もある。

糖尿病網膜症

網膜には栄養を補給する血管が多数走行している。高血糖状態が長く続くと、この血管が脆弱になったり、一部が膨らみ動脈瘤を形成し出血しやすくなったりする。また、小さな血管が血栓で閉塞したり、閉塞により血流が途絶えた部位に血流を補充するために新生血管ができたりすることがある。新生血管は、非常に脆弱で、出血しやすい。進行すると失明する。

p.72

体温調節機構

間脳の視床下部が体温調節中枢（体温調節の司令塔）であり体温を一定に保つ働きがある。何らかの病因（感染症や炎症等）により体温を上（下）げようとする際には、体温調節中枢の指示により血管・骨格筋の収縮（弛緩）や汗腺を不活化（活性化）することで、熱を産生（放散）する。

エクリン汗腺

人間の体表面のほぼ全体に分布している汗腺。人間が出す汗の殆どはこのエクリン腺からの汗（エクリン汗という）である。エクリン汗は酸性であるが成分の99%が水分で、水分以外は塩分である。ワキガの原因となるアポクリン腺からの汗（アポクリン汗）に比べて薄い。

味蕾

味蕾とは舌や軟口蓋にある食べ物の味を感じる小さな器官である。舌の表面に散在する舌乳頭の中に多数存在する味覚受容器で、花の蕾（つぼみ）状の構造をしている。味細胞とこれを支持する細胞（基底細胞という）から成り、味細胞が味覚刺激を受容する。

p.74

心室細動

心臓は電気刺激が伝播することにより規則的に収縮し、血液を送り出すポンプの役目を果たしている。心室細動は、何らかの原因で多数の無秩序な電気刺激により心室が非常に速くふるえ、収縮しなくなる（心停止状態）不整脈である。数秒内に失神を起こし、AEDにより迅速に対処しなければ死亡に至る。

第 **4** 章

シニアボランティアを活かすコーディネート

●この章の目的●

　学校や幼稚園，保育園，児童館，図書館，さらには福祉施設や介護の現場といったさまざまな施設や場所で，地域との連携の必要性が謳われるようになり，地域におけるシニアボランティアの活躍の場が広がっています。一方，こうした関わりを最大限活かすためにはどうすればよいのか，具体的な方法がわからず，シニアボランティアを十分に活かした活動ができていないのも現状です。

　ここでは，シニアボランティアの力を活かした活動を進める際に必要な企画から運営，評価等のポイントなどについて具体的にご紹介します。

　第1節では，コーディネーターまたはコーディネーター的な役割を担う人には，どのような資質が求められるのか，第2節から第4節では，シニアボランティアが活躍している場面（学校，地域の保健や福祉に関する施設，介護予防の現場）ごとに，それぞれの場でシニアボランティアを活かすための活動を構築する流れや，配慮するポイント等について具体的にご紹介します。

　実際に，コーディネーター（役）として活動する現場に合わせて，該当する節を読んでみてはいかがでしょうか？

コーディネーター（役）の必要性

倉岡正高

　シニアボランティアを活かすためには，シニアボランティアと活動に関わる関係者をつなぎ，その力を存分に発揮させていくパイプ役の存在が欠かせません。実際には，現場によって多様な呼び名が存在し，さまざまな形で役割を果たしていますが，この本ではこうした役割を果たす人のことを，総じてコーディネーター（役）と呼びます。コーディネーター（役）には，中立性や客観性などの他，それぞれの現場に合わせた知識と技術が求められます。さまざまな現場での活動を通して，活動の目的が達成され，子どもたちをはじめとする地域の人々の未来が変わっていくために，地域がより住みやすい町になっていくために，非常に大切な役目です。

第1項　コーディネーター（役）とは

　コーディネーター（役）は，ある活動目的の実現に向けて，その活動に関わる人や組織が持っている力を十分に発揮していけるように人と人，人と組織をつないだり，調整したりする役割をする人のことです。地域におけるボランティア活動であれば，たとえばある特定の機関や専門職種（たとえば，教師，保健師，介護職など）だけでは十分に対応をしきれなかった課題を解決し，より良い環境をつくり上げていくために，地域住民やさまざまな組織の力をつないだり，調整したりする役目を果たしています。

　コーディネーター（役）の必要性は，教育や保健福祉といった分野では明確になり，実際，多くのコーディネーター（役）がこうした現場で活躍しています。それは，価値観の多様化や社会の変化などに伴い，多くの人や組織が連携して取り組まなくては解決できない課題が増えてきたことがあると思います。ボランティア活動のコーディネーターの育成に長年取り組んでいる，特定非営利活動法人日本ボランティアコーディネーター協会発行のボランティアコーディネーターの基本指針では，ボランティアコーディネーターを以下のように定義しています。

　「市民のボランタリーな活動を支援し，その実際の活動においてボランティアならではの力が発揮できるよう，市民と市民または組織をつないだり，組織内での調整を行うスタッフ」[1]

第1節　コーディネーター（役）の必要性

　ボランティア活動のさまざまな現場においては，実際，ボランティアコーディネーターという名称はついていなくても，同様の役割を果たすことで，活動を支えている人たちが存在しています。

第2項　コーディネーター（役）に必要なこと

（1）コーディネーター（役）に大切な姿勢

　コーディネーター（役）は，学校やさまざまな施設，教職員や施設職員，専門職，保護者，子どもや地域住民と活動していく立場であるため，さまざまな資質が求められます。
　次の三つは，その軸ともなるものです。

①「中立的」な立場である

　ボランティア活動における，コーディネーター（役）とボランティアは，同じ目的のもとに活動するという意味では，同じ思いを抱えていると言えますが，同時に大きな違いもあります。
　ボランティアは，基本的に自身の興味や，関心事によって活動内容や関わり方を選んでおり，ボランティア活動を通して得られるやりがいや楽しさも期待しているでしょう。そのため，たとえば活動先の組織や施設などが求める活動を淡々とおこなうわけではなく，希望していたことと違ったり，期待が外れたりすれば，すぐに辞めてしまう可能性もあります。参加した活動の結果や影響について，責任を負わせられる立場でもありません。
　コーディネーター（役）は，言ってみればボランティアとボランティア活動の受け入れ先，活動先（学校や施設，地域など）との間に「中立的」な立場で立つことになります。活動全体を把握し，活動に関わる人たちの意見や思いをどちらかに偏ることなく，「中立的」な立場で理解し，客観的に判断していくことに努めなくてはなりません。活動を進めていく上では，ボランティアと密接な関係を持つ立場であり，ボランティアの気持ちや考えをくみ取ることは，とても大切なことですが，それだけにとらわれるわけにはいきません。
　コーディネーター（役）が果たすべき役割の本質は，活動の目的である，たとえば「子どもの教育の質や環境の向上」や「地域や地域住民の健康や福祉の向上」にあるからです。

②関係者一人ひとりを尊重する

　活動に関わる全ての人たちを尊重する気持ち，それぞれの立場に立った視点とそれぞれの立場への理解が欠かせません。それは，一人ひとりとのコミュニケーションを密にとることにも関係し，活動を進めていく上で，もっとも重要な要素と言えるでしょう。

③関係者から信頼される

　コーディネーター（役）は学校や施設，地域住民や保護者，子どもたち，ボランティアから信頼される存在でなくてはなりません。基本的なルールを守ることはもちろんのこと，物事を計画的に，約束通りに進めていくことによって，より信頼される存在となっていきます。

第4章　シニアボランティアを活かすコーディネート

（2）必要とされるさまざまな資質

　コーディネーター（役）には，何か一芸に秀でているとか，何かの分野について特別詳しいとかいうような，特別なものが必要とされるわけではありません。

　図1を見てください。コーディネーター（役）に求められる資質にはさまざまなものがあります。子どもも大人も一緒に楽しめる活動を想像し，企画する力や誰にも負けない地域の子どもたちへの愛情，地域だけでなく，仕事や趣味を通して得た多様な人たちとのネットワークとそうした人たちを魅了し巻き込む力など，これらは仕事やそれまでの人生で培うことができる能力です。決してこれらの資質を全て兼ね備えている必要はありません。自分に自信がある部分，得意なことを活かして，活動していくと良いでしょう。

　人と話すのが好き，いろいろなことに興味がある，何か新しいことにチャレンジをしてみたい，そしてさまざまな社会参加活動を通して地域のシニアが活躍するお手伝いをしてみたい，そんな気持ち持った人であれば，ぜひコーディネーター（役）にチャレンジしてほしいと思います。

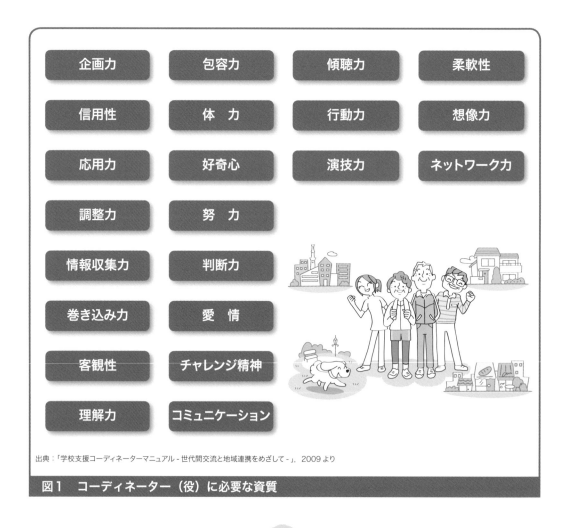

出典：「学校支援コーディネーターマニュアル - 世代間交流と地域連携をめざして - 」，2009より

図1　コーディネーター（役）に必要な資質

第3項　シニアボランティアをサポートする役割

　地域におけるボランティア活動において，コーディネーター（役）は子どもの教育や地域保健・福祉と地域をつなぐ立場にあり，教師や施設の職員が持っていない情報や知識，経験を兼ね備えて，支援・調整をおこなうと共にさまざまな活動を提案できる必要があります。特に，最近では，学校に関わるボランティアとして，保護者だけでなく地域のシニアが関わることも多くなってきました。以前のように，地域のシニアがゲストティーチャーとして，学校に呼ばれて話をするというだけでなく，継続的に授業の支援に入ったり，校外活動の引率をおこなったり，というように関わり方も変化してきています。

　しかし，増加するシニアボランティアの力は，必ずしも十分に活かされているとは言えません。特に，ボランティア活動への参加が初めてだったり，不慣れな内容だったりするシニアにとって，さまざまな事情に精通し，参加の橋渡しのほか，活動開始後も丁寧に見守ってくれるコーディネーター（役）は心強い存在となります。

　シニアボランティアを募集する際にも，もちろん，学校や施設が直接地域のシニアに支援を呼びかけることは可能です。しかしシニアは，学校との関係が疎遠になっていることも多く，施設については利用していなければ接点もなかなかありません。活動にあたって，質問したり，問い合わせてみたいことがあったりしても，気軽にできるものでもありません。このような場合でも，コーディネーター（役）が間に入ることによって，活動にあたってシニアが抱える心配や不安なことなどを，取り除くことが可能になるのです。

　また，シニアボランティアは，活動過程において，自身が本当に役に立っているのか，また，活動場所の関係者にどのように思われているのか，不安を抱えながら活動しています[2]。また，シニアボランティアをどのように受け入れるか，シニアボランティアにいかに充実感を持って活動してもらうかということについても具体的に対応する必要があるでしょう。

　シニアに関する十分な知識を持ち，シニアボランティアを受け入れる上での環境づくりや，活動上のさまざまな配慮をすることは，シニアボランティアにますます活躍してもらうためにも欠かせません。シニアには，ボランティア活動をやってみたいと思いながらも，なかなか一歩が踏み出せない人も大勢います。その背景を十分理解し，一歩踏み出す支援をするのも，コーディネーター（役）の大切な役割でしょう。

文献

1）特定非営利活動法人日本ボランティアコーディネーター協会（編）：ボランティアコーディネーター基本指針 - 追求する価値と求められる役割 -，特定非営利活動法人日本ボランティアコーディネーター協会，2006．
2）倉岡正高，鈴木宏幸：社会教育が地域を元気にする - 平成23年度「社会教育による地域の教育力強化プロジェクト」のための実証的共同研究採択事業報告 -，月刊生涯学習，pp14-15，2012．

学校支援活動編

倉岡正高

近年,学校運営協議会(コミュニティ・スクール)*,学校支援地域本部*,放課後子ども総合プラン*といったさまざまな制度の推進などを通して,地域のシニアが学校に関わる機会が増加しています。特に,学校支援地域本部事業をきっかけに,学校と地域をつなぐコーディネーター(役)が配置され,地域のシニアがボランティアとして学習支援や環境整備等の学校支援活動に関わるようになりました。

学校という教育現場で,シニアボランティアに,より一層活躍してもらうためにコーディネーター(役)が配慮すべき点を解説します。

第1項 学校支援ボランティアとは

現在,さまざまな地域住民が年齢を問わず学校支援活動に関わっています。学校支援活動に関わるボランティアは,学校支援ボランティアと呼ばれています。その関わり方は,たとえば伝統芸能を伝えるような専門知識や,図工の授業などでの特別な技術が必要なもの,授業での見守りのような誰にでもできるものまで,幅広くありますが,佐藤[1]は,学校支援ボランティアを図1のように,四つのタイプに分類しています。

この分類は,学校を支援する方法として,学習面を支援するのか環境面を支援するのか,一定の専門知識・技術が必要か必要でないか,という観点から分類しています。図1では

〈環境支援〉	専門的(専門的知識・技術が必要)	〈学習支援〉
タイプ② 施設メンテナー型		タイプ① ゲストティーチャー型
タイプ③ 環境サポーター型		タイプ④ 学習のアシスタント型
	一般的(誰にでも可能)	

出典:文献1)を参考に改作

図1 学校支援ボランティアの四つのタイプ

四つに分類していますが、ここでは、実際におこなわれている学校支援活動について、専門知識・技術の有無は問わず、学習を支援するタイプと学校の環境を支援するタイプに分けて、具体的にどんな活動があるのかを紹介したいと思います。これまでもこうした活動の多くは、地域住民や保護者が支えてきましたが、最近では、特に地域のシニアが活躍しています。

（1）学習を支援するタイプ

教育ボランティア
教職員のアシスタント、あるいはゲストティーチャーとして、授業や休み時間、放課後などに、さまざまな教育活動などを支援。

校外学習
教職員のアシスタントとして、教員の指示を受けながら、校外学習活動を支援。

宿泊体験
教職員のアシスタントとして、宿泊体験学習の活動を支援。

クラブ活動補助
クラブ活動指導補助の支援。

パソコン
パソコンを使った授業でのパソコン操作の補助指導や、学校のホームページの更新作業など、パソコンの操作に関わる支援。

図書ボランティア
読み聞かせボランティアや、学校図書館の整備や飾り付けなどをおこなうボランティアを含む学校図書関連の支援

課外活動
土曜塾などにおける活動を支援。

（2）環境を支援するタイプ

環境ボランティア
校舎内外の危惧の点検や簡易補修、校庭の樹木・学校園の草花の剪定や草取りや植え替え、校庭の清掃などの支援。

防犯安全
児童・生徒が安全で楽しい学校生活を送るため、防犯パトロールや、見守りの支援

第2項 学校支援活動のコーディネーター（役）に求められること

（1）相互理解を深める

　実際に，学校支援活動におけるコーディネーター（役）には，どのような力が必要とされるでしょうか。「学校支援活動のコーディネーター（役）にとって，一番難しいことは何か？」と質問されたら，「関係するシニアボランティアや教職員，学校や地域にあるさまざまな組織など，それぞれがお互いのことをよく知らないところ」と迷わず答えます。
　たとえば学校側は，その地域にはどういう特徴があるか，どんな人材がいるのか，ボランティアを募集したら，どのくらいの人数が集まるのかなどの現状について十分に理解していません。また，地域のシニアも学校教育や制度の現状，学校支援の活動において注意すべき今の子どもたちや家庭の現状について，あまりよく知らないでしょう。
　もちろん，学校は地域に存在しており，それまでの長い歴史のなかで，多くの地域住民や保護者がボランティアとして関わってきたという事実があります。しかし，それまでのつながりだけでなく新しく学校に関わる地域住民も増えているなかで，さらに教育的に，より効果的にボランティアの力を活かしていく方法が模索されるようになりました。
　コーディネーター（役）には，時には活動に関わる人々をチームとして機能させ，時には一人ひとりにきめ細やかな配慮をしながら，それぞれの気持ちや能力を引き出しつつ，より良い学校支援活動を構築していくことが求められています。そのためには，互いの理解を深めることが大事な鍵となり，理解を深めるためには，情報の共有が欠かせません。

（2）中立であり客観的

　コーディネーター（役）は，中立的であり，客観的な立場をとらねばなりません。コーディネーター（役）は，自治体の教育委員会から公的に位置づけられている場合のように，その役割に報酬が出され，学校という組織のなかでの正式な一つの肩書を持った存在として位置づけられていることもありますが，そうでないこともあります。しかし，どのように位置づけられているとしても，コーディネーター（役）は，学校とボランティアの間に実際に立った時，それぞれにとって常に最善を尽くしてくれる存在であること，つまり，どちらにとっても中立な立場を維持しておくことが大切です。
　学校のニーズにだけ耳を傾け，活動に関わるボランティアの気持ちを軽視した対応は，継続的な関係を構築する妨げとなり，その後の活動にも影響します。逆に，ボランティアからの希望が，必ずしも学校の意思に沿わないことも出てくるでしょう。そんな時，ボランティアがたとえ地域の有力者であったとしても，学校のねらいや，子どもの視点にたった活動にそぐわない関わり方をしたり，希望を出してきたりしたら，学校の代弁者として，活動の趣旨を客観的に伝え，理解してもらう必要があります。何か問題が起きた時ではなく，常日頃から，中立であり客観的な姿勢を示すことが大切です。

（3）広い視野と行動力

　Think Globally Act Locally という言葉を聞いたことがあるでしょうか。
「思考や発想はグローバルに，行動は足もとの地域で」という意味で，広い視野を持って行動することが大事であるということを示しています。コーディネーター（役）の活動は，おのずと学校や施設，地域住民や子どもたちのためにという，ある意味限られた枠組みのなかでの活動になります。しかし，常にその枠組みにとらわれる必要はなく，学校の規則や地域の慣習を時には超えるような発想と挑戦をすることも可能なのです。地域には，学校以外にもさまざまな資源があります。グローバルとまではいかなくても，活動に関係するような講座を受講してみたり，企業やNPOが開催しているイベントやワークショップに参加してネットワークを広げたり，スキルアップしたり，ということを通して，新たなアイディアが生まれることもあるでしょう。また，学校支援活動においてボランティアを募る場合には，保護者や元保護者など比較的学校と関係がある人たちのなかで募る傾向がありますが，地域は有能な人材の宝庫です。一歩学校の枠から踏み出せば，さまざまな人材が存在しています。その人たちも巻き込むことができれば，学校支援活動のことを知ってもらい，今後継続していくためにもより効果的でしょう。そのためには，いろいろな機会に顔を出して，地域のさまざまな活動のお手伝いをすることによってコミュニケーションをとりながら，自分の存在を知ってもらうことが大切なことです。そうすることで，お互いの信頼関係も生まれ，結果的に自身の活動への協力も得やすくなるものです。

第3項　活動の企画

（1）情報の把握

　学校支援活動において必要な情報は，どのように把握すればよいのでしょうか。方法は二つです。一つは学校の教職員から，もう一つは地域やボランティアメンバーからです。
①学校
　たとえば，ある学校長との話のなかで，授業の支援やお手伝いをしてくれるシニアボランティアを紹介してくれないか，と依頼されるとします。
　コーディネーター（役）にとって大事なことは，この最初の段階で，できる限り多くの情報を得るということです。基本的に，まず押さえておきたい中身は以下です。
　【基本的に確認しておきたいこと】
　　「いつ必要なのか？」
　　「どのくらいの期間必要としているのか？」
　　「どの学年で必要としているのか？」，
　　「どのような授業内容でどのような関わりを求めているのか？」
　　「どのような条件でボランティアを探せばよいか？」

第4章　シニアボランティアを活かすコーディネート

【さらに話を聞くなかで見極めたいこと】
　この話が校長一人の思いつきか，学校内の総意か，教師からの要望か

　特に，注意して見極めたいのは，この話が校長だけの思いつきなのか，すでに学校内で共通理解が図られているのか，あるいは現場の教師から要望のあった話なのかということです。もし，校長の思いつきであった場合，その考えやアイディアが必ずしも現場の教師にそのまま受け入れられるとは限りません。実際に具体的に話が進んでいった段階で，担当教師からそのような支援は必要ありませんと言われたケースもありました。
　コーディネーター（役）は，こうした状況を避けるためにも，情報を与えられるという受身の姿勢ではなく，自ら情報を得るという積極的な努力が必要になります。たとえば，最初に校長と話している時に，「担当の学年の先生にも，今お話をうかがえますか？」と，一言聞いてみるだけでも，それが校長の思いつきにすぎないのかどうか確認することができるでしょう。「いや，ちょっと‥‥」と校長が躊躇するようであれば，まだ校長だけの考えである可能性が高いですし，「もちろんです！」と即答するようであれば，教職員の周知のことである可能性が高いと思います。うまく進めていくためには，内輪の話としてスタートさせるのではなく，できる限り最初から学校で関係しそうな先生方を「巻き込む」ことを意識し，限られた機会を逃さず多くの情報や協力を得ていくことがポイントです。

②地域やボランティアメンバー
　学校は地域にあるという視点に立てば，その学校を取り巻く環境は，とても重要です。地域には多様な経験や技能，技術を持った人が大勢住んでおり，交流を深めていくと，自然といろいろな「ネタ」が入ってくるようになります。学校の授業内容を理解した上でいろいろな「ネタ」に接すると，そうした「ネタ」が授業の内容をより一層楽しいものや効果的なものに変えてくれる可能性にも気づきます。
　学校での情報収集と同様に，地域の貴重な人材に出会った時は，熱心に耳を傾け，活動にどうつながっていくかを考えてみましょう。一見，学校とはまったくつながらないようなことであっても，思いがけず，つながっていくということは，あるものです。

（2）体制づくり

　まず，活動を企画運営していく体制を考えましょう。
　実際の活動は一人でできるわけではないので，さまざまな立場の人たちが関わる可能性があります。その活動の目的，内容や規模に合わせて，関わるメンバーを検討します。さらに，活動実施に至るまでには，実行委員会のような組織を立ち上げるのか，それともごく少人数で対応できるものなのかも含めて考えます。メンバーは，まず学校側の人材として学校長，教頭（副校長），担任教師など，さらには，PTAや保護者会のほか，地域の人材として，自治会・町内会長，シニアボランティア，専門家などが考えられます。
　また，自治体により名称や活動内容もそれぞれですが，学校で一般的に存在する組織の例としては，学校運営協議会（コミュニティ・スクール），学校・家庭・地域連絡会，ス

クールゾーン*に関する協議会，防災拠点（避難所）の運営委員会，地域懇談会，警察との連絡会などがあります。場合によっては，こうした組織の力も期待できます。ただし，コーディネーター（役）は，こうした組織や会議の正式なメンバーの一員として位置づけられていないことが多いので，コーディネーター（役）の側から積極的に声かけをし，活動に対する協力や理解を求めましょう。コーディネーター（役）は，この体制の中心人物として，会議や計画が円滑に進むように，連絡方法や記録にまで配慮していきます。

シニア目線

地域のシニアに詳しい人材

シニアボランティアの力を積極的に活かすためには，地域のシニアのことに詳しく幅広いネットワークを持っている民生委員*，自治会・町内会長，老人クラブなどに相談し，企画する段階から加わっていただくのも一つの手です。また，活動内容が学校内にとどまるものではなく，たとえば校外学習の一環として，地域の福祉施設などを訪問するようなものであれば，訪問先の施設担当者も交えた体制づくりを考えましょう。

常日頃からの関係づくり

地域のなかで活動がおこなわれる以上，地域の人たちの協力は不可欠であり，かつ，その力を活かさない理由はありません。地域におけるネットワークを広げられるように，常日頃からの関係づくりが重要になります。ソーシャル・キャピタル*（社会関係資本）と言われる「信頼」や「互酬性」や「ネットワーク」などご近所や地域の力を自ら醸成する活動は，コーディネーター（役）の活動の原点とも言えるでしょう。つまり，企画した活動がよりスムーズに進むかどうかは，常日頃からご近所や地域の力をつける活動をしているかどうかによるということです。活動を始める時に急に地域に協力を求めても，すぐに協力が得られるわけではありません。ましてや，シニアボランティアも簡単には見つかりません。コーディネーター（役）は，日頃から地域の組織や施設のイベントに参加したり，自らがそうした施設のボランティアとして関わることによって，自分の存在を知ってもらったり，職員との交流を深めたりすると良いでしょう。

> **ポイント①　まずは，学校にすでにある人材やネットワークを利用する**
>
> 新たなメンバーを発掘することは，とても時間と労力を要します。まずは，すでに学校と何らかの活動をおこなっていたり，関わりを持っていたりする地域住民や組織をベースにして，体制づくりを始めましょう。

> **ポイント②　新しい人材を巻き込むことを常に意識する**
>
> すでにつながりのある人材やネットワークを使って体制をつくることは重要ですが，常に同じメンバーで活動していては，継続性を考えてもメンバー間での負担感が増しますし，新しい視点も生まれません。活動目的に合わせて，新しい人を巻き込んでいくことも意識します。

第4章　シニアボランティアを活かすコーディネート

ポイント③　情報の共有を忘れない！

話し合いの重要ポイントは，活動に関わるメンバー全てが共有できるようにします。コーディネーター（役）は，会議の議事録などを必ずとり，メンバーにコピーを渡したり，メール配信したりすることで，その事柄は全員で決めたのだという認識がメンバーに生まれるように働きかけ，体制づくりに臨みましょう。

ポイント④　読みやすい資料をつくる！

資料は，シニアボランティアにとって読みやすいように工夫します。

たとえば，下記のように，フォントサイズを大きく（12ポイント以上）します。また，必要なことは簡潔にまとめるなどして，わかりやすくします。

ポイント⑤　無理しない，させない！

シニアボランティアは，一見，時間的，精神的余裕がありそうですが，他にもさまざまな活動を抱え，意外と多忙な人も多いです。一人ひとりに過度な負担をかけたり，過度な期待をかけたりしないように配慮することも大事です。

一人ひとりの状況や背景に考慮した体制づくりを心がけましょう。

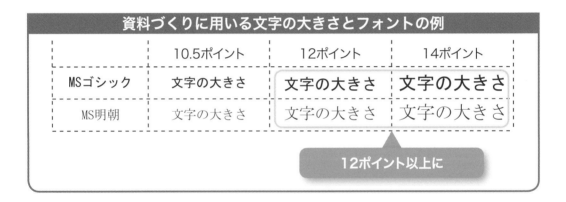

（3）活動の目的と内容

次に，活動の目的を明確に設定します。

学校におけるボランティア活動は，どんな活動であれ学校の教育目的や活動目的に沿ったものとなりますが，活動自体の目的を明確にすることで，活動の方向性もはっきりし，ボランティアを募集する際の説明にも有効です。そして，その目的は活動実施後に振り返り，活動を検証する際の大事な指標ともなります。目的を明確にする際には，直接的な目的から，それに続くもっと大きな目的も同時に考えてみると，直近の目的がより明確になります（p.91「目的の階層化」参照）。

たとえば，実施する活動自体の目的が，「4年生の図工で使い始める彫刻刀の正しい使い方を教える授業を地域住民が支援する体制づくり」であるとします。この目的を達成す

> ## 目的の階層化
>
> 　立てた計画の目的を設定し（レベル3程度），そのためにはどんなことを達成し，その後にどういう目的が達成可能かを上下のレベルに書くことによって，今回の目的がどのような意義を持っているか，より明確にすることができます。
> （例）
> 　レベル5　地域住民と児童の交流を進め，より豊かな教育環境をつくる
> 　レベル4　全学年の図工の授業で地域住民が参加できるプログラムを提供する
> 　レベル3　4年生の図工の授業を地域住民が支援する体制をつくる
> 　レベル2　地域住民も参加する版画の授業を1か月間おこなう
> 　レベル1　図工の授業でつくった作品を，公民館などで展示する
>
> 参考：Alan Gaynor & Jane Evanson「Project Planning」A guide for practitioners, 1991.

ることによって，どういうことを期待しているのか，どういうことにつなげたいのかという，さらに大きな目的を考えてみます。それを考えると，たとえば「授業を通して地域住民と児童が交流し，より豊かな教育環境をつくり，相互理解を深めたい」という，より大きな目的を設定することができます。これが明らかになれば，4年生の図工の授業における支援だけでなく，たとえば「6年生の図工の授業で，より高度な作品をつくる際の支援をおこなう」ことや「学校外で児童と地域住民とが交流する」ことにまで，広げていくことも想定できるようになります。「目的の階層化」では，目的にも段階があり，より下層にある目的は，掲げた目的を達成するために必要なことを示しています。

　このように，実際の活動自体の目的だけでなく，最終的に何を目指しているのかということや，活動自体の目的をクリアするためにはどんなことを達成していけばよいのかを考える視点を持つことによって，いろいろなことが明確になっていきます。

　単に話し合うだけで，いきなり明確な目的を組み立てることは困難です。このような時は，ブレーンストーミングと言われる参加者それぞれが自由に頭に思い浮かんだことをホワイトボードに書く方法や，付箋に思っていることを書いて模造紙やホワイトボードに貼り出しながら意見を整理していく方法などを取り入れることで，メンバー全員の意見を既成概念にとらわれずに自由に引き出すことができるでしょう。

　学校支援活動の場合，内容によっては教職員だけでなく多くの地域住民も関わることになるため，目的として掲げていることの解釈が，非常に幅広くなってしまう傾向があります。活動に大きな夢を膨らませて，どんどん広げていきたいと思っている地域住民もいれば，1回きりの活動で，できるだけ簡潔に終わって実績報告だけできればよいと思っている教師もいるかもしれません。そうした違いが結果的に活動への関わり方や求める成果の違いとなって，後々あらわれてきます。したがって，まず，最初の段階で活動の目的について，しっかりと議論を尽くしておくことが重要です。目的が明確に定まったら，それに合わせて活動の内容について具体的に決めていきます。

👁 シニア目線

世代間交流は手法

　シニアボランティアが関わる場合，最終的に目指す姿としてシニアと子どもたちの世代間の交流が考えられるかもしれません。しかし，その場合は注意してください。世代間交流は一つの手法であり目的となるものではありません。もう一歩踏み込んで，たとえば，シニアボランティアが関わることで，子どもたちにどのような変化を期待するのか，ということを考えてみます。シニアに対する意識や理解が変わることなのか，または，今まで知らなかった文化や知識を知ることで，伝統的なことに対して意識が変化することなのか，などといったことです。そこを明確にすることによって，具体的にどのような環境を整えればよいのか，活動や支援をどう進めればよいのか，といった具体的な準備や展開が明確になります。

目的はシニアボランティアも共有

　人生経験が豊富なシニアボランティアだからこそ，自身が活動のなかでどのような位置を占めるのか，どのような目的のために自分自身の存在がつながっているのかを気にします。したがって，活動の目的は，一部の責任者のなかだけでなく，シニアボランティアも含めた全てのメンバーで共有し，丁寧に説明することが大切です。そうすることが結果的に，学校に対する地域の理解を育て，活動に対する理解不足から来るトラブルの防止策にもつながります。

ポイント①　それぞれの思いや考えから目的を探す！

　具体的で細かい目的は，関わる人の立場によって変わることが多いものです。それぞれの立場による目的も示した上で，全体の共通目的も考えるとより明確になります。

ポイント②　目的達成の検証をどうするかも忘れずに！

　その活動がうまくいったのかどうか，後から振り返ってみて何がよかったか，うまくいかなかったか，どのような効果があったのかなどを検証する際に重要な基準となります。活動しっぱなしではなく，後で評価し，検証することを意識して目的の設定をしましょう。

ポイント③　目的や背景について丁寧に伝える！

　シニアボランティアに対して，活動の目的や設定背景について丁寧に説明しましょう。それは，時としてシニアの価値観とは違うことがあるかもしれません。どうしてその活動が必要なのか，どんな課題が背景にあるのか，また将来どんな姿を目指しているのか語ることが必要です。

（4）対象

次に，誰を対象とする活動なのかを明確にしましょう。

そこがあやふやだと，活動の効果が期待どおりにならなかったり，思わぬ事故につながったりする可能性もあります。たとえば，一口に小学生といっても，1年生と2年生では大きな差があります。読める漢字や理解できること，身体的，体力的にできることにも違いがあります。どの学年，年齢を対象にするのがもっとも適しているのかは，職員の意見などを参考にしながら決めるようにすると良いと思います。

シニア目線

活動場所の施設利用者への配慮

活動内容によっては，支援の対象となる子どもにだけ配慮をするのでは，足りないこともあります。たとえば，校外学習の一環として，子どもたちが老人ホームに行って入居者と交流するというような場合には，入居者への配慮も必要です。「高齢者はみんなやさしくて子ども好き」というようなイメージがありますが，その施設の入居者のなかには子どもが苦手な人もいるかもしれません。仮に若い頃は，子ども好きであっても加齢による身体的な変化や精神的な変化，また環境の変化などによって，子どもの声や子どもの動きをとても不快に感じるようになることもあります。また子どもも，入居者に対してどのように接したらよいかがわからず，ついつい乱暴に接してしまうこともあるようです。学校支援活動において，上記の例のように異なる世代と交流する内容の活動をおこなう時には，相手側の施設等の職員と十分に協議しながら，参加者の特性などを十分理解した上で，計画を立てることが重要です。

シニアボランティアは，このような施設の利用者や入居者に近い年齢であることから，コミュニケーションのとり方も若い教職員よりも上手なことが多いです。積極的に関わってもらうと良いでしょう。

ポイント①　活動内容にふさわしい対象を選ぼう

活動内容から考えて，もっとも効果的な対象者は誰なのか，また，先に対象者が決まっている場合（何年生で活動するというように）はもっとも効果的な活動内容は何か，相互に考えるようにしましょう。

ポイント②　ステレオタイプにとらわれない！

高齢者はこうだ，子どもはこうだといったステレオタイプにとらわれず，それぞれの対象者や関わる人たちにはどのような配慮が必要なのか，施設職員や教職員，専門家などの意見も聞くようにしましょう。

第4章 シニアボランティアを活かすコーディネート

体験 COLUMN 　　　　　　　　　聞こえない，見えない？

　子どもたちが高齢者福祉施設などを訪問し，何かを披露するという活動は校外活動の一環としてよくおこなわれています。こうした活動でよく見られるのは，せっかく準備し，練習をしたのに，施設利用者に声が聞こえなかったり，見せようとしている物がよく見えなかったりというケースです。

　たとえば，デイサービスに来ている30人ほどの利用者に対して，普通の大きさのトランプで手品を見せたとします。たとえすぐ近くの人であっても，実際に，何がおこなわれているのか把握するのは難しいでしょう。

　また，声の大きさや話すスピードを普段と変えずに話すと，高齢者にとってはとても聞きづらいものです。

　通常よりも大きな物で表現する，小さなグループに分かれてより近い距離で実演する，仮に話が聞き取れなくても読めばわかるようにボードに説明を用意する，といった工夫が必要です。こうした配慮は，教職員では気づかないことも多いため，コーディネーター（役）が受け入れ施設の関係者の意見を聴きながら，どうすればもっとも効果的になるかということを考えるようにしましょう。

（5）時期

　活動内容は時節と関係するか，一年のなかでもっとも効果的と思われるタイミングがいつかを考慮するだけでなく，学校の年間予定に合わせて設定します。関係する教職員と十分協議しましょう。

　また，シニアボランティアと地域の行事との兼ね合いなども考慮します。たとえば実施日に，メンバーが関心を寄せるような地域の行事が計画されているようなことがあれば，参加者が分散してしまいます。いくら良い内容の活動を提案しても，思うようなタイミングで実施できないこともあるということを，理解しておいてください。

シニア目線

シニアボランティアは暇ではない

シニアボランティアは，一般的に時間が潤沢なのではないかと思われがちです。しかし，今のシニアは日常的に仕事や趣味，サークル活動などをはじめ，活発に活動をしています。そして，ボランティア活動に対する意識の高い人であればあるほど，自治会の役員をはじめ多くの活動に関わっている傾向があります。活動に協力してくれるシニアボランティアは，一般のシニア以上に忙しいと思って接しましょう。もし，地域の役割を担っていなくても，家族の介護や孫の世話だけでなく，シニアは普段の生活のサイクルのなかの移動や活動の準備において，若い人より多くの時間を必要とします。

年間行事計画をもとに，年間のおおよその活動の時期を事前に説明する，当日のスケジュールは移動時間などに十分な時間をとるなど，余裕のある計画を立てるのが良いでしょう。

ポイント①　年間予定表は常に持ち歩こう！

学校の年間予定表をまずは入手し，大きな行事を確認します。大きな行事が予定されている1か月くらい前には，その準備で授業が変則的になることがあるので注意します。また，年度初めや年度末の多忙な時期，運動会前後や卒業，入学式シーズンには，できるだけ予定を組まないようにしましょう。

ポイント②　オリジナルカレンダーで情報共有

学校行事に加えて，地域の重要な行事なども合わせた自前の地域カレンダー（下記参照）を作成すると，より正確な計画が立てやすく，学校内外の情報の共有が可能になります。

ポイント③　シニアボランティアは忙しい！

シニアボランティアにはたいてい忙しい人が多いですが，一度お願いしたことは必ず守ってくれるのも特徴です。早め早めにお願いし，自身の予定に組み込んでもらうようお願いします。

▲横浜市立東山田中学校区のコミュニティカレンダー

（6）場所

　学校支援活動は，必ずしも学校内だけでおこなわれるとは限りません。施設に行って福祉体験をする校外学習や遠足への同伴なども含まれています。活動場所として，近くの山，川，田畑，公園などの自然のなかや，美術館，博物館，公民館などの公共施設などさまざまな場所が想定できます。また，学校の敷地内でも，教室，図工室，理科室など，必要な材料や道具のことを考慮に入れて，どの部屋がもっともその活動に適しているのか，計画しましょう。たとえば，校外学習として老人ホームに行って活動するような場合，教職員も子どもも不慣れな場所での活動になります。コーディネーター（役）が，当該の施設の担当者と事前に会うなどして，活動の目的や相手の状況なども踏まえ，施設のなかでもどこが一番ふさわしい場所となるのかを慎重に考えましょう。当然，子どもたちはもちろん，交流先の相手の安全も確保されるような場所でなければなりません。

　少々手間はかかりますが，学校の敷地内や従来の活動場所にとらわれず，ユニークな場所や活動の成果がもっとも効果的に出るような場所探しも心がけましょう。学校内のいつもの教室でも，ちょっとした飾り付けなどをすることによって雰囲気が変わりますので，そうした工夫をしてみるのも良いものです。

シニア目線

思い込みは禁物

　シニアボランティアにとって安全な場所なのか，一定の配慮がなされているかどうかを確認しておきます。シニアでも，元気だから大丈夫だろうという思い込みは禁物です。若い人にとっては何でもないことが，シニアにとっては困難なこともあります

　もし，活動場所や通路にちょっとした段差があるようなら，段差のないところを使用したり，つまずかないように用心するよう，注意を促したりしましょう。また，長時間立って活動するような状況であれば，椅子を部屋に用意し，途中で座ることができるようにすると休みやすいでしょう。何かの資料を見ながら行動をする必要がある場合などは，大きな字にしたり，わかりやすい絵にしたりするなどの工夫をします。

ポイント①　活動に最適な場所探しをしよう！

　もっとも効果的な場所はどこなのかを考えます。既成概念にとらわれず自由な発想で場所を選ぶのも良いと思います。

ポイント②　安全な場所づくりを！

　シニアボランティアにとって安全か，つまずいたりするような段差はないか，視覚的にも活動の様子が見やすい場所なのかを確認します。第3章1節（p.34）にもあるように，筋力の低下によりつま先が上がりにくいなどの傾向があります。実際に活動がおこなわれる場所だけでなく，そこへのアクセスの良さも同時に確認しましょう。

ポイント③　ボランティアへの心遣いを！

　子どもたちには，シニアボランティアへの接し方を事前に伝えておきます。また，長時間の活動の場合は，途中で座ったり，休んだりできるような工夫をしたり，休憩をはさむようにします。シニアボランティアは，教師などから休むように促されても遠慮しがちですが，子どもから言われると素直に提供された椅子に座りやすいようです。

（7）シニアボランティアが果たす役割

　事前に，シニアボランティアの役割を明確にしておきます。コーディネーター（役）が中心となって具体的に何をするのか，どのような体制で関わっていくのか，教職員やその他のメンバーとも十分に協議した上で，活動計画を立てます。しかし，シニアボランティアがあまりにも役割にこだわり，子どもたちとの自然発生的な交流も遠慮するようになってしまっては，活動本来の楽しさを感じることもできませんし，子どもたちにとっても貴重な体験や触れ合いの機会を失うことになりかねません。

　コーディネーター（役）は，シニアボランティアがルールを守りながらも柔軟に動けるように，活動を観察するなかでシニアボランティア一人ひとりに積極的にアドバイスをしたり，ルールの再確認を促したりすることも心がけましょう。

🔍 シニア目線

今時の子どもへの接し方へのとまどい

　シニアボランティアは，子どもや学校教育と長年接していないことから，時として今の子どもへの接し方や，教職員の考え方に，大きなギャップを感じることがあります。

　たとえば，より厳格な教育を受けた世代であるシニアボランティアにとって，子どもへの接し方，保護者のあり方，子どものしつけなど，今の子どもへの教育には厳しさが不十分であるように思えたり，算数や理科，英語教育などの分野で専門的に仕事をしたり，海外経験が豊富な場合には，教育のあり方に関しても，いろいろな意見を言ったりすることがあります。しかし，シニアボランティアが関わっているのは，そうしたことのためではありませんので，この活動におけるシニアボランティアの役割を明示しつつ，その役割を設定した背景や期待していることなどについても，事前にきちんと説明することが大切です。その部分がきちんと理解されれば，経験豊富なシニアですから，シニアならではの子どもへの接し方も活かされ，活動が円滑に進むでしょう。

自分の役割に対する不安

　また，シニアボランティアから，「本当に子どもたちの役に立っているのだろうか？」という声を聞くことがあります。ボランティア活動の多くは，単発的であったり，短時間であったりして，教師や職員とじっくりと接する機会もなく，瞬く間に終わってしまうことが多いのも実情です。だからこそ，こうした声が聞かれるのでしょう。

　初心者はもちろん，継続的に活動をしているシニアボランティアでもしばしば抱えるの

第4章 シニアボランティアを活かすコーディネート

が，自分の役割に対する不安感です。自分が，どのように評価されているのか若い世代以上に気にする傾向があるようです。こうした不安を抱えたままでは，継続的な活動が困難になったり，ちょっとしたトラブルが大きな問題に発展して関係の悪化につながったりします。以前実施した，学校や幼稚園などで絵本の読み聞かせをしているシニアを対象にした研究では，活動当初には子どもたちに対してうまく読み聞かせなどができているかどうかの不安を感じており，そうした不安が実際の交流を重ねることによって徐々に解消されていく一方，施設の職員にどう思われているのかという不安はずっと解消されないと回答した割合が高かったことが示されました[2]。コーディネーター（役）は，担当教職員や子どもの声が直接シニアボランティアに届くような工夫をして，大事な役割を担っていることを示すことも重要なのです。

ポイント① シニアボランティアに名称をつけよう！
活動内容に合わせて，「〇〇ボランティア」などと名称をつけると，子どもやシニアにも覚えやすいでしょう。

ポイント② 自己紹介は忘れずに！
シニアボランティアも学校の一員として認められるよう，最初にきちんと自己紹介をします。コーディネーター（役）は，機会を設けるように心がけましょう。

ポイント③ シニアボランティアのことを知らせよう！
ボランティアの存在が学校や地域において，目に見えるような形で認識されるように，名札や参加表，専用ファイルの設置，PTA会報，学校便りなどでの紹介など，工夫すると良いでしょう。

▲算数の授業を支援するシニアボランティア

（8）広報・啓発活動

　活動の様子や関わっているシニアボランティアの存在を多くの人に知ってもらうことは，保護者の理解を深めたり，新しいメンバーの発掘につながったり，さらなる活動の理解者を増やすことにつながりますから，多くの人に知ってもらえるような努力をしましょう。その後の活動の広がり，継続性を考えても効果的だと思います。広報活動は，活動を客観的に見るチャンスという意味でも，スキルアップという意味でも重要です。なぜなら，自分たちだけでなく，第三者にも理解してもらえるように活動内容を伝えるという作業は，それまでの活動を丁寧かつ客観的に見直すことが必要になるため，新たな発見や気づきをもたらすことがあるからです。また，日頃の活動を自治体内のコーディネーター（役）が集まるイベントや研修などにおいて，自身の活動や学校の取り組みを紹介することによって，地域全体の活動の質が高まるという効果もあります。

　ユニークな取り組みであれば，マスメディアに取材を依頼すること（プレスリリース）も考えられるでしょう。プレスリリースは，基本的には学校が必要に応じて教育委員会や関係部署に確認の上進めていくことが多いですが，内容については担当教職員と十分協議することが大切です。活動終了後は，その活動の様子などを必ず写真などと一緒にまとめ，ニュースレター*や報告書として，関係者や地域の人たちに紹介できるようにしておきます。良い活動であればあるほど，広めたいものですから，次の機会のためにも，活動がどのように準備されたか，どのような活動内容かを説明しやすいように，当日の様子を撮影するなど記録をしておくと良いと思います

ポイント①　新たなメンバーの掘り起しにつなげよう！
　施設内や地域で広報をすることによって活動に関心を持ってもらい，新しいメンバーの掘り起こしにつなげましょう。ちょっとしたニュースレターのようなものでも，活動の様子を紹介することにで，シニアボランティア自身も宣伝がしやすくなります。

ポイント②　名前などの取り扱いに注意しよう！
　シニアボランティアの個人情報は，施設内の掲示では自由に公表していたとしても，より広い範囲に知れ渡る広報誌において，必ずしも同様であるわけではありません。掲載可能かどうか，必ずご本人，あるいは保護者，家族の意志を確認しましょう。

ポイント③　写真撮影は必ず許可を得てから！
　人が被写体の場合は，本人の同意を得ましょう。特に子どもやシニアボランティア，訪問先施設の利用者など，その場所にいることが公になると困る人もいます。本人の同意を得ることが難しい場合には，保護者，家族の同意が必要です。

第4章 シニアボランティアを活かすコーディネート

プレスリリースでのポイント

①資料は,わかりやすい見出しや副題で関心を引きましょう。
②キーワード,重要な数などを大文字にする,下線を引くなどしましょう。
③活動の概要は,記者の視点で,記事が書きやすいように工夫しましょう。
④社会背景など,注目されている事象などあれば,関連づけて説明しましょう。
⑤リリースはあまり早すぎても忘れられます。タイミングを考えましょう。

体験 COLUMN　お寺のお坊さんはコーディネーター？

　K町にあるお寺では,毎年夏に「子坊さん修行」という催しがあり,多い年には120名の子どもたちが泊まり込みで修行をします。その内容は,数珠づくりや写経,座禅を組むこと,経を読むこと,みんなで食事をつくる,掃除をする,となかなか盛りだくさんです。このお寺の住職が,企画や運営をおこなっていますが,その内容もさることながら,準備から運営まで非常に練られたものになっています。

　たとえば,子どもたちの年齢に合わせた役割と責任を与え,自由に遊べる時間と経を唱えて座禅を組む規律ある時間とがあるというような,メリハリのあるプログラム構成が工夫されており,運営スタッフとして参加しても勉強になることが多いです。何百年もの間,地域住民と一緒に生きてきたお寺の持つ包容力と,住民と日々対話するお坊さんならではのコミュニケーション力は,まさに日本のコーディネーターの原点を見るようです。

▲住職の寸劇を楽しむ子どもたち

第4項　活動の運営

（1）ボランティアメンバーの募集（リクルート）と選考（スクリーニング）

①すでに活動しているボランティア＋新たな人材

　募集は，活動内容や時期などを考慮しながらおこないます。すでに，学校で活動している人がいる場合には，そのなかから活動に協力可能な人を選び呼びかけます。協力可能かどうかは，それぞれの経験や関心，生活している地域なども基準になりますので，活動参加の際に交通費を負担できるかも含めて，事前にできる限り，多くの情報を収集しましょう。また，体力的に負担が大きい活動の場合には年齢や体力も考慮する必要があります。

②活動に適しているかどうかの見極め

　活動に応募してきた全ての人が全ての活動に適している訳ではありません。過去の経験や実績が選考にあたっての大事な判断基準となります。しかし，それまでにはない新しい活動のメンバーを募集する際には，あまり過去の経験や実績にとらわれすぎず，新たな視点で選考をおこなうと良いでしょう。書類選考だけでなく，必ず候補者と面談し，人物像も含めて，活動に参加可能かどうかを判断します。さらに，活動を開始する際には，活動メンバーの情報は必ず学校に提出しましょう。学校側もどんな人がボランティアとして参加するのかは，事前に知っておきたい情報です。また，学校長も書類をもとに，一度は面談ができるように調整しましょう。

③活動にそぐわなければ辞退をお願いする

　万が一，活動がスタートしてから不適切な言動をする人や注意事項を守らない人があらわれた場合には，厳格な態度で活動からの辞退を求める必要があります。それも，コーディネーター（役）の大切な役目です。

　学校側はお手伝いをしていただいているという気持ちと地域との関係性から，なかなか強い態度で接することはできません（これが，学校にボランティアを入れたくない，一つの理由にもなっています）。まずは，直接話し合いの場を持ち，活動の目的や内容についてきちんと理解しているかを確認し，不適切だと思われる言動について可能な限り冷静に客観的に説明します。どうしても理解してもらえない，言動が直らないようであれば，活動参加の辞退を速やかにお願いします。重要なことは，判断と行動を早くすることです。

④他校で活動しているコーディネーターとの情報交換

　地域内にある別の学校でコーディネーター（役）として活動している人がいる場合には，お互いに情報を共有するとよいでしょう。特に，シニアボランティアに関して，より多くの情報を持つことは，より活動に合ったメンバーを選考することにつながります。

　コーディネーター（役）間でのネットワークを積極的につくっていくことも，活動の質を高めるために大切です。自治体で開催されるコーディネーター向けの研修や交流会がある場合は，積極的に参加しましょう。近隣の学校のコーディネーターとネットワークを構築できるように顔見知りとなり，定期的な情報交換の場を持つことが重要です。

算数の授業支援ボランティア募集についてのお知らせ（例）

▶ 概要と主旨 ◀

　第一小学校における算数の授業のお手伝いをしてくれるボランティアの方を募集しています。3年生と4年生の算数の授業において，先生のお手伝いをしたり，子どもたちが問題を解いたりするところでお手伝いをするという内容です。特に算数に関する専門知識は必要ではなく，小学生3－4年生の算数の内容が理解できれば結構です。具体的に何かを教える立場での授業参加ではありません。授業中に，子どもたちの学習を見守り，お手伝いをするという関わりであることをご理解下さい。

　1学年度を通した活動であるため，ある程度継続した参加が必要となります。身体的にも精神的にも多少負担が伴うことが予想されますので，何名かの交代制をとります。すでに活動されているボランティアがいますので，しばらくは，先輩ボランティアとペアを組んで活動して頂きます。

　以下の条件と注意事項をご理解の上，ご協力頂ける方，ご関心のある方は学校支援コーディネーター（○○）までご連絡下さい。詳しいご説明を別途させて頂きます。

▶ 参加の条件 ◀

- 原則として，第一小学校区域に在住の方（一丁目，二丁目，及び徒歩15分程度の圏内）
- 平成28年6月から平成29年3月までの間，火曜日4年生の2時間目9：35－10：20AM，水曜日3年生の4時間目11：30AM－12：15PMのいずれかに，隔週もしくは月1回程度で継続した参加が可能であること。
- 上記概要と主旨をご理解下さい。
- 心身共に健康であること。
- 子どもが好きであること。

▶ 参加する際の注意事項 ◀

- 授業での指導方法や指導内容，子どもへの関わり方については，先生の指示に従うこと。
- 自ら中心となって活動しないこと。あくまでも子どもが授業の中心です。
- 子どものプライバシーに関わるようなことは聞かないこと。また，万が一聞いてしまった場合は，直ちに担任の先生に伝えること。
- 子どもを持ち上げたり，運んだりといった過度な身体的な接触は避けること。
- 授業，児童から，この活動を通して得た情報は，第三者に漏らさないこと。
- 授業中発生した問題については，自分で判断しないで，担任の先生に速やかに知らせること。
- 無理をして参加しないこと。病気などに罹った場合，事情により参加できない場合は，学校または，コーディネーターに連絡すること。

（2）候補者の面談
①対等な立場であることを忘れない
　選考にあたっては，すでにボランティア活動の経験がある人やこれからやってみたいと思っている人たちと接します。それぞれの動機や目的は異なっているので，ある特定の活動にふさわしいかどうかを面談で判断することは非常に難しいことです。

　企業の採用面接と根本的に違うのは，面談する側であるコーディネーター（役）と相手となるボランティア候補者とは，対等の立場であるという点です。コーディネーター（役）は，常に対等であるという意識を忘れないようにしましょう。

　経験を積めば積むほど，面談の技術は向上していくでしょう。

　その反面，尋ねる内容によっては，「なぜ，そんなことまでこの人に聞かれなければならないのだろう？」と，候補者に思われてしまうようなこともあるかもしれません。客観的に事実を確認するということは重要ですが，相手のプライバシーに関わる内容もあります。対等な立場なのですから，相手が少しでも答えにくそうにしていたら，質問を変えるなどの配慮が必要です。そして，何よりも相手が話しやすいような信頼関係をつくれるような雰囲気を持つようにすることが大切です。自身が学校支援にどのようなきっかけで関わるようになったのか，またコーディネーターとしてどんな活動をしているのか，自身の体験談や思いを伝えながら共感を得ることが大切です。

②教育観や子ども観を確認しておく
　学校支援ボランティアとしての候補者との面談では，これまでの経験談や興味・関心について聞くなかで，特に教育観や子ども観のような学校教育や子どもに対する考えなども，確認する必要があります。なかには，最近の子どものしつけや教師の教育方針などに強い意見を持っていたり，偏った考え方を持っていたりという人もいます。そうした意見や考え方を持っていることは悪いことではありませんが，学校支援ボランティアは，あくまでも学校にいる子どもや教師のサポート役です。個人の思いが，時として活動の邪魔をしてしまうこともあることを肝に銘じ，面談のなかでよく見極める必要があるでしょう。

シニア目線

健康に関する心配事を打ち明けられたら

　面談の際，参加する活動に一見支障はなさそうに見えても，候補者本人が心配だという理由から，何らかの持病や身体的問題を抱えている，定期的に通院や服用している薬がある，以前に何らかの病気にかかったのでその後遺症がある，などといった事実が伝えられる場合があります。

　そうした場合には，大丈夫だろうと安易に自己判断せず，内容を正確に聞き取るなどして学校長や担当職員にも必ず相談し，自分一人で抱え込んで判断するのは避けましょう。より専門的な視点が必要だという場合には，医師等の専門家に相談することも大切です。その結果，場合によっては活動への参加をお断わりする，すでに活動を始めていても速や

かに活動への参加を中止する、という判断が必要となることもあります。また、活動内容の修正や椅子の設置、休憩時間の確保などといった、活動参加をする上での内容の見直しが必要となることもあります。

長期に関わっているシニアボランティアの場合には、活動を始めた頃には気にならなかった身体的、精神的な変化があらわれることがあります。少しでも気になることがあった場合には、大丈夫だろうと過信せずに、すぐに体調や症状について確認してください。

ポイント①　思いや情熱を持って伝えよう！

自分の知識や経験を前面に出すのではなく、まずはその活動や目的について情熱を持って語ります。そして、丁寧にお願いします。

ポイント②　わかりやすい説明を！

候補者への説明は、必ず書面を見せながら説明します。口頭の説明だけでは誤解を招く原因となります。特に強調したいところは、候補者自身に線を引いてもらうようにすれば、本人の記憶にも残りやすいでしょう。

ポイント③　無理にボランティアになってもらわない！

最終的に目標としていた人数が見つからなかったとしても、面接のなかで今回の活動には向いていないという印象を持った人を選ばないようにしましょう。必ず、後でトラブルのもとになります。ボランティアメンバーがそろわなかったら、活動やボランティアによる支援を実施しないという決断もあり得ることを忘れないでください。

COLUMN　地域と学校をつなぐコーディネーター役（アメリカのスクールカウンセラーのケース）

日本でも、現在、スクールカウンセラーが子どものいじめやさまざまな相談に応じています。アメリカのスクールカウンセラーは、いじめや離婚などさまざまな問題に関して子どもやその家族を対象にカウンセリングをおこなうだけでなく、「ガイダンス」と言われる、いじめなどの問題が発生しないための予防教育も積極的におこなっています。友だちとどのように付き合っていくべきかなどを小学校ではぬいぐるみなど使いながら、子どもたちによりわかりやすくなるような工夫もしています。また、カウンセラーは、地域と学校をつなぐ担当者として、地元の企業との活動や、読み聞かせプログラムなどのコーディネートをおこなうこともあります。

ボランティア候補者への面談のポイント

■ボランティア候補者自身について知っておきたいポイント
1. 経歴（職歴，学歴，ボランティア活動歴など）
2. 知識，技術，資格など
3. 活動に関する考え方
4. 地域での役割，施設との関係など
5. 性格や興味，趣味など
6. 活動に対する熱意

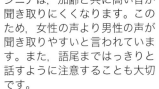

■ボランティア候補者への質問例
基本情報
①今回の募集について，どのように知りましたか？紹介者は○○さんですか。
　○○さんとはどのようなお知り合いですか？
②いつから活動を始めることができますか？
　どのくらいの頻度で活動することができますか？
③活動場所までの交通手段はどのようになりますか？
④活動に関してどのような知識，経験がありますか？（専門性などが必要な場合）

> シニアは，加齢と共に高い音が聞き取りにくくなります。このため，女性の声より男性の声が聞き取りやすいと言われています。また，語尾まではっきりと話すように注意することも大切です。

補足情報
①ボランティアの経験はありますか。もし，あるのでしたらその経験で良かったこと，学んだことを教えてください。
②（ボランティア経験有の人に対して）ボランティアの経験で，困ったこと，良くなかったことを教えてください。
③今回のボランティア活動にどうして興味を持つようになりましたか？そこから何を得たいと思っていますか？
④今の子どもや学校教育（学校の活動の場合）について，何か感じることやご意見はありますか？
⑤今回の活動で不安なこと気になることはありますか？

■ボランティア候補者に伝えるべきこと
①ボランティアが必要な理由についての説明
②活動の具体的な内容についての説明
③どのように候補者の知識や経験が学校の支援活動に活かされるかについての説明
④活動開始までのプロセスについての説明
⑤活動開始後の管理体制，連絡体制の説明

> 十分な説明をしても，質問は必ず出るものです。したがって，「先ほどお伝えした通り」「繰り返しになりますが」など，すでに言ったという事実を相手に何度も伝えないように注意しましょう。

（3）事前研修

活動を始める際には，オリエンテーションも含めて，必ず事前研修をしましょう。

その研修は，活動の流れの簡単な説明レベルから，数回に分けて専門的な研修をおこなう必要があるレベルのものまでさまざまですが，活動内容に合わせて検討しましょう。ボランティアメンバーは，事前研修によって活動内容をより理解することができるため，よりスムーズに活動できます。活動実施がスムーズになれば，子どもたちの学習も効率的に進み，学習効果を高めることにつながります。事前研修は，活動中のさまざまなトラブルを未然に防ぐと共に，余計な時間や労力を浪費しないためにも重要だと考えてください。

特に日本の場合，貴重な時間を使ってボランティア活動をしてくださっているという意識が強いためか，ボランティアに対する事前研修は十分におこなわれていない傾向があります。ボランティア活動が進んでいる国では，事前研修は一般的なことで，そうした研修を受けたことがボランティアにとって自慢にもなっていますし，さらに質の高いボランティア活動をするためのステップとしても認識されています。

シニア目線

丁寧な説明と十分な準備を

シニアボランティアの役割や時間配分についての注意点，子どもとの接し方などについて，丁寧に説明し，十分な準備をすることが必要です。できる限りわかりやすい資料を用意しましょう。活動を実施している場合は，必ず見学するようにします。活動を実施していない時期であれば，過去の活動の様子がわかる写真を提示したり，先輩ボランティアに体験談を話してもらうのもよいと思います。ボランティア活動を始めようという人にとって，活動の様子を実際に目で見たり，耳で聞いたりして，実感するのは大切なことです。

より資料を活用できる工夫を

ボランティアメンバーが研修時の資料をきちんと保管し，実際の現場で活用するためにも，必要な中身を何枚もの紙にバラバラに印刷するのではなく，ハンドブックのような冊子にまとめて提供することも効果的です。その上で，大切なところを説明する際にはマーキングしてもらったり，覚えてほしいところは敢えて空欄にして書き込んでもらったりと，作業をしてもらうとより記憶に残りやすくなるでしょう。

ポイント① 研修を通してトラブル回避する

事前研修やオリエンテーションをおこなうことで，活動上の誤解やトラブルを防ぎましょう。研修が必要な理由も丁寧に説明することが大切です。

ポイント② わかりやすい資料を使う

活動の中身や緊急時の対応など必要な内容を，写真や図も使いつつ，冊子などにする工夫が必要です。先輩ボランティアの話があるとより理解が深まります。

ポイント③ 難しい内容にはワークショップなどで理解を

活動内容にある程度の知識や技術が求められるものの場合，数回にわたってワークショップをおこなうなどして理解を深めたり，メンバー間の連携を高めたりする工夫をします。

ポイント④ 指導役を活かす

ボランティアとしての経験があり，引き受けていただける場合には，リーダーをお願いし，初心者や経験の浅いメンバーの指導役として活躍していただくと良いと思います。

体験 COLUMN　研修を受けなければボランティアはできない？

アメリカのボストンで，エイズ問題に取り組んでいるある団体では，ボランティアとして，活動に参加するためには研修を受けることが条件になっていました。ボランティアをするのに研修？と思いがちですが，その内容はエイズに関してどれほど知らないか，また，エイズ患者にどう接するかなどをワークショップ形式で，参加者同士が体験するというものでした。非常に完成度の高い研修で，その後ボランティアとして活動する上でも，とても大切なプロセスだなと感じました。

誰でもいつでもできるボランティア活動もありますが，エイズ問題のように正しい知識が必要なものに関しては，相応の教育が必要だと思います。

ここでは，作業をしているボランティアメンバーに毎週金曜日は無料ピザが出されていたので，金曜日だけはこれを目当てに，ちょっとボランティアの数が多かったような気もしますが…

第4章　シニアボランティアを活かすコーディネート

シニアボランティアが学校に行く時の注意点

■スリッパではなく，自分が歩きやすい上履きを持って行きましょう
　スリッパはすべりやすく，転倒する可能性も高いので，踵のある上履きを用意します。※ただし学校で使用している上履きと同様のものは，子どもの上履きと間違える可能性があるので，自分がわかりやすいものを用意しましょう。

■適切な服装や身だしなみを心がけましょう
　特に冬場の校舎内の温度は低く，寒さを感じながら活動することも少なくありません。十分な防寒着を用意することが必要です。また，過度に派手な服装や香水，装飾品は児童や生徒の授業への集中を妨げる要因になり，安全面からも危険です。節度ある身だしなみや動きやすい服装を心がけるようにしましょう。

■時間配分には，余裕を持ちましょう
　集合時間や活動時間には，時間に余裕を持って着けるようにしましょう。あまりに余裕を持ちすぎても良くないので，15分前には到着しているぐらいの時間が良いでしょう。

■学校内では，みんなに挨拶しましょう
　学校の敷地内に入ったら，出会う教職員や児童には積極的に挨拶をしましょう。特に教職員は全てのボランティアを知っている訳ではありません。知らない人の場合，不審者か，地域住民なのか，ボランティアなのか判断がつかなく不安に感じます。見慣れない教職員の場合には，「○○ボランティアの鈴木です」など自ら名乗り出ると良いでしょう。

■荷物は少なく，わかりやすい場所に保管しましょう
　荷物はできるだけ少なくして，自分が活動する教室や部屋のわかりやすい場所に保管しましょう。また，忘れ物をする可能性もあるので，持ち物には名前を記入したり，名札をつけたりしましょう。

■体調には，十分注意しましょう
　特に運動を要する活動では，血圧などに十分注意します。体調が悪い時には無理に参加せず，学校やコーディネーター（役），ボランティアの代表者等に連絡するようにします。また，疲れた際には，遠慮なく，椅子を用意してもらって休むようにしましょう

■水分補給とトイレには気をつけましょう
　学校は，乾燥しがちです。十分，水分補給ができるように，飲み物は事前に準備しましょう。トイレに行く必要がある場合は，遠慮なく使わせていただきましょう。最近では，学校のトイレの洋式化が進んでいます。足腰が気になる人は，洋式トイレの場所を尋ねて把握しておきましょう。

(4) ルール遵守と危機管理
①基本的なルールの確認
　学校には，子どもたちや教職員と接する上で守らなければならない基本的なルールが存在します。たとえば，子どもたちの人権を害さないのはもちろんのこと，接し方や施設や備品の使用方法など，関連するルールは，明確にしておきましょう。また，ボランティアメンバーとコーディネーター（役），教職員との連絡体制，ボランティアメンバー間での連絡方法，作業や情報の引継ぎ方法などのルールについても，できる限り事前に確認しておくことが大切です。

②個人情報への配慮
　近年，個人情報の保護について，厳格な対応が求められています。シニアボランティアは，子どもや活動に参加する大人についての情報はもちろん，教職員や学校について知り得た情報は，もらさないようにします。勝手にカメラで授業風景や活動の記録を撮ることはできません。インターネット上に，投稿することもできません。コーディネーター（役）が写真撮影する場合も，その都度学校に確認する必要があります。また，被写体がシニアボランティアであった場合も，関係者だから勝手に撮っていいということにはなりませんので，個人情報についても厳格に管理しましょう。ファクスやメールで個人情報を伝える場合には，番号の確認や情報が入ったファイルにパスワードのロックをかけ，パスワードは別便で送るといった配慮も必要なことです。

③傷害保険
　子どもたちは学校の傷害保険の対象となりますがシニアボランティアは対象外となることがあります。何かあった場合の保障はどのようになるのか，事前に協議しておきましょう。また，安心して活動に関われるように，コーディネーター（役）はボランティアを対象にした傷害保険についての知識を備えるようにしてください。

　全国にある社会福祉協議会の事務所ではボランティア保険の年間加入を受け付けていますので，新年度ごとに加入を促しましょう。

▲児童の校外活動を見守るボランティア

第4章　シニアボランティアを活かすコーディネート

シニア目線

健康チェックとルール確認

　シニアボランティアの健康チェックも事前にしておきます。仮に，毎年同じ活動に参加し，実施している人であっても，活動内容の確認や説明は，毎年きちんとおこなってください。シニアボランティアに限らず，年に一度の活動だと，いくら経験があってもはっきり覚えていないこともあります。慣れた時こそ，思わぬ事故が発生する可能性があるので，活動開始前には必ず，押さえるべきルールを確認しましょう。

ポイント①　ルールは明確に！
　ルールは明確にし，書面にして，関係者で共有しましょう。特にシニアボランティアにとっては，書面となっていることが重要です。口頭だけでは，不十分だと考えてください。

ポイント②　個人情報の管理を徹底する！
　個人情報は必要最低限のものとし，管理方法なども事前に協議します。むやみに個人情報を持ち歩かず，書類や記憶媒体などの使用，インターネット上の情報の共有等にも十分配慮し，パスワードを設定するなど情報の漏洩が起きないように努めましょう。

ポイント③　定期的に見直しを！
　活動前に決めたルールであっても，実際に活動を始めると，その通りにならないことがあります。活動前には，現実的で，実行性のあるルールであるかどうかという面からも検討し，定期的に見直しましょう。

ポイント④　情報は他言しない
　活動上知り得た個人情報は，子どものことだけでなく，担任教師，学校の運営に関することについても，他言は厳に慎みましょう。

ポイント⑤　健康情報の準備と体制の整備は早めに
　体調面で季節的に気をつけるべきこと（インフルエンザ等の感染症の流行情報など）は，体力のないシニアボランティアには，早めに知らせるようにします。と同時に，十分な対策（予防接種の喚起など）と体制（急なお休みのバックアップ）などについても，準備しておきます。

ポイント⑥　体に触れることは避ける
　子どもに対する愛おしさから，シニアボランティアが子どもの頭をなでたりすることがあります。しかし，宗教的，文化的にそれが不適切な行為として受け止められる場合があります。また，思春期の子ども，特に女子の身体に触れることは誤解を招く行為ともなりますので，慎むよう注意を促してください。

（5）シニアボランティアへのサポート

　コーディネーター（役）は，準備や運営だけでなく，必要に応じてシニアボランティアの活動自体もサポートします。事前研修に始まり，学校側の意見や要望にも配慮しつつ，適切にサポートします。特に活動の初期段階では，様子を確認したり，定期的にヒアリングをおこなったりすることで，大きな問題が発生しないように注意を払いましょう。

　実際に活動してみると，メンバーが活動内容と合わないということは，よくあることです。活動への参加が精神的にも身体的にも，負担になっていないかに気を配りましょう。

🔍 シニア目線

継続のための活動内容の見直し

　継続的かつ長期的に参加しているシニアボランティアの場合，加齢と共にさまざまな機能の低下があらわれてくる場合があります。そうした状況のなかで，どこまで活動を継続していくかというのは難しい問題です。ボランティア活動ですから，無理のない範囲であることは当然ですが，時としてそれまでと同じ活動ができない人は参加すべきでないという声を聞くと，そうだろうかと複雑な気持ちになります。活動に支障が出ることにより，それが学校運営にまで及ぶようでは本末転倒ですが，参加しないという結論に至る前に，それまでとは別の形でなら参加できるのかどうか，継続するために別の方法がないかを探ることも考えてみてはどうでしょうか。

　シニアボランティアの活動をいかに継続的に支援するかは，コーディネーター（役）にとって大切な視点です。超高齢社会は今の子どもたちとも無関係ではありません。シニアボランティアが継続的に子どもたちに関わることによって，高齢者に対する意識や理解も深まりますし，教育的な観点からも意義のあることです。長年シニアボランティアが活動している学校の教職員からは，子どもたちがシニアボランティアと継続的に接することによって自然と気配りをするようになった，コミュニケーション力が高まっているという声を聞くことがあります。

　それまでの活動に支障が出るようになったから参加をとりやめるのではなく，状況が変わってもできるだけ多くのシニアに継続して参加してもらえるよう，活動の内容やそれに見合った体制等を常に見直していくことも大切なことです。また，シニアが継続的に活動に関わるには，シニアボランティアがグループとなって活動に取り組んでいくことが効果的です。継続的かつ多数のボランティアを要するような取り組みの場合，コーディネーター（役）が全ての管理をするのではなく，あえて活動ごとに，またはその学校に関わるシニアボランティアをグループ化することにより自主的な管理を促します。コーディネーター（役）は，可能な限り学校が必要とするニーズに応えるため新しい取り組みを考えたり提案したり，全体を見るようにし，特定の活動の運営に忙殺されないよう，シニアボランティアが自ら活動の運営ができるように活動や体制を発展させていくことが大事です。

　第5章では，グループ活動の意義や活動の継続方法についてご紹介します。

ポイント①　周りの人たち，環境にも注意を払う

活動に関わる人が気持ちよく活動できるよう，コーディネーター（役）はシニアボランティアだけでなく，学校側がどのように接しているかにも目を配り，配慮しましょう。

ポイント②　先輩ボランティアを活かす！

コーディネーター（役）だけで，全てのメンバーに目を配ることはできません。経験のある人やリーダー的役割の人には，他のメンバーにも目を配ってもらいましょう。

ポイント③　ボランティアをグループ化しよう

活動が安定してきたら，参加しているボランティアが自ら活動の運営ができるような体制をつくりましょう。特定の活動のためのグループや学校全体のボランティアグループなど，主体的なグループを構築することにより，コーディネーター（役）の活動もより効率的になります。

（6）活動の展開と管理

学校でのボランティア活動は，学校の管理下となります。実際に活動が始まると管理は担当教職員に任され，コーディネーター（役）が不在の状態でおこなわれる，ということもよくあります。コーディネーター（役）は，シニアボランティアが問題なく活動しているか，新たな意見や要望がないかなど聞き取りをするなどして，積極的に状況を把握していくことが必要です。長期間の活動の場合には，活動に関わるメンバーによる会議を定期的に開催し，現状やそれぞれの意見などを出し合う機会が必要です。コーディネーター（役）は，こうした機会を通して，メンバーの意見をできる限り吸い上げられるように，積極的に関わるよう心がけましょう。

🔍 シニア目線

活動の様子を定期的に確認

コーディネーター（役）は，シニアボランティアの実際の活動の様子を定期的に確認しましょう。身体的に見て活動に支障がないか，子どもたちとの交流に不安な様子はないかなどを十分に観察します。特に，初めてのメンバーの場合には，子どもたちと関わることが思ったよりも難しいと感じつつも，無理をして積極的に活動していることもあるので，注意してください。また，シニアボランティアの存在がまったく活かされないまま活動が進んでいくこともあります。当初の目的や計画，話し合った内容に沿った活動になっているかを常に確認し，その都度，関わり方を見直していきましょう。

無理のないスケジュールづくり

身体的負担などにも考慮し，無理のないスケジュールづくりが必要です。特に，寒い時期や暑い時期の活動などには注意しましょう。体調が悪い時やインフルエンザ等の感染が

疑われる場合などには無理をして学校に来ないこと，活動中には十分な水分補給をおこなうことなど，時期特有の注意事項なども改めて配布するとよいと思います。

また，長期間の活動になる場合には，活動開始時に提示した活動頻度や活動内容（特に身体的な動きが多く伴うものなど）に見合った活動ができているか，それぞれに公平な負担になっているかなど，常に注意しましょう。

活動日誌をつける

シニアボランティアがより主体的に参加する意識を高められるように，活動日誌をつけるのも良いでしょう。教室や活動場所などの一角にファイルを保管し，その日の活動で気づいた点や実施したことなどを日誌として記録します。こうした情報は，複数のボランティアメンバーが関わっている場合などには，次に実施する人の活動の参考にもなります。

全員が言いたいことを言えたと思えるのが大事

会議では，全員の意見が出されるように気を配ります。大事なことは，「全員が意見を述べること」ではなく，「全員が言いたいことを言えたと思えること」です。初めて活動に関わるシニアボランティアは，思ったことを職員の前ではなかなか伝えられない傾向があります。コーディネーター（役）はそうした人にも気を配り，少しでも何か発言できるように配慮しましょう。

（7）シニアボランティアへの感謝

シニアボランティアが活動に関わることによってその存在を認められ，感謝されることはとても大切なことです。感謝されることは，シニアボランティアが活動に関わり続ける動機となり，自身の活動が意義あることだったと認識することができます。多くの学校では，子どもたちのほうから感謝の気持ちをあらわすような工夫をしてくれますが，そうした様子が見られなければ，コーディネーター（役）のほうから働きかけてみることも必要です。

たとえば，活動の終わりに，子どもたちと一緒に給食を食べる機会をつくる，子どもたちが授業の一環でおこなう劇や運動会などに招待してもらう，活動の最後に子どもたちからシニアボランティアに対する感謝状を渡してもらうなど，いろいろなことが考えられます。これも，担当の教師に相談してみると良いでしょう。大事なことは，あくまでも子どもたちや教師たちの感謝の気持ちが伝わるということです。元気な子どもの声で「ありがとう」と言われるだけでも，シニアボランティアにとっては嬉しいものです。

👁 シニア目線

活動計画時から協議を

シニアボランティアは，一般のボランティア以上に自身の存在と子どもたちとの関係を意識して活動しています。次の世代へ何か良いものを与えたいという強い気持ちが生きがいとなり，活動のエネルギーとなっているからです。したがって，活動後にシニアボランティアに対する感謝の意志を何らかの形で示せるよう，企画時から学校側と協議しておく

第4章　シニアボランティアを活かすコーディネート

と良いと思います。万が一，感謝を示される機会を逃してしまったシニアボランティアには，後日子どもたちからの手紙などが届くような配慮を心がけましょう。こうした関係を積み重ねることによって，ボランティア活動の良さが地域に伝わり，新しいメンバー紹介につながったり，自然と地域の子どもたちを見守ることにつながったりします。

ポイント①　活動や行事の機会を活用する！

シニアボランティア全員がもれなく感謝される機会のセッティングや方法を考え，準備します。子どもたちの発表会への招待や，一緒に給食を食べる食事会や，運動会，お祭りなどへの招待など，さまざまな方法があります。工夫しましょう。

ポイント②　直接感謝の言葉を！

物を渡すだけでなく，できるかぎり，子どもたちや参加者から直接，感謝の気持ちを伝えられるような機会を用意しましょう。その際は，シニアボランティアからも何か一言，子どもたちや活動の参加者に伝えられるように準備すると良いと思います。

ポイント③　活動の成果を共有する！

学校だよりなどで活動を紹介したら，必ずシニアボランティアにも渡すようにしましょう。また，学校だよりは地域で回覧されることもあります。シニアボランティア本人の許可のもと，名前や活動内容を紹介することは学校に対する貢献が地域に知らされることになるので，積極的に掲載されるようにしましょう。

ポイント④　コーディネーターも感謝の気持ちを！

コーディネーター（役）自身も，シニアボランティアに感謝の気持ちを伝えることを忘れないようにしましょう。子どもや教職員が直接シニアボランティアに言わなかったことでも，耳にしたことや，保護者からの感謝の声などは積極的に伝えましょう。

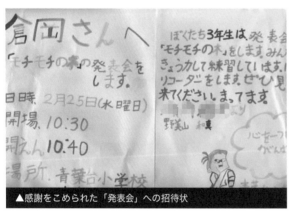

▲感謝をこめられた「発表会」への招待状

（8）活動の評価

　実施した活動について，良い活動であったのか，効果的であったのかなどを評価することは，その後の活動にとって非常に重要な情報となります。当初の目的が達成できたのかどうか評価することで明らかになることがあるからです。目的と評価とは表裏一体のものです。評価の方法として，どのようなものがふさわしいのか，学校とも相談した上で作成しましょう。

　また，学校側は，実際にシニアボランティアがどのように関わったのかを，必ずしも正確には把握してないことも多いです。したがって，コーディネーター（役）は，必ずシニアボランティアの参加した時間や人数などをまとめて，担当教師や校長先生に報告しましょう。活動の評価や報告などは，学校だよりや各種報告書などでも参考資料としても活用でき，学校にとっても貴重な情報ですし，財産ともなります。

👁 シニア目線

子どもたちの変化に注目

　活動を評価する時，世代間交流＊などの視点を取り入れ，子どもたちの意識がどのように変わったかを観察したり，子どもたちとシニアボランティアがどのように触れ合っているかといった様子を観察したりする方法などが考えられます。

　学校と地域の連携がどのように進んだか，ということを評価するのは非常に難しいことですが，子どもたちの意識の変化を捉えることにより，学校と地域の連携についてもある一定の評価が可能になります。常に，子どもたちにとって活動がどうであったかという視点に立つ学校にとって，活動を通して，子どもたちが高齢者に対して肯定的な意識を持つようになったり，コミュニケーション力が高まったりといった効果が認められれば学校とシニアボランティアを含む地域住民との連携には良い効果があるとして評価されます。

子どもたちが高齢者と向き合う

　子どもたちは，継続的にシニアボランティアに接することにより，長期にわたって高齢者に向き合うことになります。ある小学校の先生は，シニアボランティアが継続的に関わることについて，「子どもたちは単発的に高齢者福祉施設に行って高齢者と接するだけでは，高齢者が実際には加齢によってどう変わり，自分たちとどう違うのか捉えることができない。したがって，学校でのボランティア活動においてシニアボランティアが継続的かつ長期的に子どもたちと接することで，子どもは自然にどのように手を差し伸べればいいのか学習し，身につけていく」と話されたことがあります。

経年的な評価

　活動を継続していくことができれば，その年だけでなく，経年的な評価をすることも可能になります。児童や保護者を対象にしたアンケートなどで評価できれば，長期的な活動の効果や改善点なども明らかにすることができるかもしれません。

ポイント①　数字はものを言う！

シニアボランティアや子どもたちの参加人数など，数値的なものを必ず記録しておきます。シニアボランティアが実際に活動した授業時間数や延べ人数は，年間を通して非常に大きな貢献を示すものになります。また，活動の開始前と後を比べ，子どもたちの意識がどのように変化したかなどアンケート等で質問し検証します。

ポイント②　幅広く検証しよう！

評価する対象は，子どもたち，シニアボランティア，保護者，教職員など，活動に関わる人たちを幅広く検証します。アンケートをとるだけでなく，インタビューしてみることなども含め，より深く効果を検証しましょう。

ポイント③　プロセス評価も欠かさない！

活動の効果のみならず，活動を進めるなかでどのような課題があったのか，次回，同様の活動や他の活動をする上で参考になるポイントや，シニアボランティアがさらに活躍できるようにするには，どのような工夫をすればよいのかなども評価します。

（9）活動の応用性・普及性

活動が効果的で意義あるものとなったら，他のさまざまな場所や形で応用できるように，普及を図ることも重要です。学校支援活動におけるコーディネーター（役）は，一つの学校だけでなく，複数の学校の活動に携わることもあります。ある学校において効果的であった活動が，いかに他の場所や活動に応用できるか，ということも併せて考えましょう。そうすることで，その活動の社会的意義や公共性をより明確にすることができます。

シニア目線

取り組みの普及

シニアボランティアは，高齢者の社会参加と生涯学習活動という視点からも，注目されています。シニアも含めたより幅広い層の地域のボランティアをいかに活動に取り込むのか，多くの学校にも広がるような取り組みを普及していくことが，より多くの，また多様なシニアボランティアの確保につながります。第6章で紹介している，シニアボランティアによる絵本の読み聞かせ「りぷりんと」では，全国のさまざまな自治体の学校や図書館などで幅広く活動しています。これは，どのような地域でも展開しやすく，汎用性のある読み聞かせ活動を長年進めてきた結果，活動の質や認知度が高まっています。

文献

1）佐藤晴雄：学校支援ボランティア-特色づくりの秘けつと課題，教育出版，2005.
2）倉岡正高，鈴木宏幸：社会教育が地域を元気にする-平成23年度「社会教育による地域の教育力強化プロジェクト」のための実証的共同研究採択事業報告-，月刊生涯学習，pp14-15, 2012.

保健福祉関連施設編

倉岡正高

　地域には，さまざまな保健福祉関連施設が存在します。代表的なものとして，地域包括支援センター*，老人ホーム*，デイサービスなどの介護事業所，子育て支援*や障がい者支援をしている施設などがあります。こうした施設でのボランティア活動では，多くの場合，介護職や保健師，施設の専門職や管理者がコーディネーター（役）としてそれぞれの施設の業務にあたっています。こうした現場でのシニアボランティアに対しては，前節の学校支援活動とは，また異なった視点でのサポートも求められます。

第1項　保健福祉関連施設のコーディネーター（役）に求められること

（1）地域住民主体のサポート体制の構築を目指して

　地域の保健や福祉，さらには次節の介護予防*に関わる分野では，2015年4月の介護保険法の改正により，これまで要支援に認定されていた人に対するサービスの一部が，地方自治体に移行されることになりました。今後も社会保障費の負担は大きくなることが見込まれるなか，より地域住民が主体となったサポート体制を構築することが求められています。こうした改正に伴い，現在，全国の自治体において生活支援コーディネーターの配置に向けた準備が進められています。生活支援コーディネーターとは，高齢者の日常生活の支援，基盤整備を目指して，地域のさまざまな資源やボランティアを活かしながら支援していく上で中心となる担い手として期待されています。地域の福祉や保健に関わるこのようなコーディネーターが，全国的に導入されるのは初めてのことです。しかし，たとえば横浜市のように，中学校区ごとに1か所程度，地域ケアプラザと呼ばれる福祉施設を配置し，そこに地域活動交流コーディネーターと呼ばれる職種が配置され，活躍しているという先駆的な事例もあります（第6章参照 p.197）。
　また，全国的には，近年，地域包括支援センターと呼ばれる施設を中心に，医療，介護を一体化して地域の健康や介護を支えようという仕組み（地域包括ケアシステム）が構築されつつあります。自治体によって，取り組みに差はあるものの，医療と高齢者介護施設の連携が強化されたり，介護，子育て，障がい者支援を一体的に運用する仕組みが構築されたり，総合相談窓口と言われるような地域住民のさまざまな相談を1か所で受けたりと

いったことが進められています。こうした取り組みでは，前述の横浜市の地域活動交流コーディネーターというようなコーディネーターの肩書きがなくても，その役割を担い，地域の保健や福祉に取り組んでいる専門職が数多く存在しています。地域の保健福祉関連施設は，地域のニーズに基づき，介護予防や健康づくりに関するさまざまな講座や教室を実施していることも多く，そうした活動の告知，参加者の募集，運用をすることがコーディネーター（役）の仕事にもなっています。コーディネーター（役）が直面する問題としては，いかに地域住民にこうした活動を広げ，また住民自らこうした活動を運営するようにするのか，いかに住民主体の意識を持って地域の健康づくりや介護を支援するかがあります。

（2）地域や地域住民にあった活動

　前節の学校でのボランティア活動との大きな違いの一つは，地域包括支援センター，老人ホーム，子育てや障がい者の支援センター等（以降保健福祉関連施設）の場合，その施設が提供しているサービスや事業の内容だけでなく，施設利用者や利用者の住む地域の特徴を踏まえて活動をすることが重要であるということです。

　学校は，全国それぞれの学校に特徴はありながらも，大きくは文部科学省や教育委員会の政策や制度に沿っており，基本的な授業の内容が地域によって変わるということはあまりありません。保健福祉関連施設の場合，根拠となる法制度のもと，その施設が提供するサービスを実施する点では変わりませんが，住民の特徴や地域性，住民が抱えている健康や福祉のニーズに対して，具体的に必要とされる活動を反映した事業が展開されている部分も大きいため，地域によって，また利用者である地域住民によって，施設の運営方針や実施されている活動内容等には学校以上に違いがあるものです。

　施設での活動を始めるにあたり，その地域の高齢者の健康度合や介護，子育ての状況など，何をどの程度の住民が必要としているかなどを事前に把握することは，その地域の状況を知ることにつながることでもあり，活動を運営していく上で欠かせない視点です。このことを地区診断とか地域アセスメントと呼びます。適切な地域の状況を診断・評価することにより，どのような事業や活動がその地域で必要とされるのか，またどのようなことを考慮しながら業務を実施していけばいいのか判断します。

（3）相互理解を深める

　実際に，保健福祉関連施設での活動において，コーディネーター（役）には，どのような力が必要とされるでしょうか。保健福祉関連施設での活動の場合，施設の職員がコーディネーター（役）を担うことが多いでしょう。コーディネーター（役）にとって難しい点は，通常の施設の業務をこなしながら，一見そうした業務とは関係のない地域住民との信頼関係の構築やネットワークづくりをしていくことにあると思います。たとえば，施設の職員全員が，その地域にはどういう特徴があるか，どんな人材がいるのか，ボランティアを募集したら，どのくらいの人数が集まるのかなどの現状について十分に理解している訳

ではありません。また，地域のシニアもその施設の設置目的や関係する制度の現状，活動において注意すべき施設の利用者の現状について，あまりよく知らないでしょう。

もちろん，地域に存在している施設は，それまでの長い歴史のなかで，多くの地域住民がボランティアとして関わってきたという事実はあるかもしれません。しかし，それまでのつながりだけでなく新しく施設の活動に関わる地域住民も増えているなかで，より効果的にボランティアの力を活かしていく方法が模索されるようになってきました。

コーディネーター（役）には，時には活動に関わる人々をチームとして機能させ，時には一人ひとりにきめ細やかな配慮をしながら，それぞれの気持ちや能力を引き出しつつ，より良い活動を構築していくことが求められています。そのためには，互いの理解を深めることが大事な鍵となり，理解を深めるためには，情報の共有が欠かせません。

（4）中立であり客観的

コーディネーター（役）は，施設の職員として業務をこなしつつも，地域のボランティアに寄り添う立場を維持しなくてはなりません。あまりにも施設の意向を押し付けてしまうと，ボランティアの協力も得にくくなります。もちろん施設の専門職として，その役割に報酬が出されている限り，その業務の遂行が何よりも優先されることでしょう。しかし，コーディネーター（役）は，施設とボランティアの間に実際に立った時，それぞれにとって常に最善を尽くしてくれる存在であること，つまり，どちらにとっても中立な立場を維持しておくことが大切です。施設の意向や事業を押し付けるだけで，ボランティアの気持ちを軽視した対応は，継続的な関係を構築する妨げとなり，その後の活動にも影響します。逆に，ボランティアからの希望が，必ずしも施設の意向に沿わないことも出てくるでしょう。そんな時，ボランティアがたとえ地域の有力者であったとしても，施設や事業の目的やねらい，施設利用者の視点に立った活動にそぐわない関わり方をしたり，希望を出してきたりしたら，活動の趣旨を客観的に伝え，理解してもらう必要があります。

何か問題が起きた時ではなく，常日頃から，中立であり客観的な姿勢を示すことが大切です。すでに，コーディネーター（役）として施設で活動している人が，これまでの関係性を急に変えるような言動をすることは，時には困難です。ましてや施設の外部委員等のような，関わりがある人に対しては，なかなか客観的な立場でものが言いにくい，ということもあるかもしれません。しかし，コーディネーター（役）は単なる地域の御用聞きではありません。そのように捉えられているとすれば，それは施設にとっても地域にとっても長期的には良いことではありません。そのような時には，外部の講師や専門家を呼ぶことによって，地域住民を交えた意識改革の機会を設けることも必要かもしれません。

（5）広い視野と行動力と発信力

コーディネーター（役）の活動は，自ずと施設と施設利用者や地域住民のためにというある意味限られた枠組みのなかでの活動になります。しかし，常にその枠にとらわれる必

要はなく，時には施設の規則や地域の慣習を超えるような発想と挑戦をすることも可能なのです。地域にはさまざまな資源があります。グローバルとまではいかなくても，活動に関係するような講座を受講してみたり，企業やNPOが開催しているイベントやワークショップに参加し，ネットワークを広げたり，スキルアップしたり，ということを通して，新たなアイディアが生まれることもあります。

また，ボランティアを募る場合に，比較的，日常的に関係がある人たちに声をかけがちですが，地域は有能な人材の宝庫です。一歩，日常の業務の枠から踏み出せば，さらに，さまざまな人材が存在しています。そうした人たちも巻き込むことができれば，施設での活動のことを知ってもらうことができ，今後継続していくためにもより効果的でしょう。

保健福祉関連施設は，自治体が直営し自治体の職員が運営しているケースもありますが，多くは施設とサービスの運用が社会福祉法人等の民間法人に委託されています。地域によっては一つの法人が複数の施設を運営していることもあり，その地域において施設がどのような活動をしているか理解を得ながら地域に根差した経営をすることは，継続的な法人運営にとっても重要なことです。コーディネーター（役）は，ボランティアの募集や人材確保だけでなく，法人の顔としても，いろいろな機会に顔を出したり，地域のさまざまな活動のお手伝いをしたりすることによって，コミュニケーションをとりながら自分の存在を知ってもらうことが大切なことです。つまり，施設の活動についての情報発信を積極的にすることも重要な仕事であり，そのような活動を通して，地域との信頼関係も生まれ，結果的に自身の活動への協力も得やすくなるものです。

第2項 活動の企画

(1) 体制づくり

保健福祉関連施設は日頃から，地域の住民と接する機会も多く，運営に関する会議も設置されており，比較的，地域住民の関わりが多いです。ある意味，事業や活動上のネットワークができているとも言えるので，既存の会議などもうまく活かしつつ，さらに活動に必要な体制を構築していくことを目指します。コーディネーター（役）は，この体制の中心人物として，会議や計画が円滑に進むように，連絡方法や記録に至るまで配慮します。

シニア目線

地域のシニアに詳しい人材

地域のシニアに詳しく幅広いネットワークを持っている民生委員，自治会・町内会長などにも相談し，企画の段階から加わっていただくと良いと思います。また活動内容が，たとえば地域の保育園や幼稚園，小学校や中学校などから子どもたちが訪ねてくるようなものであれば，園や学校の先生も交えた体制づくりが必要です。

常日頃からの関係づくり

地域におけるネットワークを広げるための関係づくりを日頃から心がけましょう。

活動が始まる時になって，急に協力を求めても得られるわけではありません。日頃から地域の活動や行事に顔を出し，時にはお手伝いをするなどして，地域の要望に可能な範囲で応えていくことによって，地域での信頼を培っていくことができます。

近年，地域保健や福祉の分野において，ソーシャル・キャピタル＊（社会関係資本）と言われる，「信頼」「互酬性」「ネットワーク」を活かした事業や活動を進めていくことが提唱されています。ご近所力や地域力とも言われるソーシャル・キャピタルを醸成する活動が，コーディネーター活動の原点とも言えるでしょう。つまり，企画した活動がよりスムーズに進むかどうかは，常日頃ソーシャル・キャピタルを醸成する活動をしているかどうかにかかっており，それがその活動の成功を大きく左右するということです。

ポイント① 地域の活動のなかで，すでにある人材やネットワークを利用する

新たなメンバーの発掘には，時間と労力を要します。すでに施設と何らかの活動をおこない，関わりを持っていたりする仲間や組織をベースに，体制を構築しましょう。

ポイント② 新しい人材を巻き込むことを常に意識する

すでに存在しているネットワーク使って体制をつくることは重要ですが，さらに新しい人を巻き込んでいくことも重要です。いつも同じメンバーで活動していては，メンバーの負担感が増しますし，新しい視点も生まれません。

ポイント③ 情報の共有を忘れない！

話し合いの重要ポイントは，活動に関わるメンバー全てが共有できるようにします。コーディネーター（役）は，会議の議事録などを必ずとり，参加者にコピーを渡したり，メール配信したりすることで，その事柄は参加者全員で決めたのだという認識が生まれるように働きかけ，体制づくりに臨みましょう。

ポイント④ 読みやすい資料をつくる！

資料は，シニアボランティアが読みやすいように工夫をします。たとえば，フォントサイズを大きく（12ポイント以上）する，必要なことは簡潔にまとめるなどしましょう。

ポイント⑤ 無理しない，させない！

シニアボランティアは，一見，時間的，精神的余裕がありそうですが，他のさまざまな活動をしていて多忙な人も多いです。一人ひとりに過度な負担をかけたり，過度な期待をしたりしないように配慮することも大事なことです。

一人ひとりの状況や背景に考慮した体制づくりを心がけましょう。

資料づくりに用いる文字の大きさとフォントの例			
	10.5ポイント	12ポイント	14ポイント
MSゴシック	文字の大きさ	文字の大きさ	文字の大きさ
MS明朝	文字の大きさ	文字の大きさ	文字の大きさ

12ポイント以上に

（2）活動の目的と内容

　次に活動の目的を明確に設定します。活動の目的を明確にすることで，活動内容の方向性もはっきりするため，シニアボランティアを募集する際の説明にも有効となります。そして，その目的は活動実施後に振り返り，活動を検証する際の大事な指標ともなります。目的を明確にする際には，直接的な目的から，それに続くもっと大きな目的も同時に考えてみると，直近の目的がより明確になります（「目的の階層化」参照）。
　たとえば，実施する活動自体の目的が，「認知症予防を兼ねた絵本の読み聞かせ講座の実施」であるとします。この目的を達成することによって，どういうことを期待しているのか，どういうことにつなげたいのか，という，さらに大きな目的を考えてみます。それを考えると，たとえば「読み聞かせ講座修了生が，施設内の子育てサロン等で読み聞かせをする」という，さらに大きな目的を設定することができます。これが明らかになれば，施設内の読み聞かせ活動だけでなく，たとえば「近隣小学校や保育園などで読み聞かせをする」ことや「読み聞かせだけでない世代間の交流」まで，広げていけることも想定できるようになります。目的の階層化で考えれば，目的にも段階があり，より下層にある目的

目的の階層化

　立てた計画の目的を設定し（レベル3程度），そのためにはどんなことを達成し，その後にどういう目的が達成可能かを上下のレベルに書くことによって，今回の目的がどのような意義を持っているかより明確にすることができます。
（例）
　レベル5　地域のさまざまな場所でシニアと子どもたちの交流が深まり，世代間の
　　　　　コミュニケーションが向上する
　レベル4　読み聞かせ講座修了生が施設内の子育てサロン等で読み聞かせをする
　レベル3　認知症予防を兼ねた絵本の読み聞かせ講座を実施する
　レベル2　認知症予防講演会にて絵本読み聞かせ事例を紹介する
　レベル1　地域で認知症予防に対する取り組みについて考えてみる

参考：Alan Gaynor & Jane Evanson「Project Planning」A guide for practitioners, 1991.

は，掲げた目的を達成するために必要なことを示しています。

　このように，実際の活動自体の目的だけでなく，最終的に何を目指しているのかということや，活動自体の目的を達成するためには，そのために，事前に何を達成していけばよいのかを考える視点を持つことによって，いろいろなことが明確になっていきます。

　さまざまな思いや背景を持つ人たちが集まった会議で，口頭の議論だけで進めても，参加者それぞれの解釈に幅があり，結果的に何に合意したのか見えないまま，事が進んでしまうことがあります。そのためにも，目的を明確に示すことが重要なことです。

　ただし，単に話し合うだけで，いきなり明確な目的を組み立てることは困難です。このような時は，参加者それぞれが自由に頭に思い浮かんだことをホワイトボードに書き出していくブレーンストーミングや，思っていることを付箋に書いて模造紙やホワイトボードに貼り出しながら意見を整理していく方法などを取り入れることで，既成概念にとらわれずにメンバー全員の意見を自由に引き出すことができるでしょう。

　こうした作業のなかで注意すべきことは，地域や住民にあった活動という視点で考える場合に，その地域がどのような地域であり，何が問題なのか，またどうしてそれが問題と言えるのか，という点について十分に検討した上で判断するということです。誤った認識に基づいて，解決すべき問題であると判断した場合には，目的の設定，活動内容など全てが的外れなものになってしまう可能性があります。

シニア目線

世代間交流は手法

　特に子どもやその親を支援する施設での活動の場合，目的の一つとして，シニアボランティアと利用者の子どもとの世代間交流が考えられると思います。しかし，世代間交流とは，あくまでも一つの手法であり，目的となるものではありません。もう一歩踏み込んで，たとえば，その施設での活動にシニアボランティアが関わることによって，その施設の利用者にどのような変化が起こることを期待しているのかを考えてみてください。世代間交流という方法を通して，異なった世代に対する意識や理解の変化をねらっているのか，文化や知識を伝えたいのか，というように具体的に考えてみましょう。

　単純に，シニアボランティアが活動に参加すること＝世代間交流というわけではありませんから，その活動の目的が何かを明確にすることが大切です。目的が明確になれば，具体的な環境設定や，活動や支援の進め方，有効な題材などが明確になってきます。

目的はシニアボランティアも共有

　人生経験が豊富なシニアボランティアだからこそ，自身の活動のなかでの位置付けや，どのような目的のために自分自身の存在がつながっているのかを気にします。したがって，シニアボランティアが担う役割について，コーディネーター（役）や一部の責任者のなかだけで共有するのではなく，シニアボランティアも含めた全てのメンバーで共有し，丁寧に説明することが大切です。そうすることが結果的に，その施設に対する地域の理解を育て，活動に対する理解不足から来るトラブルの防止策にもつながります。

第4章　シニアボランティアを活かすコーディネート

ポイント①　それぞれの思いや考えから目的を探す！
　地域の自治会・町内会長やさまざまな地域の代表者，シニアボランティアなど立場によって目的の解釈は変わります。それぞれの立場の目的も示し，全体の共通目的も考えることで，活動の目的がより明確になります。

ポイント②　目的の検証も意識する！
　目的はその活動がうまくいったかどうか，後から振り返ってみて，何が良かったか，うまくいかなかったか，どのような効果があったかなど検証する際に重要な基準となります。活動しっぱなしではなく，後で評価し，検証することを意識して目的の設定をしましょう。

ポイント③　目的や背景について丁寧に伝える！
　シニアボランティアに対しては，シニアボランティアが関わる目的や背景について丁寧に説明します。たとえば，施設側のメリットだけでなく，参加するシニアボランティア自身にとっての意義（社会参加や健康づくり，世代間交流など）も説明できると良いと思います。それは，シニアボランティア自身の価値観とは違うこともあるかもしれません。
　しかし，どうしてその活動が必要なのか，またどんな課題が背景にあるのか，また将来どんな姿を目指しているのか，具体的に語ることが大切です。

（3）対象

　保健福祉関連施設は，施設によって利用者の年代はさまざまです。そのため，活動対象も乳幼児等から高齢者までと幅広くなります。さらに，単純に「子ども」「高齢者」と分類してしまうと，活動の効果が期待通りにならなかったり，思わぬ事故につながったりする可能性があります。それは，一口に高齢者といってもその年齢層はかなり広く，認知的，身体的にも差があるからです。子どもも同様です。「高齢者だから」「子どもだから」というのではなく，一人ひとりの年齢や特性を考慮し，活動内容を判断していきましょう。

シニア目線

異なった世代同士の交流
　たとえば，施設利用者の高齢者と近所の小学生や幼稚園の園児とが交流する活動をサポートしたり，子育て支援施設の活動に関わったりというように，シニアボランティアも含めて異なった世代同士で交流するような活動では，十分な配慮が必要です。
　「高齢者＝やさしくて子ども好き」というイメージがありますが，全ての人がそのイメージ通りとは限りません。仮に若い頃はそうであったとしても，加齢による身体的な変化や精神的な変化，また環境の変化などによって，子どもの声や動きをとても不快に感じる人もいます。また，幼児や小学生のほうからすると，高齢者にどのように接すればよいのかがわからず，ついつい乱暴に接してしまうこともあるようです。

コーディネーター（役）は，施設の職員だけでなく，幼稚園や小学校の職員とも十分に協議しながら，活動に参加する施設利用者や近所の子どもなど，それぞれの特性などを十分理解した上で，計画を立てるようにしましょう。

施設利用者とシニアボランティアの年齢が近い場合には，若い職員やコーディネーター（役）よりも，シニアボランティアのほうがうまくコミュニケーションをとれることもあります。そんな時は，より積極的に関わってもらえるよう工夫しましょう。たとえば会場の受付や，身体的なサポート役などではなく，施設利用者とコミュニケーションを特に図るような司会進行役等の役割を担ってもらうのも良いと思います。

ポイント① 活動内容にふさわしい対象を選ぼう

子育て支援や障がい者支援，高齢者の利用者など複数の世代が利用している複合施設などの場合には，活動内容がもっとも効果的な対象者は誰なのか検討しましょう。

また，先に対象者が決まっているのであれば，もっとも効果的な活動内容はどんなことなのか，十分に検討しましょう。

ポイント② ステレオタイプにとらわれない！

「高齢者はこうだ」「子どもはこうだ」といったステレオタイプにとらわれず，一人ひとりにどのような配慮が必要なのか，たとえば子どもの学齢の特徴や，認知機能が低下している利用者への接し方など，施設職員や教職員，保健師などの専門家などの意見も聞くようにしましょう。

（4）時期

活動内容の時節との関わりや，もっとも効果的と思われるタイミングが1年のうちのどこなのか，さらには施設の年間予定も鑑みて設定します。施設職員と十分協議するだけでなく，地域の行事との兼ね合いなども考慮しましょう。たとえば，活動実施日に地域の行事が予定されていれば，想定していた参加者が分散することも考えられるからです。

したがって，いくら良い内容の活動を企画しても，思うようなタイミングで実施できないことも多いということも，理解しておいてください。

🔍 シニア目線

シニアボランティアは暇ではない

シニアボランティアは，一般的に時間が潤沢なのではないかという印象もあるかもしれません。しかし，今のシニアは日常的に仕事や趣味，サークル活動など活発に活動をしており，ボランティア活動に対する意識の高い人であればあるほど，自治会の役員を務めるなど，その他にも多くの活動に関わっている傾向があります。たとえば，農業が盛んな地域であれば，農作物の収穫などで忙しい時期もあります。シニアボランティアは，忙しい

第4章　シニアボランティアを活かすコーディネート

人だと理解した上で接するのが良いと思います。仮に地域の役割を担っていないとしても，家族の介護や孫の世話で忙しい人もいますし，時間はあったとしても，普段の生活のなかで，移動や活動の準備に関して若い人より多くの時間を必要とする場合があります。

施設の年間行事計画をもとに，1年を通しておおよその活動の時期を事前に説明する，当日のスケジュールを組む時には移動時間などに十分な時間をとるなど配慮し，時間的にも余裕のあるスケジュールを立てるようにします。

ポイント①　年間予定表は常に持ち歩こう！

施設の年間予定表の他に地域の自治会やさまざまな施設の予定表を入手し，重要な行事を確認しましょう。地域の重要な行事など全てを記入した自前の地域カレンダーをつくっておくと，より正確な計画が立てやすいと思います。

ポイント②　シニアボランティアは忙しい！

シニアボランティアはたいてい忙しい人が多いですが，一度お願いしたことは必ず守ってくれるのも特徴です。早め早めにお願いし，自身の予定に組み込んでもらえるようお願いします。

（5）場所

活動場所は，施設内だけとは限りません。近くの公園，公民館や美術館，博物館などのさまざまな場所での活動が可能です。既成概念にとらわれず，活動の内容がもっとも効果的に，また楽しく実施できる場所を考えてみることも大切です。また，施設内であれば，いつも利用者が活動している部屋が使用されることも多いと思います。いつもの部屋でもちょっとした飾り付けなどをすることによって，雰囲気が変わりますので，工夫してみてください。特に，こうした飾り付けは女性のシニアボランティアには，得意な人が多いです。積極的に場所づくりをお任せしましょう。同時に，施設の利用者だけでなく，活動に関わる全ての人の安全も確保されるような場所でなければなりません。特に，普段その施設を利用していない子どもが来所するような場合，注意事項（部屋，廊下，トイレなど）などの掲示物は子どもの学年に適した言葉で作成する準備も必要です。

👁 シニア目線

思い込みは禁物

参加するシニアボランティアにとって安全なのか，一定の配慮がなされているかの確認を欠かさないようにします。特に，高齢者が利用している施設には，すでにさまざまな環境整備がなされていますが，だからと言って問題ないだろうと思い込むのは，禁物です。若い施設職員やコーディネーター（役）には何でもないことでも，シニアボランティアにとっては困難なこともあります。もし，活動場所や通路にちょっとした段差があるなら，

段差を避けたり，つまずかないよう注意を促すなどすると良いでしょう。
健康面，安全面での配慮も
　長時間立ったままでの活動の場合には，シニアボランティアが途中で座って休めるように椅子を部屋に用意する，保育園や子育て支援の施設などでの活動の場合には，子どもたちがいきなりシニアボランティアに後ろから飛びついたりしないように事前に注意しておく，といった配慮も大切です。

> **ポイント①　活動に最適な場所探しをしよう！**
> 　活動内容がもっとも効果的におこなえる場所はどこなのかを，よく考えます。既成概念にとらわれず，自由な発想で場所を選ぶのも良いと思います。

> **ポイント②　安全な場所づくりを！**
> 　シニアボランティアにとって安全な場所か，つまずくような段差はないか，視覚的に見やすい場所なのか等，確認しておきます。また，実際に活動が実施される場所だけでなく，その場所へのアクセスのしやすさも確認しましょう。

> **ポイント③　シニアボランティアへの心遣いを！**
> 　子どもたちが関わる活動や施設利用者が子どもの場合，シニアボランティアへの接し方を事前に伝えておきます。また，長時間の活動となる場合は，途中で座ったり，休んだりできるような工夫をしたり，こまめに休憩をはさむようにします。

（6）シニアボランティアが果たす役割

　シニアボランティアの役割は，事前に明確にしておきます。具体的に何をするのか，どのような体制で関わるのか，コーディネーター（役）が中心となって施設職員等と十分に協議しましょう。しかし，シニアボランティアが決められた役割にこだわるあまり，自然発生的な交流も遠慮してしまうようでは，ボランティア活動本来の楽しさを感じることもできませんし，施設利用者にとっても貴重な体験や触れ合いの機会を失うことにもなりかねません。コーディネーター（役）は，シニアボランティアがルールを守って役割を果たしつつ柔軟に動けるよう，活動を観察するなかで積極的にアドバイスをしたり，ルールの再確認を促したりするように心がけましょう。

🔍 シニア目線

施設職員や今時の子どもに対するとまどい
　シニアボランティア初心者の場合，利用者に対する施設職員の接し方にとまどうことがあります。たとえば高齢者と言っても自分の家族としか接した経験がないような場合には，施設での職員の接し方に違和感を覚えることがあるかもしれません。また，子どもや若い

親が利用する，子育て支援のための施設などの場合には，今時の子どもへの接し方，施設や職員の考え方に，大きなギャップを感じることがあります。子どもへの接し方，保護者のあり方，子どものしつけなど，より厳格な教育を受けたであろうシニアボランティアにとって，今の子どもへのしつけには厳しさが不十分であると映る傾向があるようです。

しかし，シニアボランティアが果たすべき役割は，子どもへの接し方や保護者のあり方を正したり，子どものしつけをしたりすることではありません。事前に，シニアボランティアの役割を明示すると同時に，その活動や役割をお願いした背景，何を期待しているのかなどについて丁寧に説明し，理解を得ておくことが必要でしょう。その部分がきちんと理解されれば，経験豊富なシニアですから，シニアならではの子どもへの接し方でも生かされ，活動が円滑に進むでしょう。

自分の役割に対する不安

シニアボランティアから，「本当に利用者さんの役に立っているのだろうか？」という声をよく耳にすることがあります。ボランティア活動は，単発的な関わりであったり，短い時間であったりするために施設職員とじっくりと接する機会もなく，瞬く間に終わってしまうことが多いのが実情です。初心者はもちろん，継続的に活動をしているシニアボランティアであっても，しばしば抱えるのがこのような自分の役割に対する不安感です。自分が，どのように評価されているのかということについて，若い世代以上に気にする傾向があるようです。

こうした不安を抱えたままだと，継続的な活動が困難になったり，ちょっとしたトラブルが大きな問題に発展して，関係の悪化につながったりもします。コーディネーター（役）は，施設職員や利用者の声が直接シニアボランティアに届くように工夫し，シニアボランティアが大事な役割を担っていることを示してあげることも重要です。

> **ポイント①　ボランティアに名称をつけよう！**
> 　活動内容に合わせて，「○○ボランティア」などと名称をつけると，利用者や施設職員にも覚えやすく，より親しみやすくなるでしょう。予算がある場合，そうしたボランティア専用のTシャツや，エプロンなどを支給するのもいいと思います。

> **ポイント②　自己紹介は忘れずに！**
> 　活動を始める前には，シニアボランティアもその施設の一員として認められるように，利用者の前で自己紹介をきちんとします。また，コーディネーター（役）は，そうした機会を設定するようにしましょう。

> **ポイント③　シニアボランティアのことを知らせよう！**
> 　名札や参加表，専用ファイルを設置したり，掲示板や施設のニュースレターなどでの紹介を目に見える形にしたりして，シニアボランティアの存在を施設からも，地域からも認識されるように工夫しましょう。

（7）広報・啓発活動

　活動は，可能な限り多くの人に知ってもらえるような努力をしましょう。活動の様子やシニアボランティアの存在を多くの人に知ってもらうことは，施設の利用者や家族の理解を深めたり，新しいボランティアの発掘につながったり，さらなる活動の理解者を増やすことにつながりますから，その後の活動の広がり，継続性を考えても効果的だと思います。

　多くの人に知ってもらうための広報作業は，活動を客観的に見るチャンスとしても，スキルアップとしても重要です。活動をしている自分たちだけでなく，第三者にも理解してもらえるようにするという作業は，それまでの活動を丁寧かつ客観的に見直す必要があるため，新たな発見や気づきをもたらすことがあるからです。

　ユニークな取り組みであれば，マスメディアに取材を依頼すること（プレスリリース）も考えられます。プレスリリースをする場合には，内容について担当職員と十分協議します。活動終了後は，その活動の様子などを必ず写真などと一緒にまとめ，ニュースレターや報告書として，関係者やまた地域の人たちに紹介できるようにしておきましょう。

　良い活動であればあるほど，その活動を広めたいものですから，次の機会のためにも，活動がどのように準備されたか，どのような活動内容かを説明しやすいように，当日の様子を撮影するなど記録をしておくと良いと思います

> **ポイント①　新たなメンバーの掘り起しにつなげよう！**
> 　活動を施設内や地域に知らせることによって，利用者や住民に関心を持ってもらい，新しいメンバーの掘り起こしと利用者増につなげましょう。ニュースレター等で活動が紹介されれば，シニアボランティア自身も活動の宣伝がしやすくなります。

> **ポイント②　名前などの取り扱いに注意しよう！**
> 　シニアボランティアの個人情報は施設職員のものとは，取扱いが異なります。施設内の掲示では自由に公表しても，より広い範囲に知れ渡る広報誌では必ずしも同様に扱ってよいとは言えません。必ず本人の意志を確認するようにしましょう。

> **ポイント③　写真撮影は必ず許可を得てから！**
> 　被写体がいる場合には，必ず本人の同意を得ます。特に施設を利用している高齢者や障がい者のなかには，その施設を利用していることを知られたくない人もいます。また，本人の状態として，意志の確認が難しい場合には，施設や保護者，家族の同意が必要です。

第4章　シニアボランティアを活かすコーディネート

> **プレスリリースのポイント**
>
> ①わかりやすい見出しや副題で関心を引きましょう。
> ②キーワード，重要な数などを大文字にする，下線を引くなどしましょう。
> ③活動の概要は，記者の視点で，記事が書きやすいように工夫しましょう。
> ④社会背景など，注目されている事象などあれば，関連付けて説明しましょう。
> ⑤リリースはあまり早すぎても忘れられます。タイミングを考えましょう。

第3項　活動の運営

（1）ボランティアメンバーの募集（リクルート）と選考（スクリーニング）

　活動内容などが決まったら，実際にボランティアメンバーの募集に入ります。
　募集する際には，地域でおこなわれている既存のさまざまなイベントや活動などが大きく影響する場合があるので，活動内容や時期なども考慮します。すでに何らかの活動をしている人のなかに心当たりがある場合には，そこから，今回の活動に協力可能な候補者をピックアップし，協力を呼びかけます。その際，それぞれの経験や関心，利便性，居住地域なども選定の基準になります。新しくボランティアとして参加する人に対しては，ボランティア経験者以上に居住地や体力面，活動経験について注意しましょう。
　体力的に負担が大きい活動の場合には，ボランティアの年齢や体力も考慮します。過去の経験や実績はボランティアの選考にあたり大事な判断基準とはなりますが，新しい活動に合わせてメンバーを募集する時は，それまでの既存の枠にとらわれず，新たな視点で選考すると良いと思います。

（2）候補者の面談

　候補者が集まったら，実際に活動してもらう人を選定します。仮にボランティア経験があったとしても，全ての活動に適している訳ではありません。書類選考だけでなく，必ず面談をおこない，人物像，適否も含めて活動に参加可能かどうかを判断します。
　候補者の動機や目的はさまざまです。想定した活動に相応しいかどうかを面談で判断することは非常に難しいことです。特に，企業の採用面接と根本的に違って，面談する側（コーディネーター役）と受ける側（ボランティア候補者）が対等の立場であるという点には，注意しましょう。
　面談する経験を積めば積むほど，面談の技術は向上していくものです。しかし，反面，面談される側の人によっては「なぜそんなことまでこの人に聞かれなければならないのだろう？」と思うこともあるかもしれません。客観的に事実を確認することは重要なことで

すが，相手のプライバシーに関わる問題でもあります。お互いが対等な立場である以上，相手が少しでも答えにくそうにしているようであれば，質問を変えるなどの配慮が必要です。そして，何より，話しやすいと思われるような信頼関係をつくれるように心がけましょう。コーディネーター（役）の日頃の仕事内容やその仕事に対する思い，また以前からの活動であれば，先輩シニアボランティアとの関係やエピソードなども交えながら話をすると良いでしょう。

シニア目線

健康に関する心配事を打ち明けられたら

　面談の際に，特に活動に支障はないかもしれないことでも，候補者から，本人が心配だと思っていることを伝えられることがあります。たとえば，何らかの身体的問題を抱えている，定期的に通院や服用している薬がある，以前にかかった病気の後遺症がある，というようなことです。施設の職員にある程度の知識がある場合や専門的な知識を持った保健師や看護師が施設内にいる場合には，大丈夫だろうと安易に自己判断せず，内容を正確に聞き取るなどして施設長や施設職員に相談し，自分一人で抱え込んで判断するのは避けましょう。

　より専門的な視点が必要だという場合には，シニアボランティアのかかりつけの医師等に活動に参加することに問題がないか相談を勧めてみることも大切です。その結果，活動への参加をお断わりする，すでに活動を始めていても速やかに参加を中止する，という判断が必要となることもあります。また，活動内容の修正や椅子の設置，休憩時間の確保などといった，活動参加をする上での内容の見直しが必要となることもあります。

ポイント①　思いや情熱を持って伝えよう！

　自分の知識や経験を前面に出さず，まずはその活動や目的について情熱を持って語りましょう。そして，丁寧にお願いします。

ポイント②　わかりやすい説明を！

　候補者への説明は，必ず書面を見せながら説明します。
　口頭の説明だけでは誤解を招く原因となります。特に強調したいところは，候補者自身に線を引いてもらうようにすれば，本人の記憶にも残りやすいでしょう。

ポイント③　無理にボランティアになってもらわない！

　最終的に目標としていた人数が見つからなかったとしても，面談のなかで今回の活動には向いていないという印象を持った人は選ばないようにしましょう。必ず，後でトラブルのもとになります。ボランティアメンバーがそろわなかったら，活動を実施しないという決断もあり得ることを忘れないでください。

第4章　シニアボランティアを活かすコーディネート

ボランティア候補者への面談のポイント

■ボランティア候補者について知っておきたいポイント
1. 経歴（職歴，学歴，ボランティア活動歴など）
2. 知識，技術，資格など
3. 活動に関する考え方
4. 地域での役割，施設との関係など
5. 性格や興味，趣味など
6. 活動に対する熱意

シニアは，加齢と共に高い音が聞き取りにくくなります。このため，女性の声より男性の声が聞き取りやすいと言われています。また，語尾まではっきりと話すように注意することも大切です。

■ボランティア候補者に聞く質問の例
基本情報
①今回の募集について，どのように知りましたか？紹介者は○○さんですか？
　○○さんとはどのようなお知り合いですか？
②いつから活動を始めることができますか？
　どのくらいの頻度で活動することができますか？
③活動場所までの交通手段はどのようになりますか？
④活動に関してどのような知識，経験がありますか？（専門性などが必要な場合）

補足情報
①ボランティアの経験はありますか。もし，あるのでしたらその経験で良かったこと，学んだことを教えてください。
②（ボランティア経験有の人に対して）ボランティアの経験で，困ったこと，良くなかったことを教えてください。
③今回のボランティア活動にどうして興味を持つようになりましたか？
　そこから何を得たいと思っていますか？
④今回の活動で不安なこと気になることはありますか？

■ボランティア候補者に伝えるべきこと
①ボランティアが必要な理由ついての説明
②参加して頂く活動の具体的な内容についての説明
③施設の説明と施設内で他にどのような活動が存在するのかについての説明
④候補者の知識や経験が施設の活動にどのように活かされるかについての説明
⑤活動開始までのプロセスについての説明
⑥活動開始後の管理体制，連絡体制の説明
⑦施設利用ときに守るべきルール

十分な説明をしても，質問は必ず出るものです。したがって，「先ほどお伝えした通り」「繰り返しになりますが」など，すでに言ったという事実を相手に何度も伝えないように注意しましょう。

（3）事前研修

活動を実施する前には，オリエンテーションも含めて，必ず事前研修をしましょう。

研修は，活動の流れの簡単な説明や施設の利用上の注意，数回に分けて専門的な研修を必要とするものまでさまざまありますが，活動内容に合わせて検討しましょう。事前研修をすることで，ボランティアメンバーがより活動の内容を理解することができ，活動もスムーズになります。さらに，さまざまなトラブルが発生することを未然に防ぐことにもつながるので，トラブルで余計な時間や労力を浪費しないためにも重要なことです。

特に，シニアボランティアが複数名，同時に参加するような活動の場合には，こうした研修を通してお互いを知り，名前を覚える機会とできるでしょう。

日本では，貴重な時間を使ってボランティア活動をしてくださっているという意識が強いため，ボランティアに対する事前研修が十分におこなわれない傾向があります。ボランティア活動が進んでいる国では，事前研修は一般的なことで，そうした研修を受けたことがボランティアにとっても自慢となっています。つまり，一つの研修がさらに質の高いボランティア活動をするための資格であるかのように認識されています。複数のシニアボランティアが活動する施設においては，どのシニアボランティアにどのような事前研修をおこなったか管理しておくことも重要です。そうすることによって内容が重複するような部分は削除したり，簡単に済ませたりすることが可能になります。

シニア目線

丁寧な説明と十分な準備を

シニアボランティアを活用する場合，こうした事前研修による十分な準備が欠かせません。活動内容によって必要な研修は異なりますが，シニアボランティアの果たす役割や時間配分についての注意点，施設利用者との接し方，活動に行く時の注意点などについては，どんな活動であれ必要なことだと思いますので，丁寧に説明します。

事前研修の際には，できる限りわかりやすい資料を用意するほか，過去の活動の様子がわかる写真を提示する，先輩ボランティアに体験談を話してもらうのも良いでしょう。また，事前研修は，施設の会議室で実施するだけでなく，活動場所はもちろん，施設内のさまざまな場所を紹介する時間を確保しましょう。そうすることによって，その時のシニアボランティアの様子から，身体的な問題がありそうかどうかがわかることもあります。

たとえば，階段の昇り降りがつらそうであるなどのサインも見逃さないようにします。

より活用できる工夫を

ボランティアメンバーが研修時の資料をきちんと保管し，実際の現場で活用するためにも，必要な中身を何枚もの紙にバラバラに印刷するのではなく，ハンドブックのような冊子にまとめて提供することも効果的です。その上で，大切なところを説明する際にはマーキングしてもらう，覚えてほしいところは敢えて空欄にして書き込んでもらうというように実際に作業をしてもらうと，より記憶に残りやすくなるでしょう。

第4章　シニアボランティアを活かすコーディネート

ポイント①　事前研修を通してトラブル回避
　事前に研修やオリエンテーションをおこなうことで，活動上の誤解やトラブルを防ぎます。また，どうして事前に研修が必要なのか，その理由も丁寧に説明します。

ポイント②　わかりやすい資料を使う
　活動の中身や緊急時の対応など必要な内容を，写真や図も使いつつ，冊子などにする工夫が必要です。先輩ボランティアの話があるとより理解が深まります。

ポイント③　難しい内容にはワークショップなどで理解を
　活動内容にある程度の知識や技術が求められるものの場合，数回にわたってワークショップをおこなうなどして，ボランティアメンバー同士の連携を高めるような工夫をします。

ポイント④　指導役の活用
　すでに経験のある人でお願いできる場合には，リーダーをお願いし，初心者やあまり経験のないシニアボランティアの指導役として活躍していただくと良いと思います。

シニアボランティアが保健福祉関連施設に行く時の注意点

■スリッパではなく，自分が歩きやすい上履きを持って行きましょう
　スリッパはすべりやすく，転倒する可能性も高いので，踵のある上履きを用意します。

■適切な服装や身だしなみを心がけましょう
　保健福祉関連施設の場合，利用者にとって適切な温度が保たれている場合が多いですが，冬場や夏場など，寒さや暑さが強い時は十分な防寒着や適切な服装を用意することが必要です。また，さまざまなサポートをしたり，動き回ったりすることも多いため，動きやすい服装を心がけることと，過度な香水や装飾品は安全面からも控えます。

■時間配分には余裕を持ちましょう
　活動場所へ行く場合には，時間に余裕を持って集合時間や活動時間に着くようにしましょう。ただし，あまりに余裕を持ちすぎるのもよくありません。15分前には到着しているぐらいの時間が良いでしょう。

■荷物は少なく，わかりやすい場所に保管しましょう
　荷物はできるだけ少なくして，自分が活動する部屋のわかりやすい場所に保管しましょう。また，忘れ物をする可能性もあるので，持ち物には名前を記入したり，名札をつけたりしましょう。

■体調には，十分注意しましょう
　特に運動を要する活動では，血圧などに十分注意します。体調が悪い時には無理に参加せず，施設やコーディネーターに連絡します。
　また，疲れた際には，遠慮なく椅子を用意してもらい，休むようにしましょう

■水分補給とトイレには気をつけましょう
　施設は，乾燥しがちです。十分，水分補給ができるように，飲み物は事前に準備しましょう。トイレに行く必要がある場合は，遠慮なく使わせていただきます。
　ただし，突然いなくなったりすると，活動に支障を来したり，職員が心配することになります。トイレなど，その場を離れる時には必ず他のボランティア仲間や職員に声をかけましょう。

■感染症予防をしっかりしましょう
　冬場のインフルエンザやノロウイルスなど，施設を利用する人たちに感染しないように十分注意します。活動前や活動途中の手洗いやうがいなども，施設職員の指示に従い適切におこないましょう。

第4章　シニアボランティアを活かすコーディネート

（4）ルール遵守と危機管理

　どの施設にも，利用者と接する上で守らなければならない基本的なルールが存在します。人権を害さないのはもちろんですが，利用者とどのように接するか，施設をどのように使用するかなどの基本的なルールは明確にしておきます。また，シニアボランティアとコーディネーター（役），施設職員の連絡体制，ボランティアメンバー同士の連絡方法，作業や情報の引継ぎ方法など，活動を進めて行く上で必要なルールについても，できる限り事前にお互いに確認しておきましょう。近年，個人情報の保護について，厳格な対応が求められています。施設を利用している高齢者や障がい者，子どもについての情報のみならず，職員や施設について知り得た情報は，他言しないようにしましょう。

　また，シニアボランティアに何かあった場合の保障はどのようになるのか，事前に協議しておきましょう。シニアボランティアが安心して活動に関われるように，コーディネーター（役）はボランティアを対象にした傷害保険についての知識を備えておきます。社会福祉協議会等のボランティア保険に加入してもらうことを提案しても良いと思います。

👁 シニア目線

健康チェックとルール確認

　シニアボランティアに対しては，若い世代に比べて，より詳細な注意と配慮が必要です。第3章第3節（p.73）で示したように，活動中の突発的な事故への対応はもちろん，事前の健康チェックなどにも配慮します。また，毎年同じ活動に参加していても，活動内容の確認や説明を省かないようにしましょう。これはシニアボランティアに限らず，年に一度の活動だと記憶があいまいとなることもあります。慣れた時こそ思わぬ事故が発生する可能性がありますので，活動開始前には必ずルールの確認などをおこないましょう。

ポイント①　ルールは明確に！

　共有しておくべき基本的なルールは明確にし，書面にして関係者で共有します。特にシニアボランティアにとっては，書面となっていることが重要です。口頭で説明するだけでは不十分だと考えてください。

ポイント②　個人情報の管理を徹底する！

　個人情報は必要最低限のものとし，管理方法なども事前に協議します。むやみに個人情報を持ち歩かず，書類や記憶媒体などの使用，インターネット上の情報の共有等にも十分配慮し，パスワードを設定するなど情報の漏洩が起きないように努めましょう。

ポイント③　定期的に見直しを！

　活動が始まる前に，関係者で話し合って決めたルールであっても，いざ活動を始めると，うまくいかないこともあります。活動前には，現実的で，実行性のあるルールであ

るかどうかを検討すると共に，定期的に見直しをしましょう。

ポイント④　情報は他言しない
活動上知り得た情報は，利用者のことはもちろん，職員や施設の経営に関することについても他言は厳に慎みましょう。

ポイント⑤　健康情報の準備と体制の整備
季節的に気をつけたほうがよい情報（インフルエンザ等の感染症の流行情報など）は，体力のないシニアボランティアに早めに知らせすると同時に，十分な対策（予防接種の喚起など）と体制（急にお休みが出た場合のバックアップ）などについても準備しておきます。

ポイント⑥　体に触れることは避ける
利用者に対する愛おしさから，シニアボランティアが悪気なく頭をなでたり体に触れたりすることがあります。しかし，宗教的，文化的にそれが不適切な行為と受け止められる場合もあります。また，年齢に関係なく異性の身体に触れることは必要な介助行為以外の場合には誤解を招く行為となり得ますので，慎みましょう。

（5）シニアボランティアへのサポート

コーディネーター（役）は，必要に応じてシニアボランティアの活動自体も支援します。活動中のシニアボランティアの様子を見たり聞いたりすることによって，活動の見直しが必要な場合などには迅速な対応が可能になりますし，継続的に関わることによって，以後のボランティア募集にも，その経験を活かすことができます。

事前研修はもとより，施設の職員など活動に関わるメンバーの意見や要望にも配慮し，適切なサポートができるよう，心がけましょう。特に活動がスタートした段階では，活動中のシニアボランティアの様子を確認したり，定期的にヒアリングしたりすることで大きな問題が発生しないように注意を払いましょう。さらには，活動を進めていくと，活動内容とボランティアメンバーのできることや動機，活動に対する思いなどが合わないということも出てくるかもしれません。シニアボランティアにとって，活動に参加することが，精神的にも身体的にも負担にならないように気を配りましょう。

🔍 シニア目線

継続のための活動内容の見直し

参加が継続的かつ長期的になると加齢と共にさまざまな機能の低下があらわれる場合があります。活動をどこまで継続するか，というのは難しい問題です。あくまでもボランティア活動ですから，無理のない範囲であるのは当然です。しかし，活動に支障が出るよう

な人は参加すべきでないという声を聞くと，複雑な気持ちになります。施設本来の業務に支障を生じさせてしまうようでは本末転倒ですが，シニアボランティアの活動を単発で終わらせることなく，継続してもらえるようにサポートをするという視点は，コーディネーター（役）にとって大切な視点です。

　保健福祉関連施設という場で直面する介護や子育て，障がい者の問題は，その当該者だけでなく，地域にとっても重要な問題です。地域のシニアがシニアボランティアとして継続的に関わることによって，地域の健康づくりや福祉に対する意識，理解も深まります。

　シニアボランティアが継続して活動できる地域であるということは，地域で支える健康づくりや福祉が進む社会において意義あることなのです。

ポイント①　周りの人たち，環境にも注意を払う

　シニアボランティアが気持ちよく活動できるよう，本人だけでなく，施設職員のシニアボランティアへの接し方にも気を配りましょう。

ポイント②　先輩ボランティアを活用する！

　コーディネーター（役）だけで，全てのボランティアメンバーに目を配ることはできません。経験者やリーダーシップを発揮している人に，他のボランティアメンバーをサポートしてもらえるようにお願いしましょう。

（6）ボランティア活動の管理と運用

　保健福祉関連施設におけるボランティア活動は，施設の管理下でおこなわれるものです。そのため，コーディネーター（役）にも多くの役割と責任を求められ，施設長や担当職員に管理されます。コーディネーター（役）は，シニアボランティアが問題なく活動に関われているか，また活動をしてみて施設職員から新たな意見や要望がないかなど，積極的に状況を把握していきましょう。活動が長期に渡る場合には，ボランティアメンバーと施設の職員を交えた会議を開催し，活動の現状報告や意見などを出し合う機会を設定しましょう。コーディネーター（役）は，こうした機会を通して，ボランティアや職員の意見をできる限り吸い上げられるように積極的に関わることが重要です。

シニア目線

活動の様子を定期的に確認

　コーディネーター（役）は，シニアボランティアの実際の活動の様子を定期的に確認しましょう。特に，身体的に見て活動に支障がないか，利用者との交流に不安な様子はないか，など十分観察します。特に，初めてのメンバーの場合には，活動での関わり方が想像以上に難しいと感じながらも，無理をして積極的になっていることもあるので，注意してください。いつのまにか負担がかかってしまうということがあります。

無理のないスケジュールづくり

　シニアボランティアに合ったスケジュールか，負担は公平かなどを注意します。スケジュールを立てる時には，身体的負担などにも考慮し，無理のないスケジュールとなるよう心がけましょう。特に，寒い時期や暑い時期の活動の場合には，普段よりも心身に負担がかかりますから注意が必要です。季節に合わせた活動上の注意事項などを改めて配布すると良いでしょう。たとえば，夏の暑い時期には熱中症の予防に関する注意喚起や，冬のインフルエンザの流行する時には，手洗いがうがいの励行をおこなうこと，またシニアボランティアだけでなく，利用者にもこうした感染症が流行することがあるのでそうした病気に関する知識についても周知することが大切です。

活動日誌をつける

　継続的な活動の場合には，シニアボランティアがより主体的に活動に参加する意識を高められるように，活動日誌をつけてもらうとよいでしょう。活動場所の一角にファイルを保管し，その日の活動で気づいた点や実施したことなどを日誌に記録します。複数のボランティアメンバーが関わっている場合には，こうした情報は次の人の活動の参考にもなります。

全員が言いたいことを言えたと思えるのが大事

　活動に関わる全メンバーでの会議では，全員の意見が出されるように，気を配りましょう。大事なことは，全員が意見を述べるということよりは，全員が言いたいことを言えたと思えるかどうかです。特に，ボランティア活動に初めて関わるシニアボランティアは，思ったことを施設職員の前ではなかなか伝えられない傾向があります。こうした初心者であっても，少しでも何か発言できるように，事前にボランティアから聞いたことやエピソードなどを，コーディネーターが会議で紹介することによって，発言しやすいように配慮しましょう。

（7）シニアボランティアへの感謝

　シニアボランティアが円滑に活動できることと共に，その存在を認められ，感謝されることはとても大切なことです。しかし，こうした感謝の気持ちをあらわす工夫は，あまりされていません。もし，施設職員にそうした考えがない場合には，コーディネーター（役）から働きかけてみましょう。

　たとえば，活動の最後に利用者からシニアボランティアへ感謝状を渡してもらうなど，いろいろなことが考えられます。大事なことは，あくまでも施設の利用者からの感謝の気持ちがボランティアに伝わることです。利用者が自ら感謝を伝えることが難しいような場合は，コーディネーター（役）が代弁する形で感謝の気持ちを伝えると良いと思います。大げさなことでなくても，「ありがとう」と伝えるだけで，感謝の気持ちは伝わりますから，シニアボランティアにとっては嬉しいものです。

第4章 シニアボランティアを活かすコーディネート

🔍 シニア目線

自身の役割を意識する

　シニアボランティアは，活動における自身の役割と，利用者にとって，自身が役に立っているかということについて意識して活動をしています。特に利用者が子どもの場合，次の世代へ何か良いものを与えたいという強い気持ちが起こり，それが生きがいとなって活動のエネルギーともなるようです。

ポイント①　施設の活動や行事の機会を活用する！

　ボランティアメンバーの誰かが欠けることなく，全員が感謝される機会をセッティングしたり，方法も工夫したりして，準備します。たとえば，施設のお祭りなどの行事が予定されていれば，そこに招待するなど工夫しても良いと思います。

ポイント②　直接感謝の言葉を！

　感謝の気持ちを込めて，何かプレゼントを贈るというのは良いですが，それだけでなく，利用者から直接，感謝の気持ちを伝えられるような機会を用意できると良いと思います。また，その際はボランティアメンバー側からも何か一言，自分の思いを活動の参加者に伝えられるように準備します。

ポイント③　活動の成果を共有する！

　施設だよりやメディアなどで活動が紹介されたら，必ず一部をシニアボランティアにも渡すようにしましょう。また，シニアボランティアが関わっている活動などへの取材がある場合には，施設職員やコーディネーター（役）だけで対応するのではなく，シニアボランティアも交えて取材を受けるなどしましょう。

ポイント④　コーディネーター（役）もボランティアに感謝の気持ちを！

　もちろん，コーディネーターも感謝の気持ちを伝えることを忘れないようにします。

（8）活動の評価

　実施した活動が結果的に良かったのか，効果的であったかなどを評価することは，その後の活動にとって非常に大切なことです。計画していた当初の目的が達成できたのかどうかを振り返りましょう。評価と目的は表裏一体のものです。

　また，評価する際には，どのような評価の方法が相応しいのか，施設職員や施設長等と相談の上，作成しましょう。施設長は，シニアボランティアが実際にどのように活動にかかわったかを必ずしも正確に把握しているわけではありません。必ず，シニアボランティアが活動した時間や人数などをまとめて，施設長に報告しましょう。

　活動に対する評価や活動報告などは，その後活動を継続していく上での貴重な情報であ

り，財産です。施設だよりや，各種報告書などでも参考資料としても活用しましょう。

　福祉に関する施設においては，地域と一体となった事業活動が求められます。シニアボランティアが活躍している施設は，その地域にネットワークを広げソーシャル・キャピタルが醸成されていることの証にもなります。つまり，シニアボランティアが活躍していることは，その施設がその地域の健康や福祉の向上に貢献していることのバロメーターにもなります。

シニア目線

評価の視点はいろいろある

　たとえば，子育て支援施設での活動のように，シニアボランティアとは異なった世代の利用者と関わる活動であった場合には，世代間交流という視点を取り入れて，評価をすることができるでしょう。シニアボランティアとの関わりを通しての利用者の変化や，触れ合いの様子を観察するといった方法などが考えられます。

　また，別の見方をすれば，施設と地域の連携がどのように進んだか，ということを見ることも可能です。これは非常に難しいことですが，活動の前後で，利用者の意識の変化を捉えることによって，施設と地域との連携の効果についてもある一定の評価が可能になります。また，こうした評価を長期的に積み重ねていくことができれば，活動の効果について，より深く検証することも可能となります。

ポイント①　数字はものを言う！

　ボランティアメンバーや施設利用者の参加数など，数値的なものは必ず記録しておきましょう。施設長などにとっては，はっきりとした数字を示されると理解しやすく，活動に対する理解が深まります。また，ボランティアの必要性が認知されやすくなり，コーディネーター（役）の成果として認識されます。

ポイント②　幅広く検証しよう！

　検証する対象は，ボランティアメンバー，施設の利用者，利用者の家族，職員など幅広く検証しましょう。アンケートをとるだけでなく，インタビューなども含め数字や選択肢だけではわからない気持ちの変化や新たな課題など掘り下げて検証しましょう。

ポイント③　プロセス評価も欠かさない！

　活動の効果のみならず，活動を進める上でどのような課題があったかなど，次回同様の活動や他の活動をする上で参考になるポイントや，シニアボランティアがさらに活躍できる工夫は何かなども評価します。

介護予防編

長谷部雅美

　高齢期において、心身の機能が低下することを予防する、または回復しようとする取り組みが、介護予防の取り組みです。介護予防の目的は、端的に言えば、高齢者の心身における廃用症候群*を予防し、地域での自立した生活を継続させることにあります。さらには、社会参加の状況までも改善することを通して、高齢者の生きがいや自己実現、ひいては生活の質を向上させることも目指しています。

　介護予防の活動・団体に携わるシニアボランティアに対しては、健康状態の維持・向上だけでなく、生きがいや自己実現につながるよう、やりがいや達成感を得られるようなサポートをすることも必要となります。

第1項 介護予防のコーディネーター(役)に求められること

(1) 住民主体を意識した関わりや支援

　第3節「保健福祉関連施設編」でも触れましたが、介護分野に関係する法改正に伴い、介護予防の現場におけるコーディネーター（役）には、これまで紹介した学校や保健福祉関連施設の現場以上に、より住民を主体にした活動づくりや、住民がお互いに助け合う地域づくりに向かう役割が求められています。各自治体では、地域の課題やニーズに基づき、介護予防や健康づくりに関するさまざまな講座や教室を実施していることも多いため、そうした活動を住民に周知すると共に、一般参加者やボランティアを募集し、運用していくことがコーディネーター（役）の仕事になります。

　したがって、介護予防のコーディネーター（役）には、こうした活動をいかに地域住民に広げるのか、さらには地域住民自らが運営するようになるにはどうすればよいのかといった、住民主体を意識した関わりや支援が求められています。

(2) 一般参加者とシニアボランティア双方の意向をくみ取る

　学校や保健福祉関連施設におけるコーディネーター（役）やシニアボランティアは、児童生徒や施設利用者に対して、各機関が提供する教育やサービスを傍らから支援する関わ

りであり，あくまでも施設の設置目的である提供すべきサービスを必要な人たちに提供することが一義的な役割となっています。一方，介護予防の現場では，一般参加者（児童生徒や施設利用者に該当する人）とシニアボランティアとの間に，明確な支援の授受関係はありません。

言い換えると，介護予防の活動に関わるシニアボランティアは，その活動や事業における第三者的な存在（傍らから支援するだけの人）ではなく，一般参加者と同様に活動や事業の受益者にもなり得る人たちです。また反対に，一般参加者がシニアボランティアになり得ることもあります。このため，介護予防のコーディネーター（役）は，活動場所の運営主体（学校や施設）や受益者（児童生徒や施設利用者）の意向だけでなく，一般参加者とシニアボランティア双方の意向をくみ取る視点が重要になります。

（3）生きがいや自己実現につながる支援

介護予防の活動に携わるシニアボランティアに対しては，健康状態の維持・向上に加えて，生きがいや自己実現につながる支援が必要です。この点に関して，介護予防のコーディネーター（役）には，活動に関わる個人や集団（一般参加者とシニアボランティアを含むグループ）のエンパワメント*を意識した支援が重要になります。保健師の活動ではエンパワメントを公共的活動とし，直接的な支援活動と環境整備を合わせて健康づくりや生活の質の向上を目指すものとされています[1]。また，時には一人ひとりにきめ細やかな配慮をしながら，それぞれの気持ちや能力・長所を引き出しつつ，より主体的な介護予防の活動につながるよう働きかけていくこともエンパワメント視点に基づく支援です。

こうした支援のためには，活動に関わる人たちのなかで互いの理解を深めることが大事な鍵となり，理解を深めるためには，活動の内容や，体制，役割といった分担が公平におこなわれ，関係者全員に見える形で決められていくことが重要になります。

（4）中立であり，客観的な姿勢

最後に，コーディネーター（役）として求められる態度や姿勢について触れておきます。介護予防のコーディネーター（役）を担う人のなかには，保健師や専門職としてその役割に報酬が出されている場合もあるでしょうし，運動教室や公園体操などのリーダー役として地域住民がコーディネーター（役）を担っている場合もあるでしょう。

特に後者の場合には，その活動内容についての関わりも大きいため，どのような活動内容にするかなど重要な判断が要求されます。信頼関係も大事ですが，常日頃から，中立であり客観的な姿勢を示すことも大切です。

第4章　シニアボランティアを活かすコーディネート

第2項　介護予防とボランティア活動

(1) 介護予防ボランティアの養成

　介護予防は、全てのシニアを対象とした心身機能の維持・向上を目指す取り組みです。したがって、介護予防活動を運営する側であるシニアボランティア自身もまた、介護予防の対象者でもあるわけです。

　つまり、介護予防ボランティアの場合、一部のシニアをボランティアとして選定するのではなく、多くのシニアを対象として広く介護予防ボランティアを養成することが、同時に多くのシニアに介護予防の機会を提供することにもつながっているのです。介護予防ボランティアの養成では、養成講座や研修を通して、ボランティアとして活動する上で必要な知識やモチベーションを育むことが大きな目的となります。

　ここでは、よく見られるボランティア養成の例として、介護予防の活動に関わるシニアボランティアの段階に応じた2種類の養成講座を紹介していきます。

①養成講座から介護予防ボランティアへ

　東京都近郊のA市で実施した「ヘルスサポーター養成講座」は、20歳以上の市民を対象に、受講者自身の健康知識の醸成だけでなく、地域の健康づくりや介護予防を目的とした市民主体の地域活動への展開、さらにはその活動においてリーダーシップを発揮できる人材を養成することも視野に入れて、内容が企画されました（表1）。

　なお、この講座を修了した人は、市の「認定サポーター」として身近な地域で活動することが期待されています。

　それぞれの内容は、1日の総括としての「振り返りテスト」とグループワークをおこなうことで、知識や記憶への定着を図りました。また、5日間の講座の最終日には、「自分と地域のこれから」をテーマに、「こんなまちにしたい！こんなことならすぐできそう！今後こんなことをしてみたい！」といったことを話し合うグループワークをおこない、講座終了後の地域での活動に向けたモチベーションを高める工夫をしています。

　改めて、講座を実施する際のポイントを以下に整理します。

ポイント①　個人の健康増進や介護予防に資する情報提供をする

　このような養成講座には、もともと健康や介護予防に対する意識が高い人が集まりやすいものです。実際、この講座の受講者も、週1日以上の運動習慣がある人が7割を超えていました。そうした受講者に向けて、自分自身の健康に役立つ情報を提供することは、介護予防ボランティア活動への意欲を醸成する上での基礎的な要素にもなるはずです。

ポイント②　地域への愛着や誇りといった「地域への想い」を活かす

　シニアボランティア世代にとっての地域は、それまでの人生の歴史が刻まれた場所だったり、将来の終の住処となり得る場所であったりと、想い入れが強い場合が少なくあ

りません。地域といっても市区町村全域というよりは，もっと身近な地域をイメージしてもらうほうが効果的だと思います。この講座では，市内で実施された大規模アンケート調査の結果について，3エリアを比較した形で市民の健康状態や健康意識の状況を紹介し，そこで挙げられた地域課題の解決法として，ヘルスサポーターの重要性を訴えました。そして，「地域住民が健康になるためのヘルスサポーターの役割」や「自分と地域のこれから」というテーマでのワークショップを通じて，地域において介護予防ボランティアとして活動する意欲やモチベーションを醸成することにつなげました。

ポイント③　活動に取り組んでいる自分をイメージできる情報提供をする

　言い換えると，「自分にもできるかもしれない！」と受講者が思えるような活動事例を紹介する，ということです。たとえば，実際に地域活動に取り組んでいるシニアボランティアによる体験談を提供すると，受講者にとって活動がイメージしやすく，活動を身近に感じることができ，やってみようという意欲を持たせるのに効果的ですので，積極的に取り入れることをお勧めします。その際，事前に受講者の特徴（例：ボランティア活動経験者か否か，関心あるテーマは何か等）を把握できるようであれば，養成講座全体の目的に加えて，受講者の特徴も考慮した人選ができると，より効果的だと思います。

　養成講座では自分（個人）のためだけではなく，周囲の人々や地域住民の健康増進や介護予防のために，地域活動に取り組める知識と意欲を醸成することが主要な目的となります。養成講座の構成を検討する際には，この点に注意しましょう。

表1　ヘルスサポーター養成講座の概要

準備	【養成講座の目的】 ・健康知識の醸成 ・地域の健康づくりや介護予防を目的とした自主的な地域活動への展開 ・活動においてリーダーシップを発揮できる人材の養成 【受講者の募集方法】 ・市の広報誌と特定健診
実施	【講座内容（1日目）】 ・市民の健康状態・健康意識の紹介 ・ソーシャル・キャピタルと健康との関連 ・「ヘルスサポーターの役割とは」（グループワーク） 【講座内容（2日目）】 ・生活習慣病や老年症候群の紹介 ・ヘルスサポーターによる疾病・介護予防活動の重要性（一部，実技） 【講座内容（3日目）】 ・歯科口腔の健康管理（一部，実技） ・中高年期のうつ ・認知症とそのケア 【講座内容（4日目）】 ・食や栄養改善（一部，実習） ・健康増進や介護予防に関わる活動実践者による体験談 【講座内容（5日目）】 ・コミュニケーション方法 ・自分と地域のこれからについて（グループワーク）

②一般参加者から介護予防ボランティアへ

東京都近郊のB市で実施した「介護予防体操リーダー養成講座」では，市内の各地域で展開されている介護予防体操への一般参加者が，自身の所属する体操グループを運営するリーダーや裏方役（以下，体操ボランティア）を果たすための知識やスキルを学び，体操ボランティアとして活動に関わる意識を確認することを目的としています（表2）。

「介護予防体操リーダー養成講座」の実施におけるポイントを以下に整理します。

ポイント①　背景や経験を配慮する

リーダー養成講座の受講者は，前述の受講者とは異なり，この活動（介護予防体操）をおこなう目的・意義は十分に理解していると思います。そのため，体操ボランティアならではの健康や介護予防に及ぼす効果を伝えることが重要となります。

つまり，一般参加者として介護予防体操に取り組むことで得られる効果ではなく，体操ボランティアをすることで得られる効果を示すということです。ボランティアは，程度の差こそあれ，「人のために何かする」という社会的な貢献を伴う活動です。体操ボランティアの場合は，当日の進行役や事前準備を担当などが想定されます。こうした他者への貢献的な活動は，単なる一般参加者として取り組む活動に比べて，心身機能の低下抑制に効果的であることが指摘されています。

また，伝え方も工夫しましょう。具体的に言えば，専門家に学術的見地からの裏付けを得た情報を話してもらうといったことです。

ポイント②　不安感を和らげ，「やっていけそうだ！」という気持ちを高めること

活動そのものにすでに参加している一般参加者のなかから，その活動を進める上でのリーダーの役割を担う体操ボランティアを養成する講座では，体操ボランティアの意義や効果をきちんと理解した上で，リーダーとして必要な知識やスキルを学ぶことが基本となります。その上で，受講者への精神的なサポートも忘れずにおこないます。なぜなら，地域活動の多くは，ボランティアメンバーの意識やモチベーション，運営の仕方次第で発展も衰退もするからです。もちろん，養成講座での学習が，地域活動における課題をすべてクリアするわけではありませんが，少なくとも，これから体操ボランティアとして活動しようという受講者に対するエールとなるような養成講座でなくてはなりません。

また，活動の参加者から運営する側になったとしても，介護予防の活動で目指すべき目標は変わりません。すなわち，これまでも述べてきたようにボランティア活動そのものが，参加するシニアボランティアの生きがいや自己実現につながる視点も含めた養成講座の構成を工夫しましょう。

そのためには，実際に体操ボランティアを体験した人からの生の声が効果的でしょう。先輩の体操ボランティアから紹介してもらう体験談は，成功体験の紹介やグループワークにおける先輩ボランティアへの質問コーナーなどを設けることで，不安を解消することにも務めると良いと思います。質問に対する適切な回答を提供できるように準備しましょう。

第4節 介護予防編

表2 介護予防体操リーダー養成講座の実際

準備	**【養成講座の目的】** ・介護予防体操の世話人ボランティア（体操リーダー）の養成 **【実施時期】** ・毎年春と秋の2回 **【受講者の募集方法】** ・介護予防体操プログラムの一般参加者への告知
実施	**【講座内容（1日目）】** ・シニア世代によるボランティア活動の意義 ・先輩の体操リーダーからの体験談 **【講座内容（2～4日目）】** ・介護予防体操の指導方法 ・安全面に配慮した介護予防体操の実施方法 **【講座内容（5～6日目）】** ・介護予防体操の実技（グループワーク） ・介護予防体操プログラムの運営方法（グループワーク）

（2）介護予防ボランティアとは

　介護予防ボランティアは，活動当日の進行役から，準備・連絡調整等の裏方役までを担います。

①運営側でもあり，一般参加者でもある

　介護予防の活動に関わるシニアボランティアは，一般参加者と比較的年齢が近いという特徴があります。そのため，一般参加者のニーズや関心は，自身とは重なる部分が大きいでしょう。したがって，一般参加者のことを具体的にイメージしやすく，それを活かしながら活動内容を企画・立案することが可能です。この活動で果たすシニアボランティアの役割は，一般参加者の関心や状況を踏まえた上で，介護予防に効果的な活動内容を展開することです。

　また，一般参加者と年齢的に近いことから，活動の際に違和感が生じにくいというメリットがあります。たとえば，運営側のボランティアが20代前半の大学生だったとしましょう。シニアである一般参加者は，活動に取り組む以前に，大学生が身近にいて，何かを一緒におこなうという環境に慣れる必要があるかもしれません。しかし，シニアボランティアが運営側であれば，この「大学生と何かをすることに慣れる」という準備段階は不要になる可能性が高いと思います。シニアボランティアはこのメリットを十分に活かして，活動を運営する側を務めるだけでなく，一般参加者側にも適宜加わることで，雰囲気づくりにも一役買えると思います。

　ただし，立場や役割は，あくまでも介護予防ボランティアであることを忘れてはなりません。一般参加者のなかに混じっていても，活動の目的や意義を達成できるような雰囲気づくりを担っているのだという，明確な役割意識を持ってもらうようにしましょう。

②役割の基本は得意なこと・好きなことで

　シニアボランティアの生活歴は十人十色です。そしてまた，ボランティアを志した理由も人それぞれです。役割決めの時には，この点に配慮することがポイントとなるでしょう。すなわち，役割分担の取りかかりとしては，それぞれが得意なことや好きなことをもとに，分担できるようにすることをお勧めします。

　しかしながら，「得意」や「好き」だけでは，活動が成立しないのもまた，事実です。特に，ボランティアメンバーのなかに，活動の趣旨をしっかりと理解し，相応の知識とスキルが伴ったリーダーが存在していることは，活動を実施・継続する上で欠かすことはできません。役割決めの際，基本は「得意」や「好き」からでかまいませんが，たとえばリーダーのような特定の役割にはそれ相応の適性が求められることも理解しておくことが必要でしょう。また，介護予防という点から見ると，活動における役割が本人の介護予防につながっている，ということにも注目してください。そこで，発想の転換をして，役割を決める際に「得意」「好き」に加えて「介護予防」の基準も設け，シニアボランティア自身の介護予防のために，敢えて「不得意」や「不慣れ」な役割を担ってもらう，ということを考えてみてはいかがでしょうか。たとえば，会計の役割を計算がそれほど得意ではない人に任せ，認知機能の維持（認知症予防）につなげる等のことが考えられます。

第3項　活動実施に向けて

(1) オススメは体操ボランティア活動

　介護予防のためのボランティア活動は，運動指導や食（栄養）指導，孤立予防を目的としたサロンによる交流や複合型等々，さまざまな内容や形態で実施されていますが，そのなかでも，特に実施しやすく介護予防に直結する取り組みである「体操ボランティア活動」について，以下に紹介します。

①体操ボランティア活動がよい理由
　理由として，以下の5点があります。
1) 体操がシニアボランティア自身の健康に直結する
　個人の体力に合わせた体操（ややきついと感じる程度の体操）を，3か月間（週2回・各90分）実施した結果，歩行能力やバランス能力が顕著に改善することが明らかとなりました（図1）。すなわち，体操自体がシニアボランティアの身体機能を向上させる効果があるのです。
2) シニアボランティアの健康状態を確認しやすい
　先述の通り，運動や体操は心身の健康に関連しています。
　したがって，たとえばこれまで問題なくできていた体操プログラムなのに，うまくできなくなった，あるいは，おこなう際に何らかの支障が生じるようであれば，健康状態が変

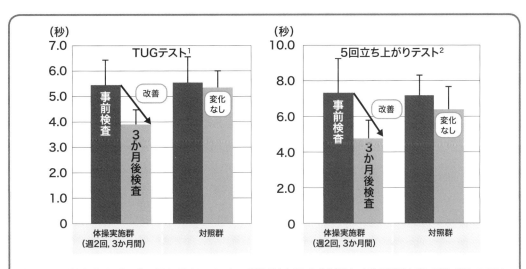

注1　いすから立ち上がり，3m先のポールを回り，再びイスに座るまでの時間を測定するテスト。秒数が少ないほど，歩行能力とバランス能力が優れていることを示す。
注2　イスから5回立ち上がる際の所要時間を測定するテスト。秒数が少ないほど，下半身の筋力が優れていることを示す。
出典：東京都健康長寿医療センター研究所 社会参加と地域保健研究チームによる調査報告。

図1　体操による歩行能力の効果

化（悪化）している可能性があります。この変化を早期に把握することによって，健康状態の変化への早期対応・早期回復につながる可能性もあります。

3）会場の制約が少なく手軽である

体操の多くは，特別な器具が不要で屋内でも屋外でも実施可能です。事前準備にあまり手間がかからないため，活動の継続が比較的容易です。

4）運動が苦手な人やおしゃべりが苦手な人でも参加しやすい

体操は，体力的な心配を抱える人でも実施可能なプログラムであったり，場合によっては自分ができるプログラムのみ参加したりすることも可能です。また，他者とのおしゃべりが苦手な人でも，言葉ではなく姿（体操の見本）を示すことで，その役割を果たすこともできます。

5）活動するための費用がかからない

体操は，基本的には自分の身一つでできるものなので，出費がありません。費用がかからないというのは，継続の重要なポイントです。

このように，体操ボランティア活動はシニアボランティアの健康に有用かつ継続しやすいことから，介護予防のためのボランティア活動としてオススメです。

②安全面への配慮

シニアになると，運動時の事故や障害が起こりやすくなるため，安全面への配慮が不可欠となります。以下の点には，注意しましょう。

- 血圧が高い場合や重篤な病気からの病み上がり等の場合は，体操を控える。
- これまで運動習慣がなく，初めて体操に参加する人は，強度が弱い運動・体操（ストレッチ等の静的動作）から始めて，徐々に強度を強める（終盤に足踏み運動等の動的動作をおこなう）。

こうした配慮をしても，事故は起こる可能性があります。そのため，いざという時の事故対応を，ボランティアメンバーやコーディネーター（役）との間で，事前に情報共有しておくようにしましょう。事故への事前対応としては，以下の6点があります。

1）ボランティアと一般参加者の基本情報（氏名・生年月日・連絡先・持病・かかりつけ病院等）を共有しておく
2）事故が起きた際に対応する人を決めておく
　これは活動や団体のリーダー（ボランティア）が望ましいでしょう。
3）地域の保健センターや地域包括支援センターと連携をとり，体操の実施日や場所等を周知しておく
　ボランティアメンバーからの情報提供を待つだけでなく，コーディネーター（役）も自ら活動状況の把握に努めることが必要です。
4）最寄りの病院を把握しておく
5）体操に適さない環境を避ける

気温が極端に高い（低い）日や障害物がある場所では，活動しないようにします。
6）活動メンバーの体調を把握する
日頃からのコミュニケーションが重要となります。

（2）活動継続のための支援のポイント－内容や実施面

シニアボランティアにとって，ボランティア活動を継続することは，心身の健康や孤立予防のために非常に重要です。コーディネーター（役）は，シニアボランティアが活動を継続できるように，サポートしましょう。

以下に，活動の内容や実施に関わる部分でのサポートのポイントを紹介します（p.156 表3参照）。

①活動の目的・意義を明確に

活動の目的や意義を明確にしましょう。これは，活動の根幹となるので，運営役であるボランティアメンバー全員で時間をかけてしっかりと決めることが重要です。活動の目的や意義が明確であれば，何か課題が生じても，解決の方向性を見いだしやすく，ボランティアメンバーの入れ替えがあっても，安定した活動が可能となります。また，新しい参加者やボランティアメンバーを募る際にも，活動のオリジナリティを広報するのに役立ちます。

活動の目的や意義を明確化するには，講座や研修で専門家から情報提供を受けたり，ワークショップを通じて活動のイメージを共有したりする方法があります。これらを実際におこなうには，各自治体の役所（介護予防や健康増進を担当する部署）や保健センター等に問い合わせて，情報を得ることから始めてみてください。

また，活動の目的や意義を浸透させるためは，活動場所に掲示し，常に目に入るように工夫したり，活動前にボランティアと一般参加者全員とで唱和することで，耳から入るようにしたりする方法があります。

②役割を明確に

ボランティアメンバー間での役割を明確にしておきます。役割を明確にすることで特定のメンバーに対する過度な負担を減らすことになり，結果として継続的な活動につながります。

具体的な役割として，ほとんどの活動で必要なのがリーダーです。活動の継続性を考慮すると，リーダーはボランティアメンバーのなかでも比較的若くて元気なシニアが望ましいでしょう。また，同時に相応の知識や意欲が求められますので，コーディネーター（役）は養成講座や日頃の活動のなかからその適性を見抜く力が必要となります。

その他の役割を決める方法としては，基本的には，それぞれが得意なことや好きなことで，決めていくと良いと思います。しかし，いつもスムーズに役割が決まるわけでもないでしょう。活動運営にあたって必要な役割であっても，引き受け手がなかなか決まらなかったり，人数的に足りなかったりということもあるかもしれません。特定のメンバーに負担が集中してしまう，ということは決して望ましいことではありませんが，結果として避けられないこともあるでしょう。

そんな時に大切なのが，コーディネーター（役）のサポートです。コーディネーター（役）はシニアボランティアにとって，悩みや課題を相談できる相手である，ということを自覚しておきましょう。人によっては，一人で担う役割が大きくなると不安になってしまう人もいます。

コーディネーター（役）が介入することで，必ずしも，全てがうまくいくとは限りませんが，相談を受ける過程で，本人が解決の道筋を見いだせるように，現状に対する認識を促すと共に，理想とする状態（それぞれの役割が明確で過度な集中がない状態）を目指して，現状として可能な手段を一緒に考えることは重要なことだと思います。

③自由で主体的な雰囲気づくり

自由で主体的な雰囲気づくりを心がけましょう。そもそもボランティア活動とは，自発性に基づく主体的な活動で，何かに強制されておこなうものではありません。したがって，参加形式も人によって異なるのが基本です。毎回参加する人もいれば，「人手が足りない時だけ参加する」人もいるのが普通です。すなわち，ボランティア活動とは「地域のため・人のため」だけでなく，「自分のため」でもあるという共通認識を活動メンバー間で持つことが大切です。継続している活動では，活動への参加形式を固定せず，本人の自由や主体性を尊重する文化があるようです。

また，「無理をしない・させない」ことも，継続する上で重要なポイントです。無理をすると，心身に過度の負担がかかり健康上よくない影響があることは経験的によく知られています。コーディネーター（役）は，シニアボランティアが自身にとって適度な量と内容の活動ができるよう支援することが求められます。

④活動は身近な場所で

活動は，シニアボランティアや参加者にとって身近な場所でおこないましょう。

具体的には，歩いて行けるような距離が理想的です。心身共に元気な時期は，バスや電車を使った移動が可能ですし，少し遠出するくらいが健康にも良いかもしれません。しかし，少しでも長く活動を継続することを考えると，自宅からの距離が徒歩圏内であることは，トータルでの活動期間を長くさせることにつながります。

東京都健康長寿医療センター研究所（社会参加と地域保健研究チーム）の調査によると，活動から途中で脱落した人の主な原因は，がんや脳卒中などの慢性疾患でした。これらの疾患は，徐々に，もしくは急に身体機能を低下させます。身体機能が低下してしまうと，公共交通機関を使った移動は困難になります。したがって，活動場所をできるだけ身近で，アクセスのよい場所に設定しておくことは，活動を継続させるために工夫できる点だと思います。

ただし，たとえばシニアボランティア希望者は存在しているのに，その徒歩圏内に活動が存在しない場合，あるいは，活動は存在していても，シニアのニーズに合わない（例：体操ボランティアを希望しているのに近くにあるのは栄養教室のみ）という場合には，シニアのニーズを地域のニーズと捉え，新たな活動を立ち上げるというのも一つの手です。

⑤新規のボランティアメンバーの加入を促進

新規のメンバーを養成したり，募ったりすることを常に意識しましょう。

安定した活動を継続するためには，常に一定数のボランティアが活動していることが重要だからです。新規メンバーの加入を促進するには，活動に参加している一般参加者のなかからボランティア候補者を探したり，仲間同士で周囲に活動をアピールしたりといった方法が考えられますが，新規のボランティアを確保するのは，どんな活動であっても難しいのが現状です。

これまでの調査結果をもとに，効果的な方法をいくつか紹介したいと思います。

・口コミ

平成18年版国民生活白書（内閣府）によると，NPO活動に参加する60歳以上のシニアボランティアに対して活動を知るきっかけは何だったのかを尋ねたところ，「友人・知人の紹介」が56.3％ともっとも多く，次いで「他の団体等におけるボランティア活動を通じて」が9.1％という結果でした。つまり，人からの紹介が参加のきっかけになっていたケースが半数を超えていたのです。この結果から，新規のボランティアを探すためには，「人のチカラ」を借りることが，もっとも有効な方法だということがわかります。公表されている国民調査のデータとしては少し古いですが，私たちが多くの活動現場の声を集めてみたところ，シニアボランティアの情報源として口コミが第一である点は，今も変わりはないようです。地道なことではありますが，身近な人へ積極的に活動をアピールすることが大切です。

・広報誌

自治体や社会福祉協議会が発行する広報誌も効果的です。前述の東京都健康長寿医療センター研究所の調査でも，ボランティア活動（この場合は体操ボランティア）を知ったきっかけとしてもっとも多いのは「口コミ」（33.3％）でしたが，次に多いのは「広報誌」（23.5％）でした。ただし，全ての広報誌が有効というわけではありません。各地域で対象となるシニアが日常的に目を通す媒体がどれなのかを見極めて，掲載をお願いしてみましょう。

・市町村等で養成された既存のサポーター（介護予防サポーター・認知症サポーター等）を活用する

養成講座を修了した人のなかには，地域活動やボランティア活動に関心があっても，活動を始めていない人もいます。コーディネーター（役）は，そうした潜在的なボランティアを発掘することも必要です。具体的な方法としては，自治体等の講座主催者と連携して，修了者向けにボランティア募集の通知を出したり，フォローアップ講座を開催したりして，修了者の状況を把握します。

（3）活動継続のための支援のポイント―コーディネートスキル

　ここでは，コーディネーター（役）ボランティア個人や活動を支援するにあたって，効果的なスキルや留意点について紹介します（p.156 **表3**）。

①ファシリテーション技術で後方支援

　ファシリテーションとは，ある活動がうまく進むように，後方から支援する技術です。たとえば，会議の場面において，出席者の発言を促したり，話の流れを整理したり，出席者の認識を確認したりというようなこと，それとなく支援をすることで議論の活性化をはじめ，出席者の合意形成や相互理解をサポートする技術を言います。この技術を，ボランティア活動をサポートする場面に当てはめてみましょう。

　たとえば，一般参加者に対してその活動内容の多面的な効果や意義について情報提供したり，効果を得るための正しい方法を伝えたりすることによって，参加者同士の共通理解を促進することができます。また，一般参加者だけでなく，運営側であるシニアボランティアも一緒に，活動全体が活性化し，楽しく達成感が得られるような手法（グループワーク等）を用いると効果的です。たとえば，専門家からの新しい介護予防体操として提案を受けたいくつかの体操を，シニアボランティアと一般参加者とが混じったグループをいくつかつくり，それぞれでどの体操を採用するのがよいかを話し合います。それぞれのグループで出た意見をもとに，最終的に一つに絞っていくという過程において，適切なファシリテーションがなされれば，関わるメンバー全員で決めた体操という実感が高まり，その後の活動に対する意欲も継続しやすいことが考えられます。

　ここで注意すべきことは，活動の進行や運営を担うのは，あくまでもシニアボランティア（リーダー）であり，ファシリテーター（ファシリテーションをおこなう人）役であるコーディネーター（役）は，その補佐役であるということです。ファシリテーターは，ボランティアの後方支援役であるという認識を持ちましょう。また，ファシリテーション技術は，ボランティア活動を支援するコーディネーターとしては，できる限り早い時期に習得すると良いと思います。主に民間企業やNPO法人等が実施している研修を探して参加するか，書籍で学ぶ方法があります。

②丸投げではない主体性支援

　ボランティア活動は，前述の通り自発性に基づく主体的な活動です。

　しかし，シニアボランティアのなかにはコーディネーター（役）に進行や役割を依存しがちな人も多く，主体的な活動をおこなうまでに至るのはなかなか難しい面もあります。そうした場合には，ファシリテーションの技術を用いて，主体性や自主性を向上させる支援をおこなうのも良いでしょう。

　具体的には，コーディネーター（役）とボランティアメンバーとの定期的なミーティングにおいて，シニアボランティアが活動内容を議論し，最終決定できるように働きかけます。そうすることで，活動運営における役割を徐々に受け入れてもらいながら，主体性の発揮につなげることができます。

また，核となるリーダーが存在し，活動内容も確立しているボランティア活動では，コーディネーター（役）等の関係者がほとんど様子を見に行かないことがあるようです。これは，その活動の主体性を尊重し，ボランティアメンバーを信頼していることの裏返しだと思いますが，決して好ましい支援ではありません。

　なぜなら，こうした場合には，メンバーと活動内容が固定化されがちであるために，マンネリに陥り継続が困難になるという側面もあるからです。いつも同じメンバーで同じ活動を繰り返すことは，スムーズに進められるというメリットがある反面，活動が停滞してしまうというデメリットもあるのです。活動目的や意義が確立され，それが活動メンバーに周知されていることは大切なことですが，活動メンバー（ボランティア・一般参加者）や活動内容は，流動的であるほうが，結果的にはその活動が継続しやすくなる場合もあるのです。流動的であるということは，新規のメンバーや活動が入り込む余地があることを意味し，マンネリ化を防ぐことになるからです。

　シニアボランティアは，世代的に見ても心身の健康に何らかの課題が生じる可能性が高い世代です。したがって，活動を継続していくなかで，中心的役割を果たしていたボランティアリーダーが活動から身を引くということもあり得ることです。たとえば，その途端，活動がうまくできなくなったり，最悪の場合には活動が消滅したりする可能性もあるのです。つまり，現状ではうまくいっているボランティア活動でも，長期的な視点で見れば，潜在的な課題を抱えているわけです。したがって，コーディネーター（役）はボランティア活動がうまく展開しているいないにかかわらず，日頃から活動の様子を見て状況を把握しておくことが大切です。

　また，新たな活動を始める際には，より注意が必要です。シニアボランティアの担う役割を最初から重くせず，負担を軽減してスタートすることが重要です。ボランティアメンバーが活動の大筋をつかみ要領を得て，活動が軌道に乗るまでは，コーディネーター（役）自身が一緒に，ある程度の役割を担うことも必要だと思います。新たなボランティア活動のスタート時やシニアボランティアの主導で開始された活動でない場合には特に，コーディネーター（役）の手厚い支援が，その後活動を継続していく上での重要なポイントになると思います。

　活動が軌道に乗らない時はもちろんですが，どんなにうまく活動が展開されていても，コーディネーター（役）の支援は必要不可欠です。シニアボランティアへの丸投げは，活動継続の危機を招く可能性があると肝に銘じてください。

（4）活動継続のための支援のポイントー健康支援

シニアボランティアの心身の健康状態は，活動継続を左右する重要なポイントです。

健康状態に変化がなければ，活動を継続できますが，何らかの疾病等により健康状態が悪化すれば，活動を引退せざるを得ないこともあります。これは，ある面で仕方のないことかもしれません。しかし，健康状態が悪化しても，可能な範囲で活動に参加する方法はありますし，活動メンバーとの関係性を維持することも可能であると思います。以下に，ボランティアの健康面と支援のあり方について紹介します（表3参照）。

①活動を継続するための健康支援

シニアになると，生活習慣病などの慢性疾患や転倒による骨折等のリスクが高まります。そこで，シニアボランティアに対しては，そうした健康面のリスクを下げ，予防したり，悪化を最小限に留めたりするための支援が必要となります。

具体的な支援としては，シニアボランティアに運動を習慣にすることを勧めてみましょう。運動は，それ自体が介護予防となっているように，シニアの心身の健康に良い影響を及ぼすことが科学的に明らかとなっています。たとえば，週2回以上の運動（運動の内容は問わない）をしているシニアは，抑うつ傾向に陥りにくく，筋力や持久力が低下しにくいことがわかっています。したがって，活動を継続するためのシニアボランティアへの健康支援としては，運動することがもっとも適当だと考えます。

また，すでに健康課題を抱えているシニアボランティアに対する健康支援も重要です。ボランティアメンバー一人ひとりの健康状態をしっかりと把握して，無理のない範囲で活動が継続できるようコーディネートすることが求められます。仮に，健康状態が悪化した

表3 継続支援のポイント

【活動支援編】
- 活動の目的・意義を明確に
- ボランティアの役割を明確に
- 自由で主体的な雰囲気づくり
- 活動は身近な場所で
- 新規のボランティア加入を促進

【コーディネートスキル編】
- ファシリテーション技術で後方支援
- 丸投げではない主体性支援

【健康支援編】
- ボランティア活動を継続するための健康支援
- ボランティア引退後も見据えた健康支援

時には，参加頻度をこれまでの週3回から1回に減らす等，継続するのに負担が少ない程度に変更するといった対応が考えられます。

　もちろん，本人が継続したいのかどうか，というところが大きなポイントになりますが，継続したいという気持ちがあれば，状況にあわせた可能な範囲の参加方法を提案すると共に，周囲にもきちんと説明して理解やサポートを受けられるように，体制を整える必要があります。ボランティア仲間等の周囲からの理解やサポートを得ることができれば，より活動を継続しやすくなります。すなわち，本人の状態（健康状態や意欲等）と周囲の受け入れ態勢を見極めた上での継続支援が肝要となります。

②ボランティア引退後も見据えた健康支援

　健康状態によっては，シニアボランティアに，それまで続けてきたボランティア活動を続けたい気持ちはあっても，それまでと同じ参加の仕方を断念せざるを得ない状況が生じます。しかし，別の角度から見れば，ボランティア活動を続けたいという気持ちがあれば，参加の仕方を変えれば，継続できる可能性もあるということです。

　具体的に言えば，たとえば体調を崩したことで，それまでリーダー的立場を務めていた人が，通常のボランティアとして活動するようになる，ボランティアとして活動を運営する側だった人が，一般参加者として活動に参加するようになる，というような立場の移行の流れが想像できます。自分が慣れ親しんだ活動であれば，仮にボランティアとしての活動が難しくなっても，一般参加者として活動を継続することは，改めて他の活動へ参加することよりも敷居が低いのではないでしょうか。もちろん健康状態によっては，できることが制限されることもあるので，その時は，同じ目的の活動であっても，より参加しやすい内容のまったく別の新たな活動への参加というのも選択肢の一つとなります。そして，これらの介護予防活動への参加も難しいことが見受けられるようになってきたら，自治体や事業者が提供するサービスへの橋渡しが必要になる段階と言えます。

　コーディネーター（役）がシニアボランティアの健康状態の変化に気づくことで，ボランティアとしての参加の仕方を変えることや，ボランティアから一般参加者という立場を変えての関わりを後押しすることができます。本人の状態に合わせて関わり方を変えながらも，少しでも長く，介護予防活動に参加することができれば，シニアボランティアにとっても，活動自体にとっても，喜ばしいはずです。

　ボランティア活動継続のための健康支援は，ボランティア活動中から引退後までを視野に入れた，長期にわたる継続支援でもあるのです。

文　献

1）井伊久美子他：新版 保健師業務要覧 第3版，日本看護協会出版会，2014

第4章 用語解説

p.84

学校運営協議会（コミュニティ・スクール）

校長，保護者，地域住民や有識者等で構成された協議会で，学校運営に関する意見を述べたり，基本方針を承認したりする。コミュニティ・スクールは協議会が設置された学校。

学校支援地域本部

地域の教育力の低下を背景に，地域と学校が一体となって，子ども一人ひとりにきめ細やかな教育と，教員の支援を目的に組織されたもので，地域コーディネーターや学校支援ボランティアから構成されている。
2008年度に国の事業として始まった。

放課後子ども総合プラン

児童が放課後を安全・安心に過ごし，さまざまな体験や活動ができるよう，厚労省所管の放課後児童クラブと文部科学省所管の放課後子ども教室を一体化させる事業。

p.89

スクールゾーン

通学時の児童の安全を守るために，学校の周辺域で，地域住民や保護者の意見をもとに交通制限をしたり，さまざまな対策を講じたりしている区域。

民生委員

民生委員とは，社会奉仕の精神を持って，常に住民の立場に立って相談に応じ，必要な援助をおこない，福祉事務所等関係行政機関の業務に協力するなどして，社会福祉の増進に努める人（民生委員法第1条）。

ソーシャル・キャピタル（社会関係資本）

人々の間の協調的な行動を促す「信頼」「互酬性の規範」「ネットワーク」とされ，地域力，ご近所力，絆とも言われ，教育，健康福祉の分野では，ソーシャル・キャピタルが高い地域は，子どもの学力が高く，住民が健康であると言われている。

p.99

ニュースレター

主に活動内容などを，広く保護者や地域住民などに知らせるために発行する数ページの新聞のようなもの。

p.115

世代間交流

異世代の人々が相互に協力し合って働き，助け合うこと，高齢者が習得した智恵や英知，ものの考え方や解釈を若い世代に言い伝えること（Newmans, 1997）。

p.117

地域包括支援センター

地域住民の心身の健康の保持及び生活の安定のために必要な援助をおこなうことにより，地域住民の保健医療の向上及び福祉の増進を包括的に支援することを目的として，包括的支援事業等を地域において一体的に実施する役割を担う機関（厚生労働省，地域包括支援センターの手引きより）。

老人ホーム

介護老人保健施設，特別養護老人ホーム，有料老人ホーム等，介護の必要な程度や目的によって施設の種類がいくつかある。

子育て支援の施設

地域で子育てを支援するため，子育て家庭の支援活動を企画実施する職員を配置し，育児不安等の相談対応や子育てサークルへの支援など，地域の子育て家庭に対する育児支援をおこなう施設。

介護予防

厚生労働省の「介護予防マニュアル（改訂版）」によると，「要介護状態の発生をできる限り防ぐ（遅らせる）こと，そして要介護状態にあってもその悪化をできる限り防ぐこと，さらには軽減を目的とすること」と定義されている。

p.142

廃用症候群

不活発な生活や過度な安静によって生じる身体機能の低下のこと。全身の器官や筋肉は，使わない状態が長い期間にわたって続くと，その機能が徐々に弱まっていく。廃用症候群が進行すると，最悪の場合「寝たきり」の状態になることがある。

p.143

エンパワメント

保健福祉分野におけるエンパワメントは，人々が自分の健康に関わる意思決定や行動を，より強くコントロールできるようになる過程を意味する。そして，それを個人単位や集団単位で，励まし支えていくのが保健師などの役割となっている。

第 5 章

シニアボランティアグループの育て方

●この章の目的●

　ボランティアの人数や活動場所が増え始めると，同じ活動をするボランティアたちを組織化しボランティアグループをつくり，グループが主体的にボランティア活動やグループの運営をできるようにしていくことが安定した活動を長期に継続していくためにも望ましいでしょう。

　第1節では，グループの立ち上げと運営について，なぜグループをつくる必要があるのかその意義について理解し，グループづくりの進め方や，どのようにしてグループの体制を整えていけばよいのか，具体的な方法やステップについて理解します。

　第2節では，安定したシニアボランティアグループづくりのために，グループの課題を把握し，見直すポイントについてご紹介します。

　シニアボランティアがグループのメンバーとして，お互いに支え合いながら継続した活動ができるよう，コーディネーター（役）として必要な視点や，具体的なグループの運営方法について考えてみましょう。

グループの立ち上げと運営

野中久美子

ここでは、同じ活動をするボランティアたちを組織化して、ボランティアグループをつくる意義と方法をご紹介します。立ち上げたボランティア活動を維持するために、複数のボランティアと活動受け入れ先との連絡調整やそれぞれに対する配慮等、コーディネーター（役）が孤軍奮闘する姿を見ることもしばしばあります。

ボランティア活動を安定的に継続させるためには、ボランティアグループをつくることが望ましいでしょう。手順を踏んで丁寧にグループづくりを進めることにより、ボランティア自らが主体的に活動や運営ができるグループを育てることができます。

第1項 ボランティアグループの定義とグループづくりの意義

（1）ボランティアグループとは

ボランティアグループとは、共通の目的達成に向けて類似する活動をおこなう個々のボランティアメンバーの集合体です。

たとえば、「絵本の読み聞かせ活動を通じた地域貢献と社会参加、及びそれによるシニアの健康維持・増進」を活動の目的として、絵本の読み聞かせ活動をおこなうグループ、学校で学習支援をおこなう学校支援ボランティアのグループ、介護施設や病院に入所・入院する高齢者の話し相手となる傾聴ボランティアのグループなどがあります。

その他にも、自治体や地域包括支援センターが主催した介護予防サポーター養成講座*や認知症サポーター養成講座*[1]の受講者たちが、講座終了後に地域で活動（例：地域高齢者向けの公園での体操や運動教室）するグループなど、さまざまな種類があります。

グループの構成人数や活動内容によって、さまざまな組織形態が考えられますが、どのグループにも以下のような共通要件[2]があります。

①ガバナンスがある

「ガバナンス*があるグループ」とは、メンバーがグループの運営や活動に主体的に関与し、運営や活動の方向性など、活動に関することを決める場合に、メンバー全員で決定するシステムがあるということです[3]。

たとえば、「絵本の読み聞かせ活動」のグループでは、新たな活動方針として、活動の

範囲を広げて，新たな小学校で読み聞かせを実施するか，あるいはこれまで対象としてこなかった保育園児への読み聞かせを実施するかということを，定例会において全メンバーで検討し，方針を決めるシステムになっています（p.170 参照）。

②グループ運営のルールがある

活動を円滑に進める，及びグループそのものを安定的に運営するためのルールが存在しており，そのルールはグループのメンバーに共有されています。たとえば，毎月第3火曜日にグループ運営について話し合う定例会がある，急に活動を休む場合にはAさんに連絡する，活動するなかで知り得た情報をグループ外の人に話さないといったルールです。

③役割分担がある

グループの運営や活動をおこなっていくために必要な係や役割がメンバーに割り振られているということです。たとえば，グループの顔とも言える代表や副代表，運営費を管理する会計，などがあります（p.167-168 参照）。

（2）グループをつくる意義

①安定性と継続性

ボランティアメンバーを組織化し，グループをつくることによって，ボランティア活動を安定的かつ継続的におこなうことができます。活動には，受け手（学校支援ボランティアであれば，学校・教職員・子ども，介護施設であればその施設の利用者や職員等）がいます。受け手の立場に立てば，サービスや支援などを，定期的かつ長期的に受けられることを期待します。また，提供する側であるシニアボランティアにとっても，活動をできるだけ長期に継続することは，健康維持や生活の質の向上につながるため，特に大切なことです（高齢者の心身の健康は，第3章を参照）。

ボランティアメンバーの人数や活動場所が増えたり，活動内容が多彩になったりすると，メンバーの管理や活動スケジュールの管理など活動維持に関する業務が多く発生します。そうした業務は，コーディネーター（役）が担うものであるというイメージもあるでしょう。しかし，実際，保健福祉施設や地域包括支援センターの職員，学校の教職員等，もともとの主たる業務の傍らでコーディネーター（役）を担うことになる人も多く，二つの業務の両立が困難となることもあります。さらには，そうした職員が人事異動の対象となる場合もあります。また，専属のコーディネーター（役）が存在していても，いつ何が起こるかわかりません。特に，自治体の事業の一環として配置されていた場合等には，事業の終了と共にこれまで通りの活動の継続は難しくなることもあります。

グループとして，組織化されることで，自分たち自身で活動を運営していけるようになれば，仮にコーディネーター（役）の存在や関わり方が変化したとしても，活動を安定的に継続していくことが可能となります。

②ボランティアとしてのアイデンティティ

メンバー自身も，グループの一員となることで，ボランティアとしてのアイデンティティを持つことができます。グループに属さず，一人のボランティアとして個々で活動するより，たとえば絵本読み聞かせボランティアグループ「○○」の会員として活動先に出向

くほうが，活動先からの信頼を得やすくなります。

また，グループの一員であるほうが，自分一人の活動ではないという意識が生まれ，活動に対してより責任感を持つことができます。同時に，自分には「仲間がいる」といった安心感も持てるようになるでしょう。

③助成金の獲得と事業の受託

活動資金や活動場所を得るために，民間財団や社会福祉協議会などから助成金＊を獲得する，自治体の事業を受託するという場合，個人よりもグループとしてのほうが受けやすいでしょう。

ボランティア活動には，活動先への交通費，活動に必要な道具や機材の費用，スキルアップのための研修受講費など，さまざまな経費が発生します。それらを毎回，メンバーの自己負担でまかなうとなると，経済的な負担感が高まり，活動意欲が低下する可能性もあります。そのため，助成金等を受けることができれば，資金面での不安がなくなるという良さがあります。

また，活動機会を増やしたい，新しい活動を始めたいという場合，個人で新しい活動先を開拓することはなかなか難しいものです。しかし，メンバーが何人かいるグループであれば，たとえば個人では手が足りないような規模の自治体の事業であっても，活動できる可能性が出てきます。また，活動を受け入れる側としても，個人よりもグループであったほうが受け入れやすいと思います。たとえば，小学校で，読み聞かせのボランティア活動をしたいと考え，小学校に申し入れた場合，個人で活動している人と，すでに地域での活動実績があるボランティアグループとでは，どちらが受け入れられやすいでしょうか。活動実績があり，かつグループ化されているほうが，活動の確実性という面からも，安心感を抱くのではないでしょうか。

第2項　グループづくりの進め方

（1）コーディネーター（役）の立場

コーディネーター（役）は，グループを統率するリーダーでも，指導者でも，そしてシニアのお世話係でもありません。活動の受け入れ先（学校や保健福祉・介護施設，地域など）とボランティアグループ双方にとっての中立的な立場から，必要と思われる支援をおこなう，あくまでも補佐役です。

したがって，グループづくりにおけるコーディネーター（役）の役割は，ボランティアメンバーが自分たちで活動を運営していくことができるように，必要な知識やスキルを伝え，場合によってはサポーターとして後方支援をすることです。

たとえば，グループ運営に必要な事務手続きの仕方（例として，定例会の議案や議事録，会計書類，及びイベントや発表会を実施する際のチラシ等の作成方法など），社会資源（助成金の申請方法，地域の他団体との連携方法等）の活用方法，新しい活動場所の獲得の方

法，活動先との連絡方法といった，実際に活動を運営するにあたって必要なノウハウを伝えます。その他，活動先の信頼を得るに値する質の高い活動をおこなうために必要なスキルを，研修などを通して伝えます。

コーディネーター（役）は，ボランティアとの関わりがスタートする当初から，いずれはボランティアメンバーがグループとして主体的に活動を展開できるようになることを目指してください。

（2）活動目的への共感と活動への興味の喚起
①意欲的なグループ運営と活動のために

まず必要なことは，グループのメンバーが活動目的を理解し，共感していること，そして，活動に興味を持っていることです。コーディネーター（役）は，グループのメンバーが活動目的を理解し，共感できるようにサポートしましょう。活動目的とは，そのグループが活動を継続していく際のよりどころとなる，価値，規範，倫理，道徳等を示すものです[3]。

ボランティア活動は，そもそも自発的に参加する人たちによって構成されていますから，活動に参加するきっかけもさまざまです。それでも，一人ひとりが活動目的を理解し，共感することができれば，活動にもよりいっそう興味を持つようになり，自然とその活動をうまく展開するためのグループ運営にも意欲的に取り組んでいくことができるようになります。

②目的には活動継続を支援する視点を

活動目的のなかには，シニアボランティアが長期に活動を続けることを支援する視点を盛り込むと良いでしょう。

たとえば，シニアボランティアによる絵本の読み聞かせ活動のグループは，絵本の読み聞かせ活動を通した以下の三つを活動目的としています。

1）地域貢献
2）ボランティア仲間と多世代との交流
3）それによる健康維持・増進

このグループでは，この三つ目の「健康維持・増進」という目的が盛り込まれているために，メンバーが本人や家族の病気等によって活動を休みがちになっても，他のメンバーがサポートすることによって，その人なりのペースで無理なく活動を続けられるような仕組みができています。

③一人ひとりが目的に共感しているか

コーディネーター（役）は，活動の企画・立ち上げ，及びボランティア募集といったそれぞれの段階で，関係者（活動の受け入れ先等）とボランティアメンバーに，活動目的を説明します。しかし，同じように説明をしたとしても，各自の立場や興味により，その目的は多様に解釈されがちなものであり，必ずしも正しく理解されるとは限りません。した

第 5 章　シニアボランティアグループの育て方

がって,「最初に説明したから」「一度説明しているから」説明は不要というわけではありません。

次の事例のように,ボランティア募集の時点で,活動目的を示し,十分に説明したと考えていても,全ての人が目的に共感しているとは限りません。グループづくりの段階では,再度目的を明確に示し,グループに加わる全ての人が,それを理解し共感している必要があります。改めて確認しておきましょう。

事例：ウォーキング教室運営のためのボランティアグループ立ち上げの研修会

　地域の高齢者の健康増進を目的としたウォーキング教室を運営するボランティアグループを立ち上げるための研修会を開催しました。
　研修会（全 10 回講座）の募集要項,及び説明会では以下を説明しました。

　　○シニアの健康増進を目的としたウォーキング教室を地域で開催すること
　　○研修を修了した人にはその教室で,ボランティアとして活動してもらいたいこと
　　○研修終了後には,そのためにボランティアグループをつくること
　　○ウォーキングそのものの健康への効果

　研修会の目的は,「ウォーキング教室を運営するボランティアグループの立ち上げ」でしたが,この研修会には,自分自身の健康増進を目的としてウォーキングに関する知識の習得を目的に参加した人,漠然と「何か地域に役立てることをしたい」と考えて参加した人というように,実際にはさまざまな人が参加していました。
　参加した人のそれぞれの目的は,こちらの目的とは必ずしも一致しなかったため,研修が最終回に近づくにつれ,自分の健康増進を目的とした人や漠然と何かをしたくて参加した人たちは,自らがウォーキング教室を運営していくという意欲は低いこともわかってきました。
　さらに,研修を受講した結果,自分が思っていた活動とは違うと受け止めた人もいました。

④目的への理解と共感を進めるには

　活動目的への理解と共感を得るための有効な方法の一つは，事前研修において改めて活動の目的を十分に説明することです。その際に，その目的をかかげた社会的背景やそれが達成されることによる効果も合わせて説明すると，より理解を深めることができるでしょう。また，一方的に説明をするだけでなく，ボランティアメンバー自身が議論をしていくなかで，活動の意義を理解し，共感していくという方法も有効です。

　たとえば，コーディネーター（役）とボランティアそれぞれが地域の課題と感じていることを話し合い，その地域特有の課題を明確化します。その上で，その課題を解決するために自分たちがグループとしておこなえる活動を考えることで，活動の意義を明確に理解することもできます[4)5)]。

事例：介護予防を推進するボランティアグループを立ち上げる

活動目的：高齢者の要介護状態化の予防と健康の維持・増進
目的達成のための手段：高齢者が気軽に参加できる体操教室を定期的に開催すること
目的が必要となる社会的背景：高齢者人口の増加と介護保険サービス費，医療費にかかる
　　　　　　　　　　　　　予算の増加

期待される効果：定期的に体操教室に参加することでの高齢者の健康維持や要介護状態の
　　　　　　　予防，高齢者の精神的健康度や生活の質の維持・向上，医療費や介護保険サー
　　　　　　　ビス費の抑制と若者世代への負担軽減

---

(3) グループとして主体的に活動することの理解を促す
①グループづくりの了承を得る

　グループづくりに取りかかる時期は，さまざまです。

　ボランティア養成講座などの研修会終了後の場合もあれば，ボランティアの人数が増え，活動も軌道に乗ってきたと思われる段階の場合もあります。どのような時期であったとしても，大切なことは，メンバーが「このグループはやがては自分たちで運営するのだ」ということに納得していることです。

【研修会終了後の場合】

　受講生募集時と講座開始時に，講座終了後にはグループづくりに取りかかり，グループとして自分たちで活動してもらいたいと考えていることを，伝えておきます。講座修了後に突然，そう切り出されると受講生のなかには「聞いていない」といった感情が沸いたり，コーディネーター（役）に「見放された」気分になったりする人も出るかもしれません。

【ボランティアの人数が増え，活動が軌道に乗ったタイミングの場合】

　ボランティアグループをつくり，活動を自ら運営していくことの意味と必要性を，時間をかけて説明していくことが重要です。

第5章　シニアボランティアグループの育て方

②グループ活動とグループづくりのイメージを伝える

　実際に，グループでの活動とはどのようなことなのか，グループをどのようにして立ち上げるのか，という具体的な部分をメンバーがイメージすることができると，グループ化の了承は得やすくなります。コーディネーター（役）は，どのくらいの期間でどのような手順を経てグループを立ち上げるのか，グループはどんな活動をするのかをメンバーがイメージできるように，具体的に説明しましょう。この段階で，たとえば，会則を決めること，リーダーや役員を選出すること等も伝えておくと良いでしょう。

③グループへの参加意欲を促す

　多くのボランティアは「ボランティア活動をする」ことを目的に集まってきており，自らがボランティア活動を運営するイメージは持っていない場合が多いです。したがって，活動先との連絡調整や活動運営費の管理などは，コーディネーター（役）がしてくれるものだと考えがちです。特にシニアボランティアのなかには，健康課題などに不安がある人，ボランティアグループでの活動の経験がない人もいます。グループとして自分たちで活動を運営していくとなると，実際どんなことをするのかわからないが負担は大きそうと捉え

事例：自治体と研究所協同のモデル事業でスタートした読み聞かせボランティアグループ

　読み聞かせボランティアのAグループは自治体と研究所協働のモデル事業として，活動がスタートしました。モデル事業の期間中は自治体職員と研究所職員がコーディネーター（役）を果たし，活動スケジュールを調整するなどして，活動を運営してきました。

　モデル事業が終了する際には，これまでコーディネーター（役）を勤めてきた人が，業務として同じ関わりを続けることができないこと，学校などのニーズを踏まえると読み聞かせ活動を継続する必要があることを伝え，ボランティアメンバーでグループをつくり，自分たちで活動を運営してほしいことも伝えました。

　ボランティアメンバー側は，研究所や自治体職員がこれまでと同じ関わり方をできないことには理解を示してくれましたが，グループづくりのイメージが持てない上に，自分たちで活動を運営していくことへの不安感もあり，了承をなかなか得ることができませんでした。そこで，数か月をかけて，メンバーと何度も話し合い，研究所が今後も後方支援（例，困りごとがあれば相談を受ける）することを伝えると共に，グループ運営や活動先との調整方法等を丁寧に示しました。また，どのようにグループづくりを進めていくのかというプロセスを丁寧に伝えることにより，不安感を和らげていきました。

る人もいるでしょう。そうした場合，グループへ加わることを躊躇し，活動そのものをやめてしまうかもしれません。

　高齢者の健康増進と認知症予防のためのさまざまな活動を推進するグループを形成する方法を検討した研究では[6]，グループ活動が楽しい，「自分にもできそうだ」と感じることができれば，グループへの参加意欲の向上に寄与することを指摘しています。

　具体的な方法としては，ボランティアメンバー間で交流の機会を持つことによって，みんなで活動することの楽しさを経験することができます。たとえば，ボランティア養成講座であれば，講座のなかにグループワークの機会を設けることで，他の仲間と協力して活動をすることの楽しさを経験するとよいでしょう。先述のウォーキング教室運営のボランティア養成講座では，6人でグループをつくり，そのグループでウォーキングコースをつくって実際にコースを歩いてみる，というグループワークを実施しています。このグループワークを通して，「この仲間と一緒に活動することは楽しい」と思ってもらえるように働きかけることで，グループへの参加意欲を促しました。

第3項　組織体制を整える

(1) グループの組織体制づくり
①役割を決める
　活動を円滑に進めるためには，グループ内での役割分担が必要です。主な役割を以下に示しました。この他にも，活動内容やメンバー数に応じて役割を設置します。

　役割分担の際には，基本的にはメンバー間の立候補や推薦を促すと良いと思います。同時に，コーディネーター（役）は事前研修や日々の活動におけるメンバー間のやり取りから，各メンバーの資質と関係性を観察しておきます。メンバーの信頼をもっとも得ていると思われる人，意見をうまくまとめることができる人，諸々の事務作業を的確に処理できる人等について，注目しておきましょう。その後の人選の参考になります。

1）グループの代表及び副代表

　グループの顔となる人で，メンバーが自然にリーダーとして認識している人が望ましいと思います。もっとも理想的なのは，事前研修や日々の活動でのコミュニケーションを通して，自然にグループリーダーがあらわれてくることです。自治体主導のボランティア活動の場合，前もって，自治体と関係性のある人物をグループの代表とし，グループの立ち上げに臨むことがあります。この人物が必ずしもリーダーとして受け入れられるとは限りません。そうした場合には，後々のグループ運営に困難を来しますので，前もってリーダーを決めることは，できる限り避けましょう。

2）会計

　活動資金を徴収し，管理する人です。

3）連絡係

　活動内容によっては，活動の受け入れ先となる施設等があるはずです。そうした施設と

の連絡窓口となる人を決めておくと，施設側とのコミュニケーションも円滑に進むでしょう。たとえば，複数の小学校や保育園で活動をしているような場合，各学校や保育園との連絡を担当する役割の人がいれば，学校で風邪が流行ったために活動をお休みにしたい時，学校から何か要望を伝えたい時は，この連絡係に伝えるということになります。また，ボランティア側も学校へ何かを提案したい時は，連絡係を通して伝えます。

4）司会

グループの全メンバーが集まる定例会は，活動において必要です。司会は，定例会を運営する進行係の役割の人のことです。

5）代表・副代表以外の執行部メンバー（グループ運営のコアとなる人々）数名

グループの構成人数が多い場合（概ね10名以上）は，基本方針を決める中核的な人たちがいると運営しやすいでしょう。

たとえば，メンバーが50名いるAグループでは，代表と副代表（各1名）の他に5名程度の「役員」と呼ばれる役割の人が存在し，代表，副代表を含め「執行部」としてグループ運営の中核を担っています。執行部の主な役割は，定例会で検討すべき項目の選定です。自治体が開催するイベントへの参加及び，民間財団の助成金に応募するか，新メンバーを募集するか，といった議題を定例会にかけて全メンバーで話し合うかどうかをまず決めます。

6）定例会会場などの場所取り係

定例会は公共施設（例として自治体が所有する集会所，公民館等）を利用すると会場利用料を抑制することができますが，多くは事前予約が必要です。場所取り係は施設の予約や利用料の支払いを担当します。また，会場が施錠されている時は，会場の鍵開けや鍵を管理室へ返却するなどの責務も発生するでしょう。

7）その他に，イベントがある場合はそのイベントの運営係（数名）など

たとえば，新人ボランティア養成講座を主催する場合（新人ボランティア研修についてはp.182参照）は，研修担当者が必要です。担当者は研修内容やスケジュールの原案を考える，研修会場を予約する，研修講師を決めて手配する，受講生を募集するといった役割があります。また，研修当日は，会場設営や受付，講座の運営などの職務もあるので，複数名で助け合うことが望ましいでしょう。

8）書記

定例会の議事録を作成し，グループメンバーに配布します。議事録は決定事項を後で振り返る際にも有効です。また，議事録をメンバーに配布することにより，定例会で決めたことがグループメンバーに共有されます。

（2）名簿や会則の作成

名簿や会則の作成には，「メンバーの主体性を促す」「グループの組織体制づくりを進める」という二つの効果があります。

①名簿をつくる

コーディネーター（役）は，個人情報の共有について了承を得たメンバー同士で，連絡先を共有する名簿をつくることを伝えます。

また，名簿作成と同時に連絡網をつくる提案もすると良いでしょう。名簿も連絡網も，コーディネーター（役）が作成することもできますが，活動においてボランティアメンバーの主体性を促すためにも，「どなたかお願いできませんか」とメンバーに投げかけてみましょう。投げかけてみて，任せられるようであれば，どんどん任せていくのが良いと思います。ただし，個人情報に関わることですので，管理を徹底しましょう。

②会則をつくる

次にグループの会則を作成します。会則には活動目的や基本理念，メンバーシップ，入退会の手続きや必要要件，代表・副代表や役員の数や権限，会費，活動内容等を記しておきます。会則は，グループ活動における基礎となります。

活動が軌道にのり発展していく過程では，メンバー間で意見の食い違い等が生じることもありますが，その時には会則に立ち返って，判断すると良いと思います。そうすることで，判断基準も明確になり，執行部が下す判断の正当性を担保することもできます。何もないところから，会則づくりをするのは難しいものです。コーディネーター（役）は同じような活動をしている他のグループの会則を，見本として提供すると参考になります。もう一つの方法として，会則づくりの準備委員会として，より規模の小さなグループを設立して進める方法もあります。この時の小グループは，後に執行部へと発展することも期待できます。

事例：あるグループの会則づくり

会則づくりの手順として，まず，20名前後のシニアボランティアからなる準備委員会が会則の草案を作成することにしました。しかし，20名では意見集約が困難だったので，さらに少人数（9名程度）の部会として，役員会を設置しました。

この役員会において，会則の草案のたたき台をつくり，準備委員会でそれを討議して修正・加筆し，全ボランティアメンバーが参加する定例会にて承認を得るというプロセスを繰り返しました。

その間，コーディネーター（役）は助言者として，草案作成の作業を傍聴しました[7]。

こうしたプロセスは，グループの意思決定方法の確立にも役立ちます。役員会で原案をつくり，メンバーに意見と承認を求めるという形を繰り返すことにより，これがこのグループでの意思決定方法であると，自然に認識されていくことになります。

（3）定例会の設置
①定例会の意義
　グループのメンバーは，普段はそれぞれの担当施設や担当日に活動していることが多いです。したがって，活動内容によっては，他のメンバーと顔を合わせる機会がほとんどない場合もあり，他のメンバーの様子がわからないこともあるでしょう。そこで，全メンバーが集まり，お互いの活動状況を報告し合うような場を設けることが大切になります。ここに定例会の意義があります。

　たとえば，活動上で何らかの課題を抱えているメンバーがいるような場合，定例会でその課題を共有することにより解決策が得られるかもしれません。また，定例会で他のメンバーと交流することによってメンバー同士が仲良くなり，仲間としてのつながりもできやすくなります[8]。メンバー間の雰囲気が良いグループでは，メンバー同士の助け合いも自然となされ，質の良い活動を楽しくおこなうことができます[8]。

②場所と日程
　シニアボランティアのなかには，記憶力の低下している人もいますので，場所，日程，時間はできるだけ同じにします。たとえば，毎月第2火曜日の10時から〇〇集会所で開催すると決めてしまうとよいでしょう。毎月同じ日，同じ時間，同じ場所に開催することで，各メンバーが混乱することなく出席できます。

　場所決めで配慮すべきことは，会場費が高額でないこと，会場へのアクセスが良いことです。高額な会場費は，資金確保が課題となりますが，公共施設であれば，比較的，安価な場合が多いでしょう。また，会場へのアクセスが多くのメンバーにとって不便だと，参加率に影響を与えますので，できるだけ交通の便が良いところを選びます。また，急な坂や階段の昇り降りが必要な場所だと，足の不自由なメンバーの参加を阻害してしまいます。

　特にシニアボランティアの場合には，活動スタート時には何も問題がないとしても，活動を継続していくうちに加齢に伴って足腰に不自由が出てくる人もいます。そのため，できるだけスタートの段階からアクセスの良い場所を確保しておくことが得策です。

　コーディネーター（役）が，何の当てもなく定例会の場所を一人で探すことは，難しいので，地域をよく知る団体や機関の協力を得ると良いでしょう。また，メンバーで手分けをして探すという方法も効果的です。メンバーのなかには，すでにさまざまな活動をしているアクティブな人もいますし，地域に長く住んでいる人もいます。地域の情報はメンバーがもっともよく知っている可能性があるので，それぞれが場所を探し，定期的に貸し出してくれるように交渉してもらうという方法も良いでしょう。メンバーそれぞれに探してもらうという方法は，活動自体への主体性を引き出す効果もあります。また，施設によっては，地域住民が交渉したほうが，話が通りやすい場合もあります。

③定例会で話し合うこと
　定例会では，司会が一方的に話すのではなく，メンバー同士で自由な意見交換ができるような仕組みと雰囲気づくりが重要です。ただし，個人を攻撃・中傷するような意見，個人の活動スタイルに教示するような意見は出さないことを，あらかじめルールとして示し

おきましょう。以下は，運営方法の一例です。

1）役員会より連絡事項
　　行政や地域のイベントへ参加する場合は，そのイベントで決まったこと等を報告。
2）各グループの活動報告
　　各グループがいつ，どこで，誰を対象にどんな活動をおこなっているかを手短に紹介し，メンバー間で共有する。また，活動上で課題と思ったこと，工夫して「良かった」と思ったことも手短に紹介することにより，活動上の課題やスキルの共有にもつながる。
3）活動状況，活動中に気づいた課題，良かったこと等を共有
　　その他，定例会で諮りたいこと（活動受け入れ先からの依頼等）を共有
4）今月の活動スケジュールの確認
　　活動スケジュールと担当者の確認
5）その他の検討事項や課題の検討

④定例会の進行

　司会は，役割を設けて，毎回同じ人が務める方法もありますし，当番制にしてメンバーが順番に務める方法もあります。主体性を育てるためには，コーディネーター（役）ではなく，グループのメンバーにお願いしましょう。

　司会は，できるだけ全員に発言を促すようにします。定例会で検討すべきことがある場合は，検討事項に対して他のメンバーが意見や質問をすることを促します。

　たとえば，Aグループは行政が開催するイベントに参加するかどうかを定例会で話し合って決定していきます。司会は，メンバーに参加・不参加の意向とその理由について発言を求めます。司会は結論を出しませんが，議論が紛糾してしまった際には，話をまとめられるように心がけましょう。

　定例会の次第等を作成し，毎回，配布すると，司会も他のメンバーもスムーズに進めることができます。グループ立ち上げと共に，ボランティアメンバーにいきなり司会を任せると不安感を抱く人もいるかもしれません。特に，これまで会議の司会を務めたことがない人にとっては難しく感じるでしょう。そんな時には，コーディネーター（役）が最初は定例会の進行をして，司会の見本を見せると良いと思います。ただし，その際には，いずれはメンバーのなかで担当してもらうことも伝えておきましょう。

（4）活動資金の確保
①活動資金の必要性

　活動には経費がかかります。たとえば，自治体のモデル事業，地域包括支援センターや福祉施設の事業の一環でできたグループであっても，資金が必要であり，資金獲得の方法を考えていく必要があります。特に，こうしたグループによる活動の場合，事業の期限が決まっていることも多く，いつまでも資金が提供され続けるということは難しいです。

第5章　シニアボランティアグループの育て方

　大切なことは，活動を始めるにあたり，十分な資金を検討し，あらかじめ用意することです。会の運営に必要な予算をボランティアメンバーと共に検討し，明確にしておくと良いでしょう。そうすることで，ボランティアメンバー自らが運営に必要なことを考える機会になりますし，同時に，仮に会費が必要であるということになっても，なぜ，会費が必要なのかが理解しやすくなります。以下に，費用が必要となる中身の例を示します。

　1）会場費（定例会や活動をする場）→自治体や公共の場は低価格
　2）資料やテキスト，グループ紹介のチラシやパンフレットなどの印刷費と紙代
　3）活動場所への交通費（自己負担の場合も少なくない。）
　4）ボランティア保険の保険料
　5）講師を招く場合は講師謝金
　6）通信費（事務連絡する際の電話代，資料を送付する場合の郵便代）

　よく見られるのは，書記や代表，または副代表など，グループの運営を中心的に担う人が書類を作成することが多いために，資料の印刷費や紙代を負担してしまうというケースです。最初は気にならなくても，自己負担が重なっていくと，経済的な面だけでなく心理的な面でも負担となり，グループの活動が衰退していく一因ともなりかねません。最初の段階で，印刷費や通信費など，必要経費をどのように共有するのかを決定しておくことも重要なポイントです。また，通信費についても，少数の担当者が複数のメンバーに連絡するという方法は通信費の負担がかさむ上に，時間も取られます。あらかじめ連絡網をつくるなどして，一部の人へ負担が集中しない仕組みをつくっておくのが良いでしょう。

②活動資金の確保の方法
　活動資金を確保する方法は，大きくは2種類あります。メンバーからの会費と民間財団，及び自治体や社会福祉協議会等が提供する助成金です。
1）会費
　活動スタート時は，グループとしての活動実績が少ないので，民間財団，及び自治体や社会福祉協議会等の助成金を得ることがなかなか難しいです。そのため，会費に頼らざる得ないグループも少なくないでしょう。しかし，会費が高額すぎると会員のなかから反発が出ることもありますし，なかには「ボランティア活動なのにお金がかかるなんて」と会費を徴収されること自体に疑問を呈する人もいるかもしれません。
2）助成金
　助成金は，活動内容や活動地域により，さまざまなものがあります。たとえば，自治体や社会福祉協議会によっては，先進的な取り組みをおこなう住民グループの活動を支援する助成金をおこなっていたり，さまざまな民間財団などで，それぞれ助成の対象となる活動を指定していたりします。
　こうした情報は，各地域の社会福祉協議会や民間財団のホームページなどからも得ることができますが，助成金を利用するには，助成元（自治体や社会福祉協議会，民間財団等）の指定する申請書に記入し，提出する必要があります。多くの助成金には審査があり，申

請したからと言って，必ず得られるわけではありません。助成金の額も1件10万円というものもあれば，300万円というものもありますし，受領期間も1年間や3年間などさまざまです。

コーディネーター（役）は，助成金の情報の入手に関して情報提供をしましょう。地域のボランティアセンターや社会福祉協議会等，活動の運営に必要な資源に関して豊富な情報をもっている機関への紹介も必要です。また，基本的には助成金を申請した経験はないものとして，申請書の書き方についてもサポートしましょう。

3）その他

自治体の事業を受託する方法もあります。

たとえば，高齢者に健康増進のためのウォーキングを普及するボランティアグループは自治体の介護予防事業を受託することにより活動資金を得ています。

文 献

1) 厚生労働省：認知症サポーターキャラバン http://www.mhlw.go.jp/stf/seisakunitsuite/bunya/0000089508.html
2) Jenette Nagy.Community Tool Box. Chapter 9:Developing an Organizational Structure for the Initiative. Section 10：Organizational Structure. An Overview. http://ctb.ku.edu/en/table-of-contents/structure/organizational-structure/overview/main
3) 吉田忠彦：意思決定とガバナンス，ボランティア・NPOの組織論―非営利の経営を考える，130-145，学陽書房，2004.
4) 麻原きよみ，加藤典子，宮崎紀枝：グループ活動が地域に発展するための理論・技術．看護研究，36（7），49-63，2003.
5) 河合 恒，光武誠吾，福嶋 篤，小島基永，大渕修一：地域住民の主体的な介護予防活動推進のための取組「介護予防リーダー養成講座」の評価，日本公衆衛生雑誌，60/4/195-203，2013.
6) 多賀 努，矢冨直美：認知症予防講座・研修後の自主活動選択要因に関する研究，認知症予防の地域づくりの方法の開発，日本認知症ケア学会誌，9（1），56-65，2010.
7) 小宇佐 陽子，大場 宏美，藤原 佳典：高齢者の自主グループづくりには保健師の支援が欠かせない，保健師ジャーナル，64（6），34-540，2008-06.
8) 田尾雅夫：リーダーシップと支援システム，79-91，ボランティア・NPOの組織論―非営利の経営を考える，116-129，学陽書房，2004.

安定したシニアボランティアグループづくり

野中久美子

ボランティアグループが活動を継続していくためには，グループの状態が安定していることが重要です。しかし，メンバーの人数が増え，活動年数が長くなるにつれ，残念ながら問題（人間関係のトラブル，活動の依頼が減るなど）は多かれ少なかれ起きるものです。この節では，シニアボランティアグループが配慮すべきことに焦点を当てて，生じがちな課題とその解決方法を紹介します。

また，課題を解決していく際に，コーディネーター（役）がどのようにサポートするのかについてもご紹介します。

第1項　シニアボランティアグループにおける現状と課題

（1）ボランティアグループ全般で見られる課題

グループでの活動も時間の経過と共に，さまざまな課題が生じてきます。以下に，多くのボランティアグループで生じる課題をあげました。

○新しいメンバーがグループに加わらず，メンバーへの活動の負担が増えている
○活動がマンネリ化してメンバーが楽しんでボランティア活動できなくなっている
○活動できる場所が減り，新しい活動場所の開拓もできない
○活動をするために必要な資金が足りない
○定例会でメンバーが意見を言わないが後で不満を漏らしている
○定例会の出席率が悪くなってきた
○一部の人にグループの運営にかかる事務作業や活動が集中し，負担が大きい
○活動の量・頻度が多すぎて，現在のメンバーだけでは対応しきれない
○メンバー間の関係性が悪い

（2）シニアボランティアグループに特有な課題

　上記の課題は，ボランティアグループの活動が長くなっていくにつれて，生じがちな課題であり，どちらかというと，どんなグループにもあり得ることです。シニアボランティアグループの場合，こうした課題に加えて特有の課題も生じてきます。

　内閣府が，全国の60歳以上の男女を対象に実施した「平成20年度高齢者の地域社会への参加に関する意識調査[1]」によると，ボランティアや趣味等を含む社会参加活動への不参加理由は，60歳代では「家庭の事情があるから」，70歳代では「健康・体力に自信がないから」が多くなっています。これらの結果からも，シニアの社会参加活動において，さまざまな家庭の事情（配偶者や両親の介護，孫や子どもの支援や世話等）や健康課題が，活動を継続する上での課題であることがうかがわれます。特に，グループ発足当初は元気であったメンバーが高齢化するにつれ，シニア特有の課題は生じやすくなります。

　以下に，シニアボランティアグループに特有の課題を示しました。

　○体調不良により以前と同じ質の活動ができない人がいる
　○体力が低下し，以前は難なく行けた場所へ行くことがつらくなってきた人がいる
　○足腰の課題から自転車に乗れなくなった・途中の坂や階段が辛くて活動場所に行けなくなってきた人がいる
　○（学校等の場合）階段の昇り降りが困難で2階の活動場所へ行くのが危うい人がいる
　○もの忘れが多く，活動を忘れることが多くなってきた人がいる
　○体調不良により直前に活動をキャンセルすることが増えた人がいる
　○グループを中心的にまとめていた人が高齢になり，そろそろ引退するようだが，後任がいない
　○グループの中心となる人がやめてしまい，活動のそのものが立ち消えてしまいそう
　○メンバーの体力は低下しているが，グループの認知度は広まり活動機会が増えたことにより，メンバーの身体的・心理的負担感が高くなってくる

　これらの課題が生じると，グループとして以前と同じ頻度や質を保った活動をすることが困難となることもあるでしょう。また，メンバー間での負担が平等ではなくなり，アクティブに活動している人への負担が著しく増加してしまいます。

（3）健康課題を有するシニアへのサポート
①活動継続の現状

　一般に，健康課題を有するシニアのボランティア活動継続については，意識されることがあまりありません。というのも，日本では，ボランティア活動に対して，健康で余裕のある人がするものである，というイメージがあるせいだと思います。ボランティアグループの役員や高齢者ボランティアは，健康障害や介護などにより，活動の継続が難しくなってきたメンバーについて次のように考えていることが聞き取り調査からわかりました[2]。

○体調が悪い人，介護で忙しい人を，無理に引き止めては悪い
○他人の生活にそこまで立ち入ってはいけない・立ち入りたくない
○その人の状況や体調にあった活動をするほうが幸せだ
○あまりしつこく活動へ誘うとかえってプレッシャーをかけてしまう

　一方，自分自身が健康課題を抱えたり衰えを感じたり，家族介護などで思うように活動ができなくなっているシニアボランティア自身は，以下のように考えていることが面接調査で明らかになりました[2]。

○他のメンバーや活動先に迷惑をかけるので，潔くやめるべき
○みんなと同じ活動ができないのがつらい，申し訳ない
○これまでの自分の水準での活動がもはやできないのがつらい，歯がゆい
○できる範囲で活動に参加できたらいいが，そんなわがままはみんなに迷惑をかける

②コーディネーター（役）からのサポート

　コーディネーター（役）は，シニアボランティアの意向や思いを理解しつつ，一人ひとりができるだけ長く活動を継続できるようなグループ運営をサポートします。基本的には生じた課題を解決するのは，コーディネーター（役）ではなく，ボランティアメンバーです。コーディネーター（役）はコンサルタント＊として，メンバー間で解決できるようにサポートしましょう。

　中立的な立場で状況を把握・分析し，メンバーが課題を理解・整理する手助けと解決に必要な情報を提供します。もし，アドバイスを求められたら，直接的な解答を提供するのは避けましょう。課題に関係する知識を提供することで，メンバー自身に充分に議論・検討してもらい，自分たちの力で納得できる解答を導き出してもらうようにします。

　たとえば，高齢者の心身の状態が関係している課題が生じたのであれば，高齢者の心身の状態に関する正しい知識を提供することによって，そうした課題がなぜ起こったのか，また，どう対応すればよいのかを，メンバーが考える手助けができます。また，ボランティアメンバーのなかで，認知機能の低下が見られる人がいれば，高齢者の認知機能の低下に関する正しい知識を提供することによって，メンバーは，なぜ，その人がそのような行動をするのかを理解することができます。理解することができれば，メンバー全員が気持ちよく活動できるようにする方法を，具体的に考えることにつながっていきます（認知症や健康課題に関する知識は，第3章参照）。

第２項　グループと活動の見直し

（1）グループの現状と改善点を知る

まず，グループがどのような状況にあるのか，という現状を知ることが第一です。**図1**では，四つのグループの状態を紹介しています。

グループの活動量の多少とソーシャル・キャピタル*（メンバー間の信頼関係，相互支援や互恵性）に応じて分類されています。右上の円熟グループというのは，グループの理想の姿の一つとして，捉えましょう。自分の関わっているグループの現状が，**図1**のどれ

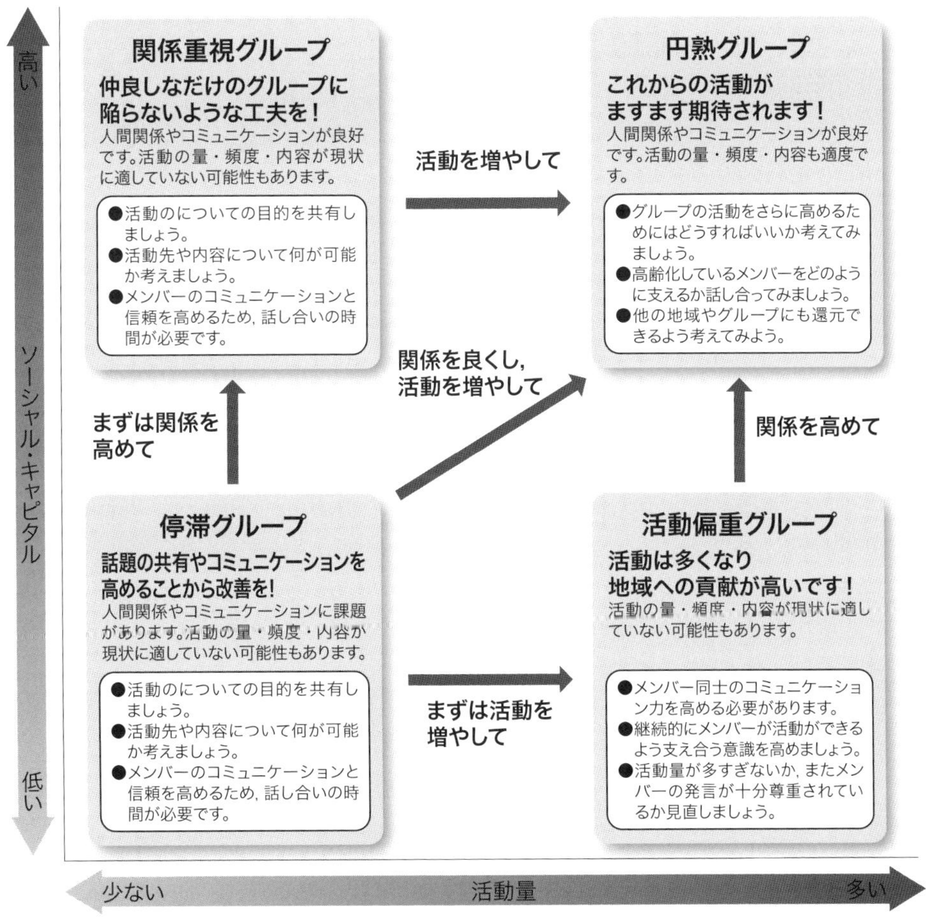

高い
ソーシャル・キャピタル
低い
関係重視グループ
仲良しなだけのグループに陥らないような工夫を！
人間関係やコミュニケーションが良好です。活動の量・頻度・内容が現状に適していない可能性もあります。
●活動のについての目的を共有しましょう。
●活動先や内容について何が可能か考えましょう。
●メンバーのコミュニケーションと信頼を高めるため，話し合いの時間が必要です。
活動を増やして
円熟グループ
これからの活動がますます期待されます！
人間関係やコミュニケーションが良好です。活動の量・頻度・内容も適度です。
●グループの活動をさらに高めるためにはどうすればいいか考えてみましょう。
●高齢化しているメンバーをどのように支えるか話し合ってみましょう。
●他の地域やグループにも還元できるよう考えてみよう。
関係を良くし，活動を増やして
まずは関係を高めて
関係を高めて
停滞グループ
話題の共有やコミュニケーションを高めることから改善を！
人間関係やコミュニケーションに課題があります。活動の量・頻度・内容が現状に適していない可能性もあります。
●活動のについての目的を共有しましょう。
●活動先や内容について何が可能か考えましょう。
●メンバーのコミュニケーションと信頼を高めるため，話し合いの時間が必要です。
まずは活動を増やして
活動偏重グループ
活動は多くなり地域への貢献が高いです！
活動の量・頻度・内容が現状に適していない可能性もあります。
●メンバー同士のコミュニケーション力を高める必要があります。
●継続的にメンバーが活動ができるよう支え合う意識を高めましょう。
●活動量が多すぎないか，またメンバーの発言が十分尊重されているか見直しましょう。
少ない
活動量
多い

出典：東京都健康長寿医療センター研究所「シニアのグループ活動を支える」，2013.

図1　活動量とソーシャル・キャピタルから見たグループの分類

に位置するのかを見極め，円熟グループに近づけるにはどうするか，という方向で考えると良いと思います。

　たとえば，右下の「活動偏重グループ」は，頻繁に活動しており，活動先も増えています。しかし，とても忙しい反面，メンバー全員で集まる時間が十分に取れなくなってきています。そのため，徐々にメンバー同士の交流の時間やゆっくりと活動について語る時間も，必要なことを議論を尽くして話し合うという時間も，なくなってきてしまいました。このようなグループが右上にある「円熟グループ」となり，活動が継続されるために必要なことは，メンバー同士のコミュニケーションを高めると同時に，「お互い様」の気持ちで助け合えるような意識付けをすること，そして活動量が適切かを見直すことがあります。

　関わっているグループがどのような状態にあるか，観察してみてください。

（2）コミュニケーション量とメンバー間の関係性の改善

　理想型である「円熟グループ」へと発展するためには，メンバー間の活発なコミュニケーションをとることで信頼関係を高めることが大切です。コミュニケーションが円滑になれば，自然と信頼関係が生まれてくるため，さまざまな課題も解決しやすくなります[2]。

　シニアボランティアの活動では，往々にして生じてくる問題ですが，それまでの活動を継続することが難しくなってきたメンバーに対して，何らかの形で継続してもらいたいと望み，サポートしたいと考えている他のメンバーの思いと，本人の思いに齟齬が生じることがあります。しかし，お互いに密なコミュニケーションをとることによって，解決できることも多々あります。

　高齢者ボランティアを対象とした聞き取り調査[3]でも，メンバー間のコミュニケーションが活発であるほど自然な助け合いが生じているようでした。健康課題を抱えているメンバーも家族介護のために思うように活動できないメンバーも，他のメンバーのサポートを受けながら，難なく活動を継続できていました。メンバー間でのコミュニケーションが取れていると，課題を抱える人に対して，他の人が，躊躇することなく電話や声掛けをして状況を尋ねることができ，「お互い様だから」として，自分でできる範囲のサポートをしているのです。

　一方，課題を抱える本人もそれまでの信頼関係があるからこそ，自身の状況を率直に伝えることができ，助けを求めることができていました。メンバー間のコミュニケーションを密にするためには，顔を合わせる機会，全員で集まる機会を増やすことが効果的です[4]。

①定例会を活用する

　定例会は，普段はバラバラに活動しているメンバーが顔を合わせ，活動しているなかでのさまざまな課題や検討事項を話し合うのに最適な場です。活発に意見を交換しやすい形式や雰囲気づくりを心がけて，うまく活用しましょう。

　たとえば，グループをやめる人が増えた，メンバー同士の関係性が良くない等，何らかの課題が生じている場合は，定例会のあり方をもう一度見直す，良いタイミングです。

　以下の点を見直してください。

1）定例会そのものが形骸化していないか
2）執行部が「打ち合わせ・会議の運営が難しい」と感じていないか
3）メンバーが定例会等で「意見が言いづらい」と感じていないか

1）定例会そのものが形骸化している
　定例会が、何のためのものなのか、改めて考えてみてください。定例会は、同じ活動をするメンバー同士がお互いの活動状況を知り、同じ目的に向かってお互いをサポートし合う場でもあります。もし、一方的な報告ばかりで終わっているようであれば、個々の抱える課題やグループとして活動する上での課題、検討事項を話し合う時間を設けるようにしましょう。課題や検討事項がまったくない、ということはあり得ません。

2）執行部が「打ち合わせ・会議の運営が難しい」と感じている
　まず、どこに難しさを感じているのかをはっきりさせます。定例会に人が集まらないことなのか、意見が出されないことなのか、あるいは意見が出すぎて収拾がつかないことなのか、「難しい」と感じている部分が解決されるように、フォローします。
　たとえば、メンバーが増え、定例会に参加する人数が多すぎるために、意見集約が困難であるという場合は、全員をさらに小さなグループに分けて、それぞれにリーダーを設定し、小グループでの意見交換をベースとすることも可能です。

3）メンバーが定例会等で「意見が言いづらい」と感じている
　なぜ、「意見が言いづらいのか」その理由を探ります。大勢の前で発言がしにくいのか、誰か苦手なメンバーがいるのか、特定の人がそう感じているのか、多くの人がそう感じているのかによって、改善の仕方は異なってきます。

②グループワークをおこなう
　活動スタート後に、フォローアップ研修等でグループワークをおこない、グループの現状について話し合ってみることも有効です。また、活動そのものに関わらなくても、単純に楽しめるようなグループワークをおこなうことによって、お互いの緊張がほぐれ、コミュニケーションが取りやすくなるような機会を設けることもできるかもしれません。定例会や通常の活動の他にも、地域のイベント、行政が主催するイベント等への積極的な参加を促すことで、普段は顔を合わせる機会が少ないメンバー間の交流を働きかけることも効果的です。

③過密なコミュニケーションは注意
　コミュニケーション頻度が増えすぎると「関係偏重グループ」の状態に陥る可能性もあります。メンバー間で親しくなりすぎて、定例会等の集会ばかりが多くなり、活動自体が手薄になるといったケースもあります[4]。さらに、あまりに親しくなりすぎると、新しいメンバーを受け入れたがらない、新しいメンバーも入りにくい雰囲気となり、こうした雰囲気は、活動の衰退の原因となってしまいます。あまりにコミュニケーションが密になりすぎると、それに嫌気を感じるメンバーが出てくるといった弊害も起こりがちです[4]。

（3）活動内容の見直し

　活動内容は，メンバーの人数が増えた，メンバーが高齢化してきた，または社会やサービスの受け手のニーズが変化したことで，変わることもあるでしょう。活動内容はもちろん，頻度・量もメンバーや受け手のニーズの変化に合わせて柔軟に修正することも必要です。見直して修正する際には，活動を立ち上げた際の目的に常に立ち返りましょう[5]。

　シニアボランティアの活動では，本人の健康課題や配偶者の介護等，加齢に伴うさまざまなライフイベントが生じることにより，それまでと同じ活動が困難になることも少なくありません。また，活動の目的は変えなくても，活動内容に柔軟性を持たせることで，メンバーの減少を防ぐことができれば，活動継続につながります。

　たとえば，読み聞かせのシニアボランティアグループでは，体力や視力の衰えたメンバーのために他のメンバーが子どもたちに見えるように絵本を持ってあげる，大人数の前で読めるだけの声量がなくなってきたメンバーは，少人数を対象とする等，その人の状態に合わせて，内容も方法も柔軟に調整しています。

　一方で，設立当初の目的にこだわりすぎるあまり，従来通りの活動ができなくなった人を排除してしまうといった課題も起こりがちです。活動目的は活動のあり方を決める等，グループ活動において非常に強い影響力を持つために，グループ活動に制限や限定をもたらすという副作用を生じさせることもあります[5]。

　それを避けるためにも，活動目的の一つとして，シニアの健康維持や相互支援等，シニアボランティアグループならではの理念を盛り込むと良いと思います。コーディネーター（役）はこの目的の遂行も合わせて意識しながら，サポートすることが重要です。この目的が共有されれば，健康課題が出始めたメンバーを切り捨てることなく「どうすれば，その人が，このまま活動を続けられるか」を意識し，考えていくことができるからです。

（4）活動量と負担の見直し

①活動量増加による課題

　活動が発展するにつれ，頻度も増え，それに伴う雑務も増えるでしょう。

　たとえば，地域のイベントや行政が主催するイベント（子育てフェアや介護予防フェア等）に参加してほしいという要請を受けることもあるかもしれません。それに伴い，役員や一部のアクティブなメンバーに事務や活動の量と頻度の増加による負担感が高まる可能性もあります。特に，シニアボランティアの場合，体力的な面から見ても，過度な活動量だと心理的・身体的な負担感を高めてしまう恐れがあります。

②原点に立ち返る必要性

　活動量が自分たちの許容範囲を超えていないか，雑務や活動量，責任等が役員や特定の人に偏重していないかなどの役割分担や業務量を，時には見直すことも必要です。活動量を見直すことは，たとえば依頼のあった活動全てをこなすことに頑張りすぎてしまい不必要な活動までしていないか，また，いくら必要であってもメンバーの許容範囲を鑑みて，持続する重要性があるかなどを検討することにもなります。活動を見直す際には，設立時

に掲げた活動の目的やグループの理念に立ち返ることも良いでしょう。

③役割の再配分

ボランティアメンバーや活動頻度が増えるにつれ，それに関わる事務作業なども増えていきます。事務作業も少数の人でこなすのではなく，係を増やすなどしてグループ全体で処理していくことも考えましょう。

たとえば，会員数50名前後の絵本の読み聞かせボランティアグループでは，実行委員会制度を設けており，グループの運営のために必要なイベントについて，全てのメンバーが何らかの実行委員を担当することになっています。新人養成講座担当実行委員，既存会員のスキルアップ研修実行委員，自治体主宰のイベントの運営委員などです。それぞれの役割を数名から十数名が担当して，みんなで協力し合っています。

この方法には，複数の効果があります。

まず，役割を全てのメンバーに分担することで，一人ひとりにかかる負担を軽減しています。そして，一つのイベントを複数のメンバーで担当することで，より多くの人がグループの運営に無理なく参加することができます。

メンバーのなかには，グループを運営することや何かイベントを企画するといった経験がないことから，それらをとても難しいことのように捉えている人もいます。また，身体機能や認知機能が衰えてきている人が，少人数（2，3人）で，何かのイベントや活動を担当することは困難でしょう。しかし，何人かで一緒にグループとして助け合いながら取り組むということであれば，仮に経験がなくても「みんなと一緒ならできそうだ」と思うことができると思います。

さらに，メンバー全員が役割を担うことによって，活動に対する主体性も生まれてくるだけでなく，定例会や活動自体以外でも，それぞれの役割の遂行を通して，メンバー間で密接なコミュニケーションを図ることができます。

一人ひとりが，こうした役割を果たすことによって，何かを運営し，進めていくというノウハウを，メンバーが自然と身につけていくこともできるわけです。メンバーの多くが，そうしたノウハウを身につけていくことができれば，現行の役員などが加齢や健康課題などで退任せざるを得なくなっても，新しい役員を選出しやすくなります。

したがって，グループの存続という意味でも，大切なことです。

④柔軟な対応

加齢に伴って，本人や家族の健康課題があらわれ始めると，他の人と同じ頻度で活動することが困難になることがあります。体力に衰えがある人や家族の介護で思うように参加できない人は，自分が参加できないために他の人に負担がかかっていることを「申し訳ない」とも思っています。体力の衰えや介護の問題は，遅かれ早かれ，誰にでも起こり得ることです。「お互い様」の気持ちで，「今，できる人が負担する」という考え方が，メンバー間に広がるように支援することも重要です[2]。

第5章 シニアボランティアグループの育て方

第3項 新メンバーの募集

(1) 新メンバー補強の必要性

　活動を継続するためには新メンバーの補充が不可欠です。特にシニアのボランティア活動の場合，メンバーが加齢と共にさまざまな健康課題を抱えるようになったり，配偶者等家族の介護なども起こったりして，メンバーの減少は避けられません。

　また，同じメンバーだけで長年にわたって活動していると，グループの硬直化や活動のマンネリ化に陥りやすくなります。新たな人を受け入れない，新しい人が「入りにくい」グループは年月と共に硬直化して活気のないものになりがちです。そして，受け手のニーズや状況の変化にも対応できないまま，マンネリ化した活動しかできなくなり，活動範囲の縮小，場合によってはグループの消滅を招いてしまうこともあります。これは，p.177の「関係偏重グループ」に，見られる特徴でもあるでしょう。

　グループのオープン性[6]は，グループの維持や発展には欠かせません。

　オープン性とは，そのグループの目的に共感している人であれば，いつでも誰でも自由に参加できるというように，グループの入り口が開かれていることです。また，グループの活動目的や価値観に共感できなくなったら，自由にそこから離れることもできるということでもあります。ある程度勝手のわかったメンバーがそろっていることは，運営しやすさ，安定性，といった面では大切なことですが，新しいメンバーが入ることにより，新たなエネルギーやアイディア，活力，そして人材がグループに注ぎ込まれます[6]。

　人数的な面での補充という意味だけでなく，組織の活性化という面からも，ボランティアメンバーの補充は，定期的に必要なことです。

(2) 新人ボランティアの募集と養成

　新メンバーの募集は必要ですが，活動の質とのバランスをとる必要があります。

　活動が，事前研修などを通して習得するような特別なスキルを必要とする場合には，「誰でもいつでも入会できる」状態にするわけにはいきません。必要な準備ができていないうちに受け入れてしまうと，質の高い活動を提供することができなくなるからです。こうした場合には，ボランティア募集の条件として，研修修了者に限るなど，活動の質を保つための配慮も必要です。また，新人ボランティア養成講座をおこなうことによって，活動に必要なスキルのみならず，その活動の目的や決まり事など，組織として活動していく上で必要な理念も伝えていきましょう。

　新人ボランティアを募集するにあたっては，活動に求められるスキルや知識は何か，そしてそれを習得するためにどんな研修が必要かを改めて見直し，それらを明確にした上で，養成講座も開催しましょう。

第4項 地域にある社会資源との連携

(1) 社会資源の活用

　活動の維持・発展のためには，多様な資源や情報が必要ですが，メンバーだけで全てを調達することは難しいでしょう。そこで，地域にあるさまざまな社会資源を活用するという視点を，メンバーが持てるように支援します。

　社会資源とは「人々が社会生活を営むうえで，必要に応じて活用できるさまざまな法制度やサービス，施設や機関，人材，知識や技術」[7]などのことで，ボランティアグループにとっては，自治体，社会福祉協議会，地域包括支援センター，学校，町会，他のボランティアグループも当てはまります。また，地域の福祉施設や商店街も活用できます。たとえば，ボランティアグループが地域のシニアを対象としたサロンを開きたいと考えたものの，場所や資金が不足している場合には，商店街で高齢のお客さんが多い喫茶店の協力を得るといった方法が可能です。喫茶店でサロンを定期的に開くことによって，ボランティアグループとしても場所不足を解決できるだけでなく，喫茶店の売り上げ向上にも貢献できる，一石二鳥の取り組みと言えます。

(2) 地域包括支援センターとの連携

　シニアボランティアグループでは，メンバーの高齢化に伴って生じるさまざまな課題に対処するためにも，地域の施設，機関との連携が必要です。特に健康課題を抱えているメンバーをサポートするには，専門的知識が必要になることもあります。地域包括支援センター（以下，センター）は，65歳以上高齢者の総合相談窓口です。保健師・看護師，社会福祉士，主任介護支援専門員＊といった高齢者の健康や利用可能な福祉制度に詳しい専門職がいますので，高齢者の健康，福祉，介護に関する相談を受けつけ，必要に応じて医療，介護，福祉のサービスへと誘導してくれます。センターは，概ね中学校区単位で設置されているため，グループの活動拠点に近いセンターと関係性を持つと良いでしょう。

　たとえば，グループにもの忘れが目立ち始めたメンバーAさんがいる場合，コーディネーター（役）はセンターの職員に相談することにより，正しい対応方法を知ることができます。また，センターにはAさんのような高齢者を医療機関や介護保険サービスなど，必要に応じて適切な支援に誘導する責任があります。コーディネーター（役）がAさんのことをセンターに相談することで，Aさんも適切な医療や介護保険サービスが受けやすくなります。また，センターとの関係性の持ち方の一例として，地域包括支援センターの職員を定例会に招き，シニアの健康に役立つミニ講座（10分程度）をおこなってもらう方法もあります。

　地域の資源の一つとして，積極的に活用することを考えましょう

文献

1) 内閣府：平成 20 年度高齢者の地域社会への参加に関する意識調査, http://www8.cao.go.jp/kourei/ishiki/h20/sougou/zentai/, 2008.
2) 東京都健康長寿医療センター研究所：高齢者ボランティアによる社会参加や生涯学習活動における継続支援プログラムの開発，平成 24 年度「社会教育による地域の教育力強化プロジェクト」における実証的共同研究，2013.
3) 野中久美子，大場宏美，倉岡正高，安永正史，村山陽，竹内瑠美，藤原佳典：健康課題を持つ高齢者ボランティアによる世代間交流プログラムの継続及び引退に影響する要因の検討—多様な高齢者との世代間交流プログラムにむけての支援策の提言—, 日本世代間交流学会誌，3（1），19-34, 2013.
4) 田尾雅夫：リーダーシップと支援システム, 79-91, ボランティア・NPO の組織論—非営利の経営を考える, 116-129, 学陽書房, 2004.
5) 吉田忠彦：ミッションと経営理念, ボランティア・NPO の組織論—非営利の経営を考える, 116-129, 学陽書房, 2004.
6) 朴容寛：一般ネットワーク論, ネットワーク組織論, 2-27, ミネルヴァ書房, 2003.
7) 日本社会福祉学会事典編集委員会：ソーシャルワークにおける社会資源, 社会福祉学事典, 208-209, 丸善出版, 2014.

第5章 用語解説

p.160

介護予防サポーター養成講座

介護予防サポーターとは，自治体や関連機関（地域包括支援センターなど）が実施する介護予防事業を補助する住民ボランティアのことである．一般的には，自治体が主催する「介護予防サポーター要請講座」を受講する．介護予防サポーターに期待される役割や講座内容は自治体により異なるが，講座内容の例として，高齢者の健康，介護問題，認知症や筋力低下予防に関する知識を習得する．

認知症サポーター養成講座

わが国では「認知症を知り，地域をつくるキャンペーン」の一環として「認知症サポーターキャラバン」を実施している．そして，認知症の方が安心して暮らせるまちづくりに関する活動の担い手となる「認知症サポーター」を全国で養成している．

ガバナンス

グループとして地域でボランティア活動をおこなうにつれ，グループとして決めていくべき案件が発生する．その案件に対して，グループとしてどのように対応するかなどをメンバー間で考え，みんながその対応策について合意をし，グループ全体の決定事項としていく．この合意形成や意思決定のシステムがガバナンスとされている．

p.162

助成金

活動を支援するために提供される資金．資金は，自治体や民間企業の財団，政府など多様な組織により提供される．融資と違い，返済は不要．

p.176

コンサルタント

専門的な問題について相談を受け，診断・助言・指導などをおこなう人．

p.177

ソーシャル・キャピタル（社会関係資本）

人々の間の協調的な行動を促す「信頼」「互酬性の規範」「ネットワーク」とされ，地域力，ご近所力，絆とも言われ，教育，健康福祉の分野では，ソーシャル・キャピタルが高い地域は，子どもの学力が高く，住民が健康であると言われている．

p.183

主任介護支援専門員

介護支援専門員（ケアマネージャー）の業務について充分な知識と経験を持ち，ケアマネジメントを適切かつ円滑に提供する知識や技術を有する介護支援専門員のこと．他の介護支援専門員への助言や指導もおこなう．

第 6 章

シニアボランティアの活動事例

●この章の目的●

　この章では，これまでご紹介した，シニアボランティアの特徴やシニアの力を活かした活動のポイントなどを踏まえ，コーディネーター（役）が，実際に学校や施設，地域などでどのように活動しているのか具体的な事例を紹介します。それぞれの事例から，コーディネーター（役）がどのような視点で活動に取り組んでいるか，またどのような課題を抱え，克服したかなどについて学びます。

　第1節の学校支援の事例では，小学校の算数の授業においてシニアボランティアの力を活かした学習支援でコーディネーター（役）が企画から運営で工夫した点と，活動を導入するにあたって，コーディネーター（役）が校長や教師との交流から学んだことなどをご紹介します。第2節では，シニアの絵本の読み聞かせ活動が，地域でどのようにして発展していくのか，また活動が長期的に継続するためにどのような工夫がなされているのかをご紹介します。最後の第3節は，実際にコーディネーターという肩書で活躍する保健福祉施設において，コーディネーターがどのような考えで日常的に地域住民と接し，住民の力を活かしているのか，地域活動を動かす工夫についてご紹介します。

A小学校での算数の学習支援活動

倉岡正高

　小学校の4年生と6年生の算数の授業における，シニアボランティアによる学習支援活動の事例を紹介します。この活動は，シニアボランティアが学習支援することによって，高齢者に対する子どもたちの意識と学力にどのような影響を与えるかということを検証する研究の一環として，始まったものです。それから10年間，この小学校に，さまざまなシニアボランティアが参加するようになりました。
　ここでは，特に初年度のシニアボランティアによる学習支援の活動と運営を通じて体験したこと，コーディネーターの関わりを中心に紹介します。

第1項　活動までの準備

（1）学校との交渉
①受け入れて当然ではない
　私が，「シニアによる学習支援活動が子どもたちにどのような影響を与えるか」という研究を始める1年半ほど前に，この研究の目的と研究にあたってどんな協力をお願いしたいのかを，A小学校の校長先生に説明したところ，快く引き受けていただくことができました。
　学習支援の活動は，今は決して珍しいものではありませんが，当時はこの事例について「よく学校が了承しましたね」と言われることがよくありました。それは，算数の授業での学習支援活動は，とても珍しいことのようで，学校からすれば受け入れがたいのではないかと思われたようです。実際，この活動については，いくつかのマスメディアの取材を受けましたから，やはり珍しかったのだと思います。
　学習支援の活動に関わる場合，ボランティア側の目線で考えると，当然良い活動なのだから学校は受け入れてくれるだろうと思いがちです。しかし，学校には学校の考えや事情があり，子どもたちや保護者のことを第一に考えた上で，学習支援の活動を受け入れるかどうかを考えます。したがって，活動を受け入れるのが当然という一方的な姿勢はもちろん言語道断ですが，学校や保護者が学習支援活動を受け入れやすいような準備をしっかり

する必要があります。たとえば，事前に具体的な活動の目的や内容，体制など最低限の情報についてわかる資料を用意しました。

②日本の教師教育の文化も理解する

具体的に話を進めていくなかで校長先生に言われて，今でも印象深く心に残っている言葉があります。それは，「先生が楽になるようなことはしないでください」という言葉です。

それまでは，どんなボランティア活動であっても，学校に歓迎されるものだと思っていました。ですが，この言葉を聞いて，単純にボランティア活動だから先生のためになる，という一方的な考えはいけないなと思うようになりました。教師は，教育実習などを経て教師としての仕事をスタートしますが，その後のあらゆる経験が職場教育であり，必要なことです。教師は，日々の職務の一つひとつを経験しながら学びとって成長していく職種なのでしょう。安易に教師のお手伝いをするだけのボランティア活動は，このような日本の教師教育の文化には，合わないのかもしれないと思いました。

学習支援のボランティア活動を進めるにあたり，コーディネーター（役）は，ボランティア，地域，学校，教師などさまざまな立場との関わりを踏まえて，活動の企画や運営を進めていく必要があると感じた言葉でした。

（2）ボランティアの募集と説明
①地域のキーパーソンを頼る

活動を実施するにあたり，まず，地域のさまざまなシニアが参加しているグループや地域のシニアに詳しく，ネットワークを持っている民生委員*と会い，この活動に参加可能なボランティアを募りました。それまでに親交のあった民生委員や児童委員*の方々に趣旨などを個別に説明し，それぞれの周囲に声をかけてもらうことから始めました。チラシなどを使って広く募集することも考えられましたが，この時は地道に地域のキーパーソンに声をかけて，紹介してもらうという方式をとりました。なぜなら，広く公募することによって，活動の趣旨に合わない人が参加したり，想定外の人数が応募してきたりすることが懸念されたからです。

活動の内容や趣旨を正確に伝えることができるツールを使い，ボランティアへのインタビューやスクリーニングなどにも慣れてくれば，より広く公募することも可能になると思います。

②意外と学校は敷居が高い

当初は，12名のボランティアを予定していましたが，予想以上に人が集まりませんでした。よく聞かれた声は「算数はよくわからないので」というものです。特に年配の女性は，算数に関して抵抗感を感じるようで，結果的には男性だけのボランティアで活動することになりました。しかし，その根底には，算数に関する抵抗感だけでなく，多くの地域の住民にとって，学校が決して親しみを持てる，行きやすい場所ではないということが感じられました。それは必ずしも学校側に原因があるのではなく，地域住民が持つ学校のイメージ，または個人が持つ学校に対する考えや価値観に依るところが大きいと思います。

ボランティアを募集しても人が集まらないというのはよく聞かれる話ですが，地域住民

が持つこのようなイメージが阻害要因になっていることも考えられます。募集の際には，より親しみや関心が持てるような，ポスターや広報誌などを作成することや活動名にも配慮することも大切でしょう。

③説明会は大切だが，万能ではない

ボランティア候補者に対しては，それぞれ都合の良い時間に説明会を設定し，1時間ほど活動の趣旨などを説明しました。説明会に出席した人のなかでボランティアを辞退した人はいませんでしたが，こうした説明会が非常に重要であるということを，後日いろいろな形で実感しました。また，説明会を開いたからといって，ボランティア側の意思や気持ちがはっきりわかるものでもないということもよくわかりました。

特に年配の男性にある傾向ですが，説明会でいくら丁寧に説明し，質問がないか確認して質問がなかったとしても，それは決して内容に納得しているという意味ではありませんでした。これは，学習支援活動というそもそもまったく経験のない世界に飛び込むということも大きく影響しますが，それ以上に内容を十分理解してもらうには思った以上に時間を要すること，そして質問をざっくばらんにするという場をつくるのは思った以上に難しいことだった，ということでもあります。複数の人がいる場ではなかなか聞きにくい，聞くと知識がない人間だと周りから思われやしないかと思っているのでは，などいろいろなことが想像されますが，こうした説明会を実施する際には，あえて誰でも知っていそうなことも丁寧に説明したり，説明会で終わった後に個別の質問にお答えしますというアナウンスを出したりする工夫があると良いかもしれません。

第2項 活動の運営

（1）シニアボランティアと教師の対面

活動が始まってしばらくたったある日，担当教師のY先生とボランティアメンバーが一同に会し，それぞれがどのように思っているかを聴く機会を設けました。ボランティアメンバーがどのようなことを感じながら活動をしているかについては，活動の様子等々から，おおよその察しはできましたが，念のために，授業の進め方などについての意見は言わないように，念押しをしておきました。

一方で，心配だったのはY先生がどのように思っているかでした。授業で忙しいこともあり，Y先生とは，その機会までなかなか話をするチャンスがなかったので，もしかして，「もう活動は無理です」という言葉が出てしまうのではないかと少し心配をしていました。

ボランティアメンバーに何か感じたことがあるか尋ねたところ，ボランティアのNさんが，「Y先生の授業，遅れていませんか？」と唐突に発言しました。Y先生は「大丈夫ですよ」と冷静に対応されましたが，この一件が，この後のY先生の活動に対する態度を大きく変えていきました。Y先生は，この学習支援活動に対して，自ら手を挙げて協力

してくださった先生です。ですが，このやりとりの後，活動に参加するシニアボランティアに対してもあまり声をかけなくなっていきました。

（2）学習支援活動の運営
①コーディネーターの介入
　シニアボランティアは，4年生と6年生の算数の授業にそれぞれ週に1回参加することになりました。コーディネーター役でもある私が，前の月に1か月分の算数やクラスのスケジュールを担任教師からもらい，それをそれぞれに配信して都合の良い日程を聞いた上で，授業の頻度や学年を見ながら調整するという手順でおこないました。

　この活動は研究の一貫でもあったので，一人ひとりのボランティアが，1年を通して同程度の回数関わるようにすること，4年生と6年生に同じ程度の割合で関わるように偏りを防ぐ必要がありました。ただし，こうした配慮は研究目的にかかわらず，どの学習支援活動であっても，必要なことです。活動に参加するボランティアがそれぞれの都合に合わせて可能な限り参加でき，一部の人に参加の回数が偏ることがないように調整しましょう。

　人によっては，ある特定の学年や学級だけで活動したいという希望を持っていることもあります。しかし，こうした要望を叶える場合には，あくまでも他のメンバーの承諾を得た上でおこないます。また，現実的に考えると，特にボランティアの数が多い場合には，それぞれの意見を集約し，またそれぞれの本音を聞いて，参加方法に反映するというのはなかなか困難なことです。コーディネーター（役）としては，ボランティア同士の不公平感を生まないためにも，活動の関わり方について事前に一定のルールを設け，説明する必要があるでしょう。

②必要なことの管理はパソコンが便利
　活動を運営する上での細々としたことの管理には，やはりパソコンが便利です。ボランティアメンバーの基本的な情報，当該月の予定などの他に，ボランティアが累計でどのくらい活動に参加しているか，また学年の偏りがないかなど学年別の参加回数などを，エクセルを使ってすぐに確認できるようにしました。コーディネーター（役）は，ボランティアから問い合わせがあった場合にすぐに対応できるようにそうした管理データの取り扱いに慣れると良いと思います。活動に関する基本的な情報は，自宅のみならず，常に携行し，連絡をもらったら，いつでもある程度のことに対応できるようにしておくと，活動の管理がスムーズです。

③教師の本音
　年度末に近づき，活動期間も終わりに近づいた頃，ボランティアメンバーから「Y先生が活動についてどのように感じているか聞いてみたい」という声が上がりました。そこで，私から，Y先生に時間をつくってほしいとお願いをしました。なかなか返事がもらえずにいたところ，職員室で偶然，会うことができましたので，「先生，ボランティアさんも，どうだったか気になっているので，ぜひ一度みなさんと会う機会をつくってもらえませんか？」とお願いしました。ところが，苛立った口調で，「ボランティアの自己満足のために時間はつくれません。」と言われてしまいました。

この言葉はショックでした。Y先生は，率直な思いから，そうした言葉を発したと思います。研究の一環として始めた活動ですが，私には地域住民の一人としてもこの活動を支えているという思いがあったので，何か自分の存在自体を否定された気がしました。

後日，Y先生を交えたボランティアとの打合せを開催することはできましたが，Y先生からはシニアボランティアがいることで授業が落ち着かなくなったなど，活動そのものに対する否定的な意見が出されました。また，Y先生と二人で話をするなかで，活動当初，自身の授業に関して意見を言われたことが気に障ったという発言もありました。

この経験は，その後の私の学校支援活動への関わり方にさまざまな影響を与えました。市民活動やボランティア活動をする上で，特にそうした活動を推進する側にいる人にとってこうした経験はとても重要なことだと思っています。地域も学校も当たり障りのない関わりだけでは，それなりのものしか生まれて来ません。本音のぶつかり合いがあって初めて，本当にお互いが求めているものがわかってくるのだと思います。

（3）活動の検証

この活動は，子どもたちの高齢者に対する意識と学力について検証することを目的としておこなったものでした。

①高齢者に対する意識の変化

まず高齢者に対する意識の変化を測るテストを使って検証しました。シニアボランティアによる学習支援活動を実施した4年と6年生にテストを実施した結果，活動を実施した4年生の学級において，テスト上高齢者に対する意識が向上していました。このような検証方法は，実際の学習支援活動において，活動をおこなっている学校やコーディネーターが検証したい内容に合わせて，方法も検討して実施してもよいかと思います。検証をする場合には，試験的に少ない人数で実施して調整したり，同じ質問項目を毎年おこなうことで変化を見たりということも大切です。

また，子どもたちがこの活動を通してシニアボランティアに対してどのように感じたかを，年度末にアンケートとインタビューにて検証しました。その結果，4年生の多くが肯定的な感情をシニアボランティアに示した一方，6年生では否定的な感情が認められました。

②交流行動の発生と学力への効果

この活動では，シニアボランティアと子どもたちの間にどのような交流行動が発生するかも検証しました。「指導をした」「話しかけた」「注意した」などの行動内容と，授業時間中にそうした行動が何度発生したかを記録しました。頻度を見ると，特に助言や指導といったタイプのものが4年生で多く観察されていました。これは，4年生の多くが算数に関する勉強の中心は学校での授業であること，つまり塾などで学習済みの児童の割合が少ない（現在では，そうでもないようですが）ことが考えられました。一方，6年生ともなると，ほとんどの子どもたちが塾に通っています。特に私学受験を予定している子どもたちにとっては，学校での算数の授業の内容は学習済みのものばかりであったようで，必然

的に，シニアボランティアがサポートする機会はかなり少なくなったようです。

（4）活動の効果と考察

こうした検証からわかったことは，

- 同じ算数という教科の学習支援でも，地域のボランティアに対して肯定的な感情を持つ学年と否定的な感情を持つ学年があった
- その背景には，活動内容がその学年にとって必要なものであるかどうか，などが影響する

ということでした。学校支援の活動にはさまざまなものがありますが，どんなものでも，全ての子どもに対して良い結果をもたらすものではなく，それぞれの学年に合わせた活動内容と活動方法があるということです。すなわち，想定した活動をどの学年に導入するかは慎重に検討する必要があるのです。

また，評価の一環としておこなった，子どもたちへのインタビューから発見したこともありました。担当のY先生の4年生のクラスでは，Y先生自身はシニアボランティアがいるとクラスが落ち着かなかったと話したのに対し，子どもたちのほうは，ほとんどが，シニアボランティアがいる時にはクラスが落ち着いていたという感想を述べていたのです。同じ場にいた教師と子どもたちの間にこうした差があったということは，大切な発見でした。この差は，おそらく，Y先生のほうがクラス内にいるシニアボランティアを過剰に意識してしまい，シニアボランティアの教室内の動きやちょっとした声が気になってしまったのではないかと思います。

子どもたちからの，シニアボランティアがいることによって勉強が助けられたこと，先生一人では全体を見きれないといった感想からは，シニアボランティアが実質的な支援となっていたことが伺えました。また，この結果を活かし，4年生への支援は継続し，6年生ではなく，さらに下の学年である3年生への支援をおこなうことになりました。

A小学校では，このように引き続き次年度にも，二つの学年の全クラスに，学習支援のためのシニアボランティアが導入されることになりましたが，前年度に作成したさまざまな資料や検証結果は担当教師に対する説明の際に，重要な資料となりました。特に子どもたちが良い評価をしているということが，活動継続への何よりもの説得材料になったと思います。

この活動をきっかけに，同校ではその後算数の学習支援の他，6年生の図工の授業での支援，理科の授業での支援，新一年生入学後1か月間の学習支援，昔遊びや校外活動での支援，英語の授業でのアシスタントなど，多くの活動において地域のシニアが活躍し続けています。

第2節

読み聞かせボランティア活動『りぷりんと』

倉岡正高

『りぷりんと』は世代間交流＊の効果を検証する研究プロジェクトとして，東京都健康長寿医療センター研究所（前東京都老人総合研究所）が，2004年より始めたシニアボランティアによる子どもへの絵本の読み聞かせのボランティア活動です。

『りぷりんと』の活動では絵本の読み聞かせを習得する講座を受講した後に，参加者が自主的なグループを運営しながら地域のさまざまな地域で読み聞かせをします。全国的に広がっている活動であり，またシニア自身の健康づくりにつながっていること，そして専属のインストラクターが読み聞かせの講座から自主化後の定期的な練習や読み聞かせの場についても，シニアを支援しているのが特徴です。

第1項 『りぷりんと』の誕生

（1）活動スタートから現在
①活動の流れ

『りぷりんと』は，シニアの世代間交流を通した「社会貢献」「生涯学習＊」「グループ活動」を基本コンセプトにした研究プロジェクトとして始まりました。その名前は，研究プロジェクトの英語名でもあるREsearch of PRoductivity by INTergenerational Sympathy "REPRINTS"（りぷりんと）に由来します。REPRINTとは英語で復刻版を意味することから，「絶版になった名作絵本が復刻されるように，シニアが自らの人生に再びスポットをあて，その役割を取り戻し，コミュニティ再生のために復刻を遂げてほしい」という願いが込められています。

この研究のために，絵本の読み聞かせの場である学校のニーズとシニア側の興味と実行可能性・継続性を考慮し，シニアの読み聞かせに必要なノウハウを学ぶための具体的な研修プログラムを開発しました。シニアボランティアは，このプログラムを通して，絵本の読み聞かせの意義や，絵本の選び方，発声方法までを3か月間（週1回2時間）にわたって学んでから，地域の学校や幼稚園などでの読み聞かせを実践しました。

1グループ6～10人単位に分かれ，地域の公立小学校，幼稚園，児童館への定期的な

訪問・交流活動（主な内容は絵本の読み聞かせ）を開始しました。これらの活動を通して参加したシニアにどのような効果があったのかを検証するために，活動前と活動開始から9か月後に健康調査を実施し，絵本の読み聞かせをしなかったシニアと比較検証をした他，子どもや保護者，教職員などを対象にした調査もおこないました。

②活動エリアと活動者数

『りぷりんと』は，研究開始時に協力が得られた東京都中央区，神奈川県川崎市多摩区，滋賀県長浜市の各モデル地区（以降エリアと呼ぶ）で開始されました。それぞれのエリアに住んでいる60歳以上の住民を対象として一般公募をおこない，集まったボランティア志願者67人（平均年齢68.9歳）でスタートしました。

2007年以降，研究に参加したシニアはボランティアとして各エリアで完全に自主運営をしています。その後，さまざまな研究事業や，自治体の介護予防事業などの一環としてシニアの絵本読み聞かせプログラムが導入され，東京都杉並区，東京都豊島区，横浜市青葉区，東京都文京区など，活動エリアは年々拡大しており，2015年現在，280名ものボランティアが約100か所もの小中学校，幼・保育園などで活動をしています。

（2）自主グループへの道
①自主グループ化の魅力

研究事業として始まった『りぷりんと』は，当初からシニアを対象にした単なる読み聞かせの講座ではなく，読み聞かせの実践やグループ活動を重ねながら，世代間や同世代の交流を通して日頃の生活の質の向上や健康づくりを目指していました。そのため，活動開始当初から現在に至るまで，事前の講座を修了すれば受講生が地域で読み聞かせをしてみたいと思えるよう，研究所とシニアが一緒になってさまざまな議論を重ねながら工夫をしてきました。

自主グループとして活動していくように促すことは，実質的な地域での活動につなげるための大きなステップとなります。自主グループとして活動するということは，さまざまな役割を分担することやグループの目的の共有など，メンバー間でのさまざまな確認や具体的な手続きなどが伴うことになります。なくてはならない規約や定例会の運営方法などは，一見，シニアボランティアが読み聞かせ活動をおこなうことと直接関係のないことのように思われますが，長期的に全ての会員が安定した活動をするためには，欠かせない活動の一部です。

たとえば，定例会では，それぞれの読み聞かせ施設先での活動状況について，それぞれのグループのメンバーが報告することがあります。こうした報告を通して各グループがどのような絵本を選んでいるのか，子どもたちからどのような反応があったのかを知ることができます。同じ活動をしている，他のグループからの報告を，自分の担当する施設での読み聞かせに活かしたり，各施設の報告を聞くことによってメンバーの編成を変更してみたり，施設への提案や新しい施設の開拓の参考にしたりと，活動全体に反映することができ，活動自体がその都度進歩していきます。

また，それぞれの施設での活動の状況やメンバー間の関係を把握することは，グループ

第6章　シニアボランティアの活動事例

の役員にとって運営上必要なことです。活動先と約束したように，定期的に読み聞かせがきちんとおこなわれているのかどうか，またメンバーに過度な負担が生じていないかなどが，定例会の報告からも読みとることができます。

　このように，自主グループとして活動していくことは『りぷりんと』の大切なテーマであり，こうした丁寧な活動の仕組みは，読み聞かせ先からの信頼構築にも，ひいては『りぷりんと』のネームバリューにもつながっています。一方，こうした自主グループの活動では，メンバー一人ひとりの状態を把握し，支援していくことが重要です。個々のメンバーが加齢により身体的にも認知的にも課題を抱えるようになっても，可能な限り継続的に活動できるようにするためには，助け合いながらどのような支援ができるかをグループ全体で考える上でも自主化してグループとして活動することが重要なのです。

　第5章の安定したグループづくり（p.174）にもあったように，活動内容の見直しも含めて個々の活動やグループの活動全体について定期的に課題を把握し，方策を検討し改善するのは自主グループとして活動しているからこそできることです。

②NPO法人りぷりんとネットワーク

　2014年には，各エリアのグループの代表者や専門家を中心にNPO*法人りぷりんとネットワークを立ち上げました。この法人では，各エリアの活動を支援すべく，インストラクターの養成の他，各エリアの活動の助成金*の申請手続きを支援したりしています。各エリアの代表者がそれぞれのエリアで抱えるさまざまな課題を他のエリアの代表者と共有することによってアドバイスを得たり，具体的な解決方法を検討したりする機会にもなっています。

　個人が孤立するような活動にならないこと，さらには各エリアで課題に直面した時にも相談したり，支え合ったりする仕組みができていることが，『りぷりんと』の活動の強みであり活動が継続している理由だと言えます。

第2項　『りぷりんと』の特徴

（1）専属のインストラクターの存在

　『りぷりんと』の活動に，コーディネーターと呼ばれる人はいません。しかし，活動発足が研究事業の一環であったことから，これまで数多くの研究者がプログラムの開発から自主化後の活動の支援までを，きめ細かくおこなってきました。この研究者の存在が，コーディネーター的な役割も担ってきたと言えます。

　現在，そうした関わりは減ってきていますが，代わりにそれぞれのエリアでは『りぷりんと』専属のインストラクターが定期的に読み聞かせの技術指導をおこなったり，活動の受け入れ場所（学校や幼稚園，保育園等の読み聞かせの場所）獲得の支援をしたり，会の運営を円滑にするためのさまざまな助言や支援をおこなっています。

　インストラクターは，研究プロジェクト開始当初から協力いただいている絵本の読み聞かせの専門家の他，東京都健康長寿医療センター研究所，NPO法人りぷりんとネットワークがその養成に取り組んでいます。『りぷりんと』の絵本の読み聞かせのインストラクターは，各地で開催される絵本の読み聞かせ講座での指導にあたると共に，担当するエリアで前述のような活動をしています。こうした活動においてインストラクターは，時にメンバーの技術的な指導だけでなく，活動全体の運営の支援，各エリアにおける読み聞かせの場の紹介や新規開拓の支援などもおこなっており，まさにコーディネーター的な役割を担っていると言えます。

　さらには，個々の読み聞かせの現場での活動状況を把握し，健康状態やグループ内での活動の様子などを確認することにより適切な支援を提供しています。必要な場合には，読み聞かせ先の担当者に相談し，シニアボランティアが円滑に読み聞かせができるよう要望を出すというように，常にシニア目線で活動の向上に努めているのが特徴です。

（2）活動の評価

　研究事業としてスタートした『りぷりんと』は，当初からさまざまな評価を実施し，活動の検証をおこなってきました。研究開始から10年以上経過した現在も，当初から毎年継続的に実施されている健康調査や，新しい評価方法や項目による検証なども随時おこなわれています。

　2004年に，絵本の読み聞かせ講座を修了した受講生を対象におこなった調査では，高齢者の健康の総合的なバロメーターと言われる主観的健康観（自分で健康だと思うか）について，「とても健康」から「健康でない」の4段階の選択肢に順に3〜0点を配点して調べました。社会的ネットワークについては，日頃付き合いのある人の数を6段階の選択肢に分けて，順に0点から5点を配点しました。接触頻度については，「まったく会わない」「1か月に1回未満」「1か月に1回程度」「1か月に2，3回」「1週間に1回程度」

「1週間に2回以上」の6段階の選択肢に順に0点から5点を配点して評価しました。活動開始から9か月間の短期的な効果としては、以下のようなものがありました。

活動を継続していた56人のほうが活動していない人たちに比べて、孫、近隣以外の子どもとの交流頻度及び近隣以外の友人・知人の数が増加していました。また、活動していた人たちのほうが、「地域への愛着と誇り」「主観的健康観」について、改善されている、もしくは低下の抑制が見られました。さらに、1年間、観察期間を延長したところ、週1時間以上、小学校を訪問し、交流をおこなった人は、好成績を維持しました。

すなわち、高齢期であっても、新たに社会参加活動を始めることにより、異世代のみならず、同世代のネットワークも広がり、さらには主観的健康観を高く維持できることがわかりました。

この研究では児童に対する効果も調べています。一般に高齢者に対するイメージは児童の成長と共に低下しますが、シニアの絵本の読み聞かせが始まって1年間、児童を追跡調査したところ、シニアボランティアとの交流頻度が高い児童の場合には、1年たった後も肯定的なイメージを維持していました。読み聞かせの活動を通してボランティア仲間同士の助け合いや地域住民への支援などコミュニティへの効果なども生んでおり、すでに活動がおこなわれている地域のみならず新しい地域においてもそのような効果は広がりを見せています。

こうした結果は、活動をしているシニアボランティアへ報告されているのはもちろん、活動先のさまざまな施設や、『りぷりんと』の活動を取り入れている自治体の所管部局とも共有しています。さまざまな角度から検証し、その情報を共有することがシニアの活動の原動力にもなり、また継続的に活動ができるための支援を得ることにもつながっています。

第3節
地域活動交流コーディネーターの取り組み

金子裕利

　横浜市には、中学校区に1館の割合で、地域ケアプラザ（以下、ケアプラザ）が設置されています。ケアプラザには、設置当初から横浜市独自の職種として「活動・交流・相談スタッフ」、現在の地域活動交流コーディネーターがそれぞれ1名配置されています。地域活動交流コーディネーターとして地域との関係をどのように築いてきたのか、また地域との関係性を活かしてどのような活動をしてきたのか、という点について、いくつかの事例を挙げながら振り返りたいと思います。

第1項　横浜市地域ケアプラザと地域活動交流コーディネーター

（1）地域ケアプラザ

　横浜市は、1993年11月、全国に先駆けて市で初めて在宅支援サービスセンターを設置しました。その後、さらに条例が整備され中学校区に1館「身近な相談できる地域の交流拠点」として、地域ケアプラザ（以下、ケアプラザ）の設置が進められました。ケアプラザは、「市民の誰もが地域において健康で安心して生活を営むことができるように、地域における福祉活動、保健活動等の振興を図ると共に、福祉サービス、保健サービス等を総合的に提供するため、本市に地域ケアプラザを設置する」（横浜市地域ケアプラザ条例第1条）と定められています。より地域の身近な場所に設置した施設で、全てのケアプラザに地域包括支援センター*が設置されています。

　ケアプラザは、①地域活動・交流部門：ボランティア・地域活動を目的とした各部屋の貸し出し、ボランティア支援・育成、各種講座や自主事業の実施、②地域包括支援センター：福祉に関する総合相談、介護予防*支援（介護予防プランの作成）、地域支援事業、介護予防事業など、③居宅介護支援：ケアマネジャー*によるケアプランの作成、④通所介護（デイサービス）：介護保険法に定められた通所介護、といった複数の機能を持っているのが特徴です。

（２）地域活動交流コーディネーターの役割

　ケアプラザの事業の一つである地域活動交流事業を担当するのが地域活動交流コーディネーター（以下，コーディネーター）です。事業の内容は，ケアプラザを中心に①地域からの相談窓口，②福祉保健活動等に関する情報収集，及び情報提供，③福祉保健活動団体等が活動する場の提供，④自主事業の実施，⑤ボランティア育成及びコーディネート，⑥福祉教育，⑦地域団体，地域活動支援，⑧情報発信とされています（※地域ケアプラザ業務連携指針より）。

　コーディネーターは，乳幼児から高齢者，障がい者まで社会的なサポートを必要とする人の支援のあり方や地域の課題を地域住民と一緒に解決していく役割を担っており，課題の解決方法はさまざまです。福祉の特別な資格要件は定められていないため資格がなくても従事できますが，各ケアプラザの指定管理者＊である社会福祉法人が独自に採用の条件を定めています。常勤１名のコーディネーターの他，コーディネーターの補佐役のサブコーディネーター３名〜10名程度がこうした事業を担っています。

　コーディネーターは，サブコーディネーターと協力して事業を展開していきます。同時に，ケアプラザに併設されている地域包括支援センターとの協力も地域支援をしていく上で必要不可欠です。また，区役所や区社会福祉協議会など関係機関との連携も必要です。コーディネーターには，ケアプラザが地域の社会資源としての役割を果たしていくために，ケアプラザで取り組まれているさまざまな事業と地域をつなげることが求められるのです。

第２項　実際の活動を通して見えたこと

（１）「まちのあるべき姿をイメージする」ことと「押し付けない」こと

　私が勤務しているケアプラザは横浜市南西部，人口276,429人の戸塚区にあります（平成27年度横浜市住民基本台帳より）。

　担当している地域は人口24,138人，世帯数10,656世帯，高齢化率29.1％，25の自治会町内会から構成されています。急傾斜地が多く戦後，都心部のベッドタウンとして開発された一方で，今現在も田畑や緑などが多く，村社会の文化も色濃く残る歴史ある地域でもあります。私は長年にわたり，コーディネーターとしてこの地域に携わってきました。日々の活動のなかで，地域の魅力や住民同士のつながり，そして地域を支える住民の力を体感したことから「住民主導のまちづくり」を目指して取り組んできました。それは「住民自らが地域を知り，気づき，取り組むこと」が非常に大きな力になると考えていたからです。地域のなかでネットワークを構築しながら，地域の特性や各組織の特徴を把握し，常にその地域がどういう地域なのかを意識し，どうあるべきかをイメージしながら関わってきました。もちろん，ネットワークを構築していく過程では，常に地域から情報収集すると共にそのアセスメントも欠かせません。地域住民が中心となって地域の課題を解決し

ていくプロセスを重視し地域に携わっていくためには専門職として，地域状況を把握した上で「常に地域のあるべき姿やコーディネーター自身の役割を『イメージ』すること」が非常に大事になってくると同時に，そのイメージを「押し付けない」ことが求められます。

（2）コーディネーターの役割は変化する

　コーディネーターがイメージする地域のあるべき姿は，地域活動の会議や連絡会にもつながっていきます。イメージしている地域のあるべき姿に対して，各地域活動団体がどのような役割を果たしていくのか，また担えるのか，地域住民が自らの役割を見いだしていけるように，コーディネーターは関わっていきます。

　コーディネーターの果たす役割は，常に同じではありません。その地域の特徴や地域の組織を構成する住民によって異なりますので，地域のあるべき姿に向けて，コーディネーターはどのような役割を果たせばよいのか常に考え，状況に応じて変化させていかなくてはなりません。

　たとえばＡ地区とＢ地区では，高齢者の見守り活動に関する連絡会をおこなっています。どちらも同じ趣旨を持った連絡会ですが，それぞれの連絡会でコーディネーターが果たす役割は異なっています。

　Ａ地区では「高齢者の見守り」について，どのようにすればよいのか，会のメンバーが具体的な意見を持っており，活発に意見が出されています。そのためコーディネーターの役割は，連絡会で出された意見を形にしていくことです。たとえば，連絡会で出された意見について共有認識を持てるように，板書したり，イメージ図を作成したりすることを通して整理し，会のメンバーに戻していく作業を担っています。その課程のなかで，議論が必要だなというポイントがあった場合には，コーディネーターの意見として，客観的な立場から発言し，議論を促します。

　一方，Ｂ地区では「高齢者の見守り」について，会のメンバーがどう考えているのかがまだわかりません。意見交換もできていないので，まずは連絡会で「高齢者の見守り」についての意見を出し合える雰囲気や環境を整えていく必要があります。コーディネーターの役割は，メンバー自らが「高齢者の見守り」について具体的に考え，さらには，そうした意見を出しやすいような雰囲気づくりをすることにあります。

　Ａ地区とＢ地区の連絡会の状況が異なっているために，コーディネーターの関わり方も異なっていますが，同じ趣旨であったとしても，地域によってニーズが異なることはもちろん，支える地域活動団体や組織の特徴，ボランティアメンバーの特性などによっても異なります。コーディネーターは，地域の特徴や組織する住民の特徴を把握，理解し，活動を進めて行くなかで，役割を柔軟に変えて関わっていくことが求められます。

（3）地域への積極的な働きかけ

　同じ横浜市のコーディネーターと話すと，課題の一つとして，「地域との関係づくり」

があげられることも少なくありません。コーディネーターの活動にあたって，地域においてネットワークを構築することは欠かせませんが，そのためには，コーディネーターが積極的に地域に出向き，働きかけることが大切です。さまざまなケースに対してその場に出向き，直接働きかけることは，自然とネットワークの構築につながっていきます。ここからは「住民自らが地域を知り，気づき，取り組むこと」を目指して実践した，C地区での二つの例をご紹介します。C地区は14の町内会から組織されている地区で，ケアプラザからはもっとも遠くケアプラザやコーディネーターの存在はあまり知られていない地区でした。一方で高齢化率が高く大規模な県営住宅もあり，地域包括支援センターに寄せられる相談件数が多い地区でもありました。そこで，私は積極的に地域活動の催し物や定例会に出向くことで，存在を知ってもらうことから始めました。当初は好意的ではない時期もありましたが，しだいに関係性を築き上げていくことができました。

①小学校と地域で取り組んだ「まち」のガイドブックづくり

ある小学校で「福祉」について伝える役割を担っていた私は，五年生を対象にケアプラザ・デイサービス利用者との交流会，高齢者疑似体験，認知症サポーター養成講座[*]，そして4か所の町内会館を利用した高齢者交流会（住民参加者は約100名）を実施しました。翌年，「福祉について伝えてほしい」という依頼を再度受けた私は，地区会長に依頼し，教員，会長，コーディネーターである私の三者で，新たな年間プログラムを検討し実施しました。地区会長による授業を数回に渡り開催した結果，児童からは「地域のために何かしたい！」という声が上がってきました。その声をきっかけに「まち」のガイドブックづくりが始まり，見事完成に至りました。完成までの間，地区の定例会や役員が集まって「まちの話を聞く会」等を開催し，学校や児童，地区との信頼関係や結びつきを徐々に育てながら進め，完成後も地域で語り継がれる事業となりました。

この事業での私の役割は，学校と地域の間に立つことができる唯一の存在として，時には翻訳家になり時には潤滑油のようになりながら，学校と地域が一体となって事業を進めていく上で，後方支援をすることでした。

②高齢者を支えるボランティアグループの誕生

C地区社会福祉協議会の代表に地域から要望が入り，組織された活動です。「自分のできることを地域の高齢者に役立てたい」というボランティアの声もあり13名でスタートしました。アンケート等でお手伝いの内容を検討しましたが，当初は依頼がありませんでした。現在は，依頼件数が年間400件を超える活動になっています。主に介護保険では対応できない部分を担う日常生活を支援する活動で，ゴミ出しや庭仕事等を主にしています。スタート当初から私にも相談が入り，携わることになりました。コーディネーターとしての役割は，他地区ですでに取り組まれている活動団体との勉強会の企画や，個人情報に関する研修会，またニーズに対しての判断基準のアドバイス等，後方支援役であり，現在も携わっています。その他，地域包括支援センターに寄せられた個別の相談やボランティア活動に関する相談に対して，活動を紹介することも多々あります。

コーディネーターの視点として大切なことは，一つは各事業を個別に捉えるのではなく，C地区全体に対する視点で捉えることだと思います。そうすることで，それぞれの事業に

関わった人たちが，すでに地域のなかでネットワークを構築していることもあり，互いに影響し合いながら活動が広がっていく可能性があるからです。活動の広がり方は，住民内で終わるかもしれませんし，さらに新たな事業展開につながるかもしれません。こうした大きなイメージを持つことも大切だと考えています。もう一つは，コーディネーターが中心に動くのではなく，あくまでも地域が主体となって動いていけるように環境を整える，ということです。コーディネーターの役割は，地域のなかで人や社会資源をつなぎ合わせて「力」に変えていくことにあるからです。

第3項 常に傍にいる存在に～地域の仲間として～

　ある男性が，ケアプラザに「定年退職したばかりで，何もすることがない。地域とのつながりも何もない。ボランティアをさせてほしい」と相談に来られました。この男性を施設ボランティアとして受け入れるのと同時に，地域の紹介や地域の活動についてもお伝えしたところ，このことをきっかけに住んでいる自治会の役員も務めることになり，施設ボランティアと地域活動の両方を担うようになりました。その男性は，「コーディネーターがケアプラザにいてくれたので今の自分がある。常に相談することができるし，特に地域活動での困りごとを聞いてもらえて助かる」と言ってくれました。

　また，以前，担当している地区でアンケートを実施したことがあります。「コーディネーターはどのような存在か」に対する答えでは，「地域活動の仲間」とした回答が一番多く，その他「理解者」や「地域のまとめ役」「良き相談相手」「家族」などといった回答でした。私が地域に出向き関わり続けた結果であり，コーディネーターと地域との関係性をあらわす回答となっていたと思います。「こうなっていくだろうというイメージを持ちながら住民に寄り添い，さまざまな切り口から話を展開しながら，あくまでも住民が決め，つくっていく」というスタンスで地域と関わってきた結果であり，専門職が考えた地域の理想像やシステムを一方的に当てはめるのではなく，あくまでも地域住民の目線に立ち住民自身が考える地域像を尊重しそれに向かって取り組んでいくプロセスを大切にしてきた結果であると思います。

　コーディネーターと地域住民は常に「お互い様」の関係性にあります。コーディネーターは，時には地域の生活者として，時には福祉の専門職としての立場を行き来することで，「地域の仲間」として「傍に常にいる存在」になり得ることができるのだと思います。「どうすれば地域を動かせますか？」という質問を，受けることがありますが，私は，「コーディネーターが地域を動かすのではなく，地域が動いていく時にコーディネーターが常に傍にいるという関係性ができているかどうかではないか」と答えています。

　コーディネーターは，専門職としての視点や知識を持ちつつ，すぐ傍らで，地域住民のみなさんと一緒に考え取り組んでいく存在でありたいと思っています。地域の「力」を信じながらコーディネーターとしてその「力」を活かせるような環境をどれだけつくることができるか，他職種にはない無限の可能性があると感じています。

第6章　シニアボランティアの活動事例

第6章　用語解説

p.187

民生委員

社会奉仕の精神を持って常に住民の立場に立って相談に応じ，必要な援助をおこない，福祉事務所等関係行政機関の業務に協力するなどして，社会福祉の増進に努める人（民生委員法第1条）。

児童委員

都道府県知事の指揮監督を受け，市町村の担当区域において児童及び妊産婦の生活及び環境の状況を適切に把握し，その保護，保健その他福祉につき援助及び指導をおこなうと共に，児童福祉司または福祉事務所の社会福祉主事の職務に協力する。

p.192

世代間交流

異世代の人々が相互に協力し合って働き，助け合うこと，高齢者が習得した知恵や英知，ものの考え方や解釈を若い世代に言い伝えること（Newman S, 1997）。

生涯学習（lifelong learning）

個人が，自由意志に基づき，生涯にわたり学び・学習活動を続けていくこと。

文部科学省の「人々が自己の充実・啓発や生活の向上のために，自発的意思に基づいて行うことを基本とし，必要に応じて自己に適した手段・方法を自ら選んで，生涯を通じて行う学習である」という定義（昭和56年の中央教育審議会答申「生涯教育について」）が知られる。生涯教育は，そうした個人，家庭，地域，社会の向上のために，生涯を通じて発達を促す教育的な営み。

p.194

NPO：Non-Profit Ogranization（非営利組織）

政府や企業ではない民間組織としてさまざまな社会的な課題などに取り組む組織。日本では，特定非営利活動促進法に基づいて法人格を取得した団体のこと

助成金

何らかの活動や事業に対して，国，自治体，民間団体などがその活動の趣旨や内容を審査し，援助するお金。通常，正しく活動や事業がおこなわれれば返還が要求されるものではない。

p.197

地域包括支援センター

地域住民の心身の健康の保持及び生活の安定のために必要な援助をおこなうことにより，地域住民の保健医療の向上及び福祉の増進を包括的に支援することを目的として，包括的支援事業等を地域において一体的に実施する役割を担う機関（厚生労働省，地域包括支援センターの手引きより）。

介護予防

厚生労働省の「介護予防マニュアル（改訂版）」によると，「要介護状態の発生をできる限り防ぐ（遅らせる）こと，そして要介護状態にあってもその悪化をできる限り防ぐこと，さらには軽減を目的とすること」と定義されている。

ケアマネージャー

介護支援専門員とも呼ばれる。介護保険制度で，要介護者または要支援者からの相談に応じると共に，要介護者等がその心身の状況等に応じて，適切なサービスを利用できるよう，市町村，サービス事業者，施設などとの連絡調整等をおこなう。要介護者等が自立した日常生活を営むのに必要な援助に関する専門的知識及び技術を有する者として介護支援専門員証の甲府を受けた者をいう。

p.198

指定管理者

公民館や公園といった公共の施設の管理をするために，ある一定の期間を定めて，地方公共団体が指定する団体のこと。公共性の確保の観点から，地方自治法により公共的団体等に限定（管理委託制度）されていたが，地方自治法の一部を改正する法律が平成15年6月公布，9月に施行され，民間企業やNPO法人等にも管理運営を委ねることを可能とした指定管理者制度が設けられた。

p.200

認知症サポーター養成講座

わが国では「認知症を知り，地域をつくるキャンペーン」の一環として「認知症サポーターキャラバン」を実施している。そして，認知症の方が安心して暮らせるまちづくりに関する活動の担い手となる「認知症サポーター」を全国で養成している。

おわりに

　本書のキーワードである，シニアボランティアとコーディネーターという二つの言葉について，もう一度，振り返ってみましょう。従来，日本人にとって，ボランティア活動には，奉仕活動というイメージがありました。地域や公園の清掃，募金活動やリサイクルの収集といった比較的，画一的な内容の活動だったように思います。ところが，今や，介護福祉や子育ての現場での支援，学校での児童の学習支援や地域の健康づくりのサポーターなど対人的な活動が増えると共に，その内容は複雑になりました。また，ボランティア活動を取り巻く人たちは，活動の対象だけでなく，依頼主である職員や保護者・家族，さらには町・自治会といったステークホルダーも多岐にわたっています。こうした，多様な関係者とボランティア活動をどう展開していくかということを調整するためには，専門のコーディネーター（役）の配置が必要なことは容易に想像できます。

　次に，少子超高齢化と人口減少が進むわが国において，地域を活性化する互助の担い手の主人公がシニアボランティアであることは言うまでもありません。一方，シニアボランティアは，退職後も，まだまだ，他人の役に立とうという思いを抱き，アクティブにボランティア活動に参加していくわけですから，自分の考えや生き方をしっかり主張する人が多いことも理解できます。また，職場と違い，雇用関係ではなく自由意志で参画するボランティア活動には基本的に上下関係がありません。そのため，ボランティア活動に対する考えや行動に微妙なズレがあると，ボランティア同士や関係者の間に確執や不信・不満が生まれることも少なくありません。

　でも，そうしたトラブルが生じることは，本来，当たり前ではないでしょうか？
人は，ずっと，学校や職場の人間関係のしがらみのなかで悲喜こもごも暮らしています。ましてや，数十年もの間，まったく異なる価値観・社会背景のもとで生きてきた多種多様なシニア世代の人たちが集まると確執が生じるのも自然なことです。私たちは長年，退職後シニア世代の社会参加についての研究を進めてきたなかで，ともすれば，社会参加のプラスの側面ばかりを強調してしまいがちですが，ネガティブな側面も見逃せません。人間関係のトラブルの結果，ボランティアグループが分裂したり，遂には解散してしまったりすることもあります。そのような結果は，コーディネーター（役），ボランティア自身双方にとっても，残念極まりないでしょう。

　私は，これまで数えきれないほど多くのシニアボランティアと巡り合いました。そのなかで，自身も輝きながら長くボランティア活動に従事している「ボランティア活動の達人」から学んだ「3つのK」という名言を紹介します。第一に，ボランティア活動をしてあげているのではなく，活動ができる状況や環境に感謝のK，第二に，自分の思いや行為が伝わらない人や状況に対する寛容のK，そして第三に，年々感動する機会が少なくなる日常においてボランティア活動を通して得られる感動のKです。ボランティア活動の現場を「舞台」にたとえれば，シニアボランティアは個性派名優揃いです。確かに，躍動感や声量は若手俳優に劣るかもしれません。しかし，そのいぶし銀のごとき才能は名監督により120％引き出されると，多くの人々を感動させます。本書はこれからも，シニアボランティアの名演技に感動する人々と，120％のパーフォマンスを出し切り，自らも感動するシニアボランティアと，そして名監督さながらシニアボランティアの晴れ姿を感動しながら見守るコーディネーター（役）の三者三様の感動「3つのK」を応援していきたいと思います。

2016年3月　編者を代表して　藤原　佳典

INDEX／さくいん

あ

悪性健忘……………………… 52
アルツハイマー病………… 52, 77
生きがい……… 4, 26, 65, 69, 142
意識障害………………… 53, 77
意味記憶……………………… 51
エイジズム……………… 69, 78
エクリン汗腺……………… 72, 78
エピソード記憶……………… 51
エンパワメント………… 143, 158
オリエンテーション…… 106, 133

か

介護予防…… 117, 142, 158, 202
介護予防サポーター………… 153
介護予防サポーター養成講座
　………………………… 160, 184
介護予防リーダー養成講座… 146
会場費………………………… 172
会則…………………………… 169
会費…………………………… 172
学習支援………… 160, 187, 189
学習支援活動…………… 186, 189
学童保育………………… 27, 32
学校運営協議会……… 84, 88, 158
学校支援活動…………… 84, 190
学校支援地域本部……… 84, 158
学校支援ボランティア…… 84, 160
活動資金………………… 167, 171
ガバナンス……………… 160, 184
加齢現象……………………… 54
加齢黄斑変性…………… 71, 78
感音難聴………………… 70, 78
環境への適応………………… 45
感染症………… 65, 72, 110, 135
記憶機能………………… 49, 51
記憶障害………………… 53, 77
危機管理………………… 109, 136
基質……………………… 36, 77

気道確保……………………… 73
嗅覚…………………………… 72
行政相談委員…………… 15, 31
クオリティ・オブ・ライフ…… 69
グループのオープン性……… 182
グループワーク…… 144, 154, 167
ケアプラザ…………………… 197
ケアマネージャー……… 197, 202
傾聴ボランティア…… 24, 32, 160
健康維持……………………… 180
健康課題………… 65, 156, 175
健康管理……………………… 65
健康支援……………………… 156
健康寿命………………… 9, 12
健康診断……………………… 72
健康チェック…………… 110, 136
言語機能……………………… 49
現実感覚………………… 58, 78
コーディネーター（役）……… 80
コーディネートスキル……… 154
国際生活機能分類……… 2, 11
国際労働機関………………… 17
個人情報………… 109, 136, 169
骨折……………………… 36, 44
骨粗鬆症……………………… 36
骨密度…………………… 36, 77
コミュニケーション… 48, 62, 178
コミュニティビジネス…… 16, 31
コミュニティ・スクール… 84, 158
孤立死…………………… 5, 11
孤立予防………………… 10, 149
コンサルタント………… 176, 184

さ

サービスラーニング…… 16, 31
サクセスフル・エイジング…… 68
作動記憶……………………… 51
サルコペニア………………… 34
自我……………………… 58, 77
視空間認知機能……………… 49
思考・想像力………………… 49

自己啓発………………… 7, 11
自己効力感……………… 10, 12
事前研修………… 106, 133, 165
執行部…………………… 169, 179
指定管理者…… 16, 31, 198, 202
児童委員………………… 187, 202
自動体外式除細動器………… 74
シニアボランティアグループ
　…………………………………… 174
社会関係資本…… 17, 32, 89, 121,
　　　　　　　　　　　158, 184
社会貢献…………………… 192
社会貢献意識…………… 21, 61
社会貢献活動…………… 8, 27
社会参加………………… 2, 67
社会参加活動…………… 2, 7, 10
社会資源…………………… 162
社会的孤立……………… 5, 11
社会的サポート………… 5, 6
社会の責任……………… 7, 11
社会的ネットワーク…… 5, 6, 70
社会的役割……………… 67, 68
社会福祉協議会… 109, 198, 200
主観的健康感…… 58, 60, 196
主任介護支援専門員…… 183, 184
生涯学習……… 7, 11, 16, 29, 31,
　　　　　　　　　192, 202
生涯学習活動……………… 116
傷害保険…………………… 109
状況判断……………………… 41
書記………………………… 168
除細動………………………… 74
助成金…… 16, 31, 162, 172, 184
視力低下……………………… 71
心血管系疾患………………… 73
心室細動………………… 74, 78
身体機能… 5, 11, 34, 46, 52, 149
心肺蘇生……………………… 73
スクールゾーン………… 89, 158
スクリーニング………… 101, 130
すり足…………………… 40, 44
生活機能………… 7, 11, 42, 68

INDEX／さくいん

生活機能障害 42, **77**
生活支援コーディネーター **117**
生活の質 69, **142**
生産性 9, **12**
青年海外協力隊 16, **31**
世界保健機関 **2**
世代会計 9, **12**
世代間格差 6, 9
世代間交流 92, 115, 123, 141, 158, 192, 202
喪失体験 55, 57, 59
ソーシャルビジネス 16, **31**
ソーシャル・キャピタル ... 17, **32**, 89, 121, **158**, 177, 184

た

体温調節機構 72, **78**
体操ボランティア 146, 149
体調チェック票 75, 76
多重役割理論 10, **12**
地域活動交流コーディネーター
.... 117, 197
地域ケアプラザ 117, 197
地域貢献プログラム 16, **31**
地域包括ケアシステム **117**
地域包括支援センター ... 117, 150, **158**, 183, 197, 202
知的活動 48, 50, 55
注意機能 49
超高齢社会 4, **11**
通所サービス 7, 8
通信費 172
デイサービス 7, 197
定例会 170, 174
手続き記憶 51
伝音難聴 70, **78**
転倒 35, 40, 44
糖尿病網膜症 71, **78**
閉じこもり 42
トレーニングの原則 46, **77**

な

ニュースレター 99, 128, **158**
認知機能 5, **11**, 46, 51, 55

認知機能障害 43, 53, **77**
認知症 27, 52, **77**
認知症サポーター 153
認知症サポーター養成講座 160, 184, 200, 202
寝たきり 34, 44, **77**
年少人口 4, **11**
脳血管系疾患 73

は

徘徊 27, 32
廃用症候群 142, **158**
バランス能力 ... 34, 42, 44, **77**, 149
皮膚感覚 72
ファシリテーション 154
副交感神経 60, **78**
福祉委員 15, **31**
振り返りテスト 144
ブレーンストーミング 91, 123
プレスリリース 99, 129
プロダクティヴ・エイジング ... 27, 32, 69
平衡感覚 42, **77**
ベビーブーム世代 68, **78**
ヘルスサポーター養成講座 144
変形性関節症 37
変形性脊椎症 38
放課後子ども総合プラン 84, **158**
保健福祉関連施設 117
歩行能力 40, 149
保護司 15, **31**
ボランティアイズム 29
ボランティアグループ 160
ボランティアセンター 173
ボランティア保険 109, 172

ま

味覚 72
味蕾 72, **78**
民生委員 15, **31**, 89, 120, **158**, 187, 202
名簿 169
免疫機能 37, 60, **77**

メンター 17, **31**
目的の階層化 91, 122
もの忘れ 49, 52, 54

や

役割分担 161, 167
やりがい 26, 142
有償ボランティア 16, 22
要介護期 7, **12**
抑うつ 6, 10, **11**, 43, 60
予防接種 110

ら

リクルート 101, 130
利己的動機 17
利他的動機 17
りぷりんと 6, 116, 192
良性健忘 52
ルール遵守 109, 136
連絡網 169, 172
老人性難聴 70
老人ホーム 117, **158**
老年学 7, **11**
老年人口割合 4, **11**
ロールモデル 17, **31**
ロコモティブシンドローム ... 39

わ

ワークショップ 107, 134
ワクチン接種 72

A～Z

ageism 69
ILO 17
ICF 2, **11**
AED 74
NGO 15, **31**
NPO 15, **31**, 194, **202**
productivity 9
Productive Aging 27
WHO 2

太字は用語解説のページ

編著者紹介／著者紹介

編著者紹介

藤原　佳典（ふじわら　よしのり）第1章，第3章第3節
地方独立行政法人　東京都健康長寿医療センター　東京都健康長寿医療センター研究所
社会参加と地域保健研究チーム研究部長(チームリーダー)

1962年京都府生まれ。医学博士。
北海道大学医学部卒業後，京都大学病院老年科等での勤務後，京都大学大学院医学研究科修了，米国ジョンズ・ホプキンス大学／加齢健康研究所において高齢者の学校ボランティアプロジェクト「the Experience Corps®」研究に従事。2011年より現職。シニアボランティアによる子どもへの絵本の読み聞かせプロジェクト「りぷりんと」を創設。多世代共生の視点から高齢者の社会貢献を活用した地域包括ケアシステム構築についての実践的研究を進めている。数多くの自治体審議会委員を歴任し，住民ボランティアの育成を支援している。専門は，公衆衛生学（日本公衆衛生学会評議員），老年医学（日本老年医学会代議員，専門医・指導医），老年社会学（日本老年社会科学会理事，日本応用老年学会理事），世代間交流学（日本世代間交流学会副会長）。

倉岡　正高（くらおか　まさたか）第4章第1節，第2節，第3節，第6章第1節，第2節
地方独立行政法人　東京都健康長寿医療センター　東京都健康長寿医療センター研究所
社会参加と地域保健研究チーム研究員

1967年高知県生まれ。教育学博士。
大学卒業後，大手ゼネコンに入社，採用や社員教育を担当。数年後，同社を退職し海外教育コンサルタント会社を設立。横浜市青葉区でさまざまな地域活動を通し，世代間交流の重要性を感じ，ボストン大学教育大学院で地域社会教育の勉強を始める。フォスターグランドペアレント・プログラムやアフタースクールプログラムでのインターンを経験し，同大学院博士課程修了。現在，東京都健康長寿医療センター研究所社会参加と地域保健研究チームにて，高齢者の社会参加活動，世代間交流，高齢者の就労などについて研究。地元の横浜市にて，学校支援の活動や，自治会，ＮＰＯなどの地域活動をしている。
専門は，世代間交流，地域社会教育。NPO法人まちと学校のみらい理事。

著者紹介

齊藤　ゆか（さいとう　ゆか）第2章
神奈川大学人間科学部・准教授

1974年東京都生まれ。学術博士，教育学修士
大学院修了後，聖徳大学生涯学習研究所の講師～准教授。2016年より現職，主に地学連携の仕事に従事。学生と子ども・シニア，大学とNPO・学校・企業などをつなげ，社会参画力がいかに高まるか実践的に研究。人間が生涯にわたり成長し続ける社会の実現を目指し，生涯教育・市民活動に関する自治体の各種委員や講師，シニアプログラムの開発に携わる。
専門は，ボランティア・NPO，生涯教育学，生活経営学。

桜井　良太（さくらい　りょうた）第3章第1節
早稲田大学スポーツ科学学術院　日本学術振興会特別研究員

1982年長野県生まれ。学術博士。
大学卒業後，東京都老人総合研究所（現東京都健康長寿医療センター研究所）にて介護予防の研究に従事。首都大学東京人間健康科学研究科修了。高齢者の安全な運動行動を阻害する認知的要因の解明を主な研究興味とし，現在はウエスタンオンタリオ大学（カナダ）にて客員研究員として歩行機能低下と認知症発症の関連性について研究を進めている。2015年American Geriatric Society New Investigator Award受賞。
専門は，老年学，公衆衛生学，認知行動科学。

鈴木　宏幸（すずき　ひろゆき）第3章第2節
■ 地方独立行政法人　東京都健康長寿医療センター　東京都健康長寿医療センター研究所
■ 社会参加と地域保健研究チーム研究員

1981年神奈川県生まれ。心理学博士

2008年より東京都老人総合研究所の非常勤研究員として，高齢期における社会参加活動と認知機能の関連に関する研究に従事。同時に，当時の東京都老人医療センターもの忘れ外来にて，受診患者の認知機能評価に携わる。2012年より現職。高齢期の社会参加活動と心身の健康に関する研究や，認知機能評価検査の開発，認知機能低下抑制を目的とした健康増進プログラムの開発，高齢者と児童，大学生の世代間交流に関する実践的研究などに従事している。

専門は心理学，老年学。

長谷部　雅美（はせべ　まさみ）第4章第4節
■ 聖学院大学　人間福祉学部人間福祉学科　助教

1981年埼玉県生まれ。社会福祉学博士。

埼玉大学在学中に，ベトナムやアフガニスタンなどの途上国へ渡航した経験から，社会的弱者といわれる高齢者や子どもに対する福祉を志す。日本社会事業大学大学院では，社会福祉学研究科に所属し，高齢者のストレングス（強み）に関する研究で博士号を取得。その傍らで，社会福祉士の資格を取得すると共に，認知症ケアの研究にも従事する。現在，聖学院大学の専任教員として「高齢者福祉論」や「ソーシャルワーク」の科目を担当。東京都健康長寿医療センター研究所では，非常勤研究員として地域包括ケアシステムの構築についての実践的研究に参画している。専門は，高齢者福祉，コミュニティケア。

野中　久美子（のなか　くみこ）第5章
■ 地方独立行政法人　東京都健康長寿医療センター　東京都健康長寿医療センター研究所
■ 社会参加と地域保健研究チーム研究員

1971年千葉県生まれ。社会学博士

日本大学法学部卒業後，カリフォルニア州立大学大学院修士課程およびカリフォルニア大学サンフランシスコ校博士課程修了。博士課程在籍時に，米国 Institute for Health and Aging にて研究助手として，移民高齢者の医療・介護サービスの利用実態に関する研究に従事するなかで，高齢者の生活支援サービスや社会保障利用を支援する専門的機関による支援の重要性を感じる。東京都健康長寿医療センター研究所にて高齢者支援のための地域包括支援センター・多職種・地域住民とのネットワークづくりに関する研究，高齢者が多少の健康問題があっても活躍し続けられるボランティアグループづくりに関する研究に取り組んでいる。

専門は，老年社会学，高齢者福祉。

金子　裕利（かねこ　ひろとし）第6章第3節
■ 社会福祉法人　横浜博萌会　汲沢地域ケアプラザ　地域活動交流コーディネーター

1976年神奈川県生まれ。社会福祉士

東洋大学卒業後，食品スーパーに勤務しながら東京都にある高齢者施設でボランティア活動に従事する。数年後，日本社会事業学校研究科へ進学し社会福祉を学ぶ。卒業後，社会福祉法人横浜博萌会汲沢地域ケアプラザに入職し2003年より現職。地域に携わりながら「住民主導のまちづくり」をテーマに地域の関係性等について考察している。

日本社会福祉学会会員，日本地域福祉研究所会員。

コーディネーター必携
シニアボランティアハンドブック
——シニアの力を引き出し活かす知識と技術
ⒸFujiwara Yoshinori&Kuraoka Masataka,2016　　　　　　　　NDC369／Ⅷ, 207p／26cm

初版第1刷——2016年5月20日

編著者————藤原佳典・倉岡正高
　　　　　　（ふじわらよしのり）（くらおかまさたか）
発行者————鈴木一行
発行所————株式会社　大修館書店
　　　　　　〒113-8541　東京都文京区湯島2-1-1
　　　　　　電話 03-3868-2651（販売部）　03-3868-2297（編集部）
　　　　　　振替 00190-7-40504
　　　　　　［出版情報］http://www.taishukan.co.jp

装丁者————和田多香子
本文デザイン—和田多香子
印刷所————広研印刷
製本所————ブロケード

ISBN978-4-469-26793-8　Printed in Japan
Ⓡ 本書のコピー，スキャン，デジタル化等の無断複製は著作権法上での例外を除き禁じられています。本書を代行業者等の第三者に依頼してスキャンやデジタル化することは，たとえ個人や家庭内での利用であっても著作権法上認められておりません。

鈴木　宏幸（すずき　ひろゆき）第3章第2節
地方独立行政法人　東京都健康長寿医療センター　東京都健康長寿医療センター研究所
社会参加と地域保健研究チーム研究員
1981年神奈川県生まれ。心理学博士
2008年より東京都老人総合研究所の非常勤研究員として，高齢期における社会参加活動と認知機能の関連に関する研究に従事。同時に，当時の東京都老人医療センターもの忘れ外来にて，受診患者の認知機能評価に携わる。2012年より現職。高齢期の社会参加活動と心身の健康に関する研究や，認知機能評価検査の開発，認知機能低下抑制を目的とした健康増進プログラムの開発，高齢者と児童，大学生の世代間交流に関する実践的研究などに従事している。
専門は心理学，老年学。

長谷部　雅美（はせべ　まさみ）第4章第4節
聖学院大学　人間福祉学部人間福祉学科　助教
1981年埼玉県生まれ。社会福祉学博士。
埼玉大学在学中に，ベトナムやアフガニスタンなどの途上国へ渡航した経験から，社会的弱者といわれる高齢者や子どもに対する福祉を志す。日本社会事業大学大学院では，社会福祉学研究科に所属し，高齢者のストレングス（強み）に関する研究で博士号を取得。その傍らで，社会福祉士の資格を取得すると共に，認知症ケアの研究にも従事する。現在，聖学院大学の専任教員として「高齢者福祉論」や「ソーシャルワーク」の科目を担当。東京都健康長寿医療センター研究所では，非常勤研究員として地域包括ケアシステムの構築についての実践的研究に参画している。専門は，高齢者福祉，コミュニティケア。

野中　久美子（のなか　くみこ）第5章
地方独立行政法人　東京都健康長寿医療センター　東京都健康長寿医療センター研究所
社会参加と地域保健研究チーム研究員
1971年千葉県生まれ。社会学博士
日本大学法学部卒業後，カリフォルニア州立大学大学院修士課程およびカリフォルニア大学サンフランシスコ校博士課程修了。博士課程在籍時に，米国Institute for Health and Agingにて研究助手として，移民高齢者の医療・介護サービスの利用実態に関する研究に従事するなかで，高齢者の生活支援サービスや社会保障利用を支援する専門的機関による支援の重要性を感じる。東京都健康長寿医療センター研究所にて高齢者支援のための地域包括支援センター・多職種・地域住民とのネットワークづくりに関する研究，高齢者が多少の健康問題があっても活躍し続けられるボランティアグループづくりに関する研究に取り組んでいる。
専門は，老年社会学，高齢者福祉。

金子　裕利（かねこ　ひろとし）第6章第3節
社会福祉法人 横浜博萌会　汲沢地域ケアプラザ　地域活動交流コーディネーター
1976年神奈川県生まれ。社会福祉士
東洋大学卒業後，食品スーパーに勤務しながら東京都にある高齢者施設でボランティア活動に従事する。数年後，日本社会事業学校研究科へ進学し社会福祉を学ぶ。卒業後，社会福祉法人横浜博萌会汲沢地域ケアプラザに入職し2003年より現職。地域に携わりながら「住民主導のまちづくり」をテーマに地域の関係性等について考察している。
日本社会福祉学会会員，日本地域福祉研究所会員。

コーディネーター必携
シニアボランティアハンドブック
——シニアの力を引き出し活かす知識と技術
ⓒFujiwaraYoshinori&KuraokaMasataka,2016　　　　NDC369／Ⅷ, 207p／26cm

初版第1刷——2016年5月20日

編著者————藤原佳典・倉岡正高
　　　　　　ふじわらよしのり　くらおかまさたか
発行者————鈴木一行
発行所————株式会社　大修館書店
　　　　　　〒113-8541　東京都文京区湯島2-1-1
　　　　　　電話03-3868-2651（販売部）　03-3868-2297（編集部）
　　　　　　振替00190-7-40504
　　　　　　［出版情報］http://www.taishukan.co.jp

装丁者————和田多香子
本文デザイン—和田多香子
印刷所————広研印刷
製本所————ブロケード

ISBN978-4-469-26793-8　Printed in Japan
Ⓡ 本書のコピー，スキャン，デジタル化等の無断複製は著作権法上での例外を除き禁じられています。本書を代行業者等の第三者に依頼してスキャンやデジタル化することは，たとえ個人や家庭内での利用であっても著作権法上認められておりません。